Henry S. Ashbee

**A Bibliography of Tunisia**

From the earliest times to the end of 1888 - in two parts - including Utica and

Carthage, the Punic wars, the Roman occupation, the Arab conquest, the

expeditions of Louis IX. and Charles V. and the French protectorate

Henry S. Ashbee

**A Bibliography of Tunisia**
*From the earliest times to the end of 1888 - in two parts - including Utica and Carthage, the Punic wars, the Roman occupation, the Arab conquest, the expeditions of Louis IX. and Charles V. and the French protectorate*

ISBN/EAN: 9783337284718

Printed in Europe, USA, Canada, Australia, Japan

Cover: Foto ©Andreas Hilbeck / pixelio.de

More available books at **www.hansebooks.com**

# A
# BIBLIOGRAPHY OF TUNISIA

FROM THE

## EARLIEST TIMES TO THE END OF 1888

### (*IN TWO PARTS*)

INCLUDING

UTICA AND CARTHAGE, THE PUNIC WARS,
THE ROMAN OCCUPATION, THE ARAB CONQUEST,
THE EXPEDITIONS OF LOUIS IX. AND CHARLES V

AND

THE FRENCH PROTECTORATE.

BY

## H. S. ASHBEE, F.S.A., F.R.G.S.

*WITH A MAP.*

LONDON:
DULAU & CO., 37 SOHO SQUARE. W.
1889.

# ERRATA.

Page 17, col. 2, line 40, *for* CHEVANNE *read* CHAVANNE.

„ 18, „ 1, „ 36, „ COGNAT *read* CAGNAT.

„ 18, „ 1, „ 43, „ COLLOT *read* TOLLOT.

„ 21, „ 1, „ 42, „ *Inscription* read *Inscriptions.*

„ 23, „ 1, „ 22, „ D'ESTOURMETTES DE COURTANT *read*
D'ESTOURNELLES DE CONSTANT.

„ 24, „ 1, „ 21, „ DUMERQUE *read* DUMERGUE.

„ 25, „ 2, „ 8, „ EL-FIDJANI *read* ET-TIDJANI.

„ 26, „ 2, „ 2, „ ESTOURMETTES *read* ESTOURNELLES.

„ 28, „ 1, „ 9, „ FLORIUS *read* FLORUS.

„ 36, „ 1, „ 10, „ JALLOT *read* TOLLOT.

„ 48, „ 1, „ 32, „ K *read* TH.

„ 52, „ 2, „ 12, „ *afferta* read *offerta.*

„ 52, „ 2, „ 13, „ *Schiani* read *Schiaui.*

„ 53, „ 2, „ 23, „ REBOVA *read* REBORA.

„ 55, „ 2, „ 15, „ *titulis* read *tibulis.*

„ 56, „ 1 „ 43, „ *El-Fidjani* read *Et-Tidjani.*

„ 56, „ 1, „ 45, „ 1308 *read* 1309.

„ 56, „ 1, „ 47, „ 1 *read* 4.

„ 62, „ 2, „ 32, „ Florius *read* Florus.

„ 66, „ 1, „ 13, „ JACQUE *read* JACQUES.

„ 67, „ 2, „ 21, „ C *read* P.

„ 71, „ 1, „ 7, „ *Salvio* read *Silvio.*

„ 73, „ 2, „ 18, „ 1534 *read* 1543.

# PREFACE.

F the four North African kingdoms, or provinces, known collectively as the Barbary States, none is of greater interest, historical or archæological, than the Beylik of Tunis.

Here flourished Utica and Carthage, which in turn dominated the then known world until both succumbed to the eagles of Rome. Connected with them may be mentioned the names of Apuleius the two Catos, Tertullianus, Saints Augustin, Cyprien, and Victor.

Noble ruins still attest the former splendour and opulence of such cities as Bulla Regia, Hadrumetum, Sufetula, Thugga. The amphitheatre of Thysdrus, second only in size and grandeur to the Colosseum at Rome, is even now but partially destroyed. The plains of Oued Melian and Oued Medjerda are yet spanned by the stupendous aqueduct constructed by the Emperor Hadrian to bring the water of Zaghouan to Carthage.

In the heart of Tunisia the Arab conqueror Okbah fixed his Kairouan, which became, after Mecca, the most holy city of the Mohammedan world.

At Tunis the last crusade came to an end with the death of Louis IX.; and Barbarossa was there overthrown by Charles V. Our own Queen Caroline, attended by Count Bergamy, visited Tunis; and there expired the author of 'Home, sweet home.'

In the vicinity of Gabès one strikes the great inland sea, which has so much occupied the attention of engineers of the present day.

Tunisia offers, then, a rich field for the archæologist, the historian, and the man of science, and a bibliography of the country (albeit an imperfect one) may be found useful.

This compilation, or the part of it comprised between the pages 7 and 79, originally appeared in *Travels in Tunisia* (see p. 97 post). In offering it as a separate publication, and as an humble member of that series of bibliographies which, thanks to the energy, devotion, and learning of Sir R. Lambert Playfair will soon include all the Barbary States,* we have added a second part, comprising many books and articles formerly omitted, either intentionally or through oversight, and bringing it down to the present day.†

The following Bibliography comprises:—(1), Books on Carthage and Utica, with their history and archæology; (2), Books on Tunisia, or on towns or separate districts of that country; (3), Books partly on Tunisia; (4), Books on the Barbary States (when Tunisia is included) and their piracies; (5), Articles in Societies' Transactions, Collections of Travels, Encyclopædias, Magazines, and other periodicals; (6), Dictionaries and Manuals of Conversation in the Arab language; (7), A few books not specially on Tunisia, but illustrating indirectly the religion, customs, antiquities, or language, ancient or modern, of that country; (8), Consular Reports; (9), Some works of the imagination: novels, dramas, and poems.

The Bibliography is neither descriptive, nor critical; *i.e.*, we have not attempted to follow the books noted through their several editions, to indicate their typographical or iconographical peculiarities, or even to analyse their contents; occasionally, however, we have appended a short note to an important or specially useful work.

For the works which have not passed through our hands we are indebted to the following publications:—

*Bibliographie carthaginoise, par E. de Sainte Marie*, Paris, Jourdan, 1875. 8vo. The same appears in 'Recueil des Notices et Mémoires de la Société archéologique du Département de Constantine,' xvii., 69-110. Severely noticed in 'Litterarisches Centralblatt,' May 20, 1876. M. de Sainte Marie was Premier Dragoman du Consulat de France à Tunis.

*Essai de Bibliographie tunisienne, ou Indication des principaux ouvrages publiés en France sur la Régence de Tunis, par A. Demarsy*, Paris, 1869. 8vo.

---

* His *Bibliography of Algeria* has already taken its place as a standard work. We beg here to offer him our thanks for permitting us to go through the proof sheets of his *Bibliography of Tripoli*, as it passed through the press; and we may add that the MS. of a Bibliography of Morocco is in a forward state.

† It would of course have been better to recast the whole work. But bibliography is, at least in this country, its own reward, and expense had to be considered. The composition of the first 79 pages existed, and we used it as it stood. The index which we have added, knitting together as it does both parts, will materially facilitate reference.

*Bibliographie van Nederlandsche Boeken, Brochures, Kaarten, enz. over Afrika door Prof. P. J. Veth en Dr. C. M. Kan, Utrecht, J. L. Beijers,* 1876. 8vo., pp. 98 and 1 p. unnumbered.

*Die Afrik-Literatur in der Zeit von* 1500 *bis* 1750 *N. Ch., &c., von Dr. Philipp Paulitschke,* Wien, Brockhausen & Bräuer, 1882.

*Bibliothèque asiatique et africaine, ou catalogue des ouvrages relatifs à l'Asie et à l'Afrique qui ont paru depuis la découverte de l'imprimerie jusqu'en* 1700, *par H. Ternaux-Compans,* Paris, 1841. 8vo.

*Bibliographie des Ouvrages relatifs à l'Afrique et à l'Arabie. Catalogue méthodique de tous les ouvrages français et des principaux en langues étrangères traitant de la géographie, de l'histoire, du commerce, des lettres, et des arts de l'Afrique et de l'Arabie, par Jean Gay,* San Remo, chez J. Gay & fils ; Paris, chez Maisonneuve & Cie. 1875.* 8vo., pp. xi. and 312, double cols.

*Bibliographie d'Ouvrages ayant trait à l'Afrique en général dans ses rapports avec l'exploration & la civilisation de ces contrées depuis le commencement de l'Imprimerie jusqu'à nos jours, précédé d'un indicateur par Gabriel Kayser,* Propriété de l'Auteur, Bruxelles, 1887. 8vo., pp. 176.

*A Bibliography of Algeria, from the Expedition of Charles V. in* 1541 *to* 1886, *by Sir R. Lambert Playfair, K.C.M.G., H.M. Consul-General for Algeria and Tunis, &c.* (Published by the Royal Geographical Society of London.)

*The Bibliography of The Barbary States. Part I. Tripoli and The Cyrenacia (with a Map), by Sir Lambert Playfair, K.C.M.G., &c.* 8vo. pp. 58.

*Bibliotheca Geographica. Verzeichniss der seit der Mitte des vorigen Jahrhunderts bis zu Ende des Jahres* 1856 *in Deutschland erschienenen Werke über Geographie und Reisen mit Einschluss der Landkarten, Pläne und Ansichten. Herausgeben von Wilhelm Engelmann. Mit einem ausfuhrlichen Sach-Register.* Leipzig, W. Engelmann, 1858. 8vo., pp. vi. and 1225. A most useful and carefully executed compilation.

*Classified Catalogue of the Library of the Royal Geographical Society, to December* 1870, London, John Murray, 1871. 8vo.

*Bibliotheca Britannica ; or, a General Index to British and Foreign Literature. By Robert Watt, M.D.* Edinburgh, A. Constable & Co.; London, Longman & Co., 1824. 4 vols.

*Catalogue général de la Librairie française pendant* 25 *ans* (1840 1865) *rédigé par Otto Lorenz,* Paris, O. Lorenz, 1867-1880. 8vo., 8 vols. Also the continuation to 1885. 3 vols.

---

* Gay's compilation being based upon : *Bibliographie de la France, journal général de l'imprimerie et de la librairie; Bibliographie des Ouvrages relatifs à l'Amour, aux Femmes, &c.; Catalogue des Accroissements de la Bibliothèque Royale,* Bruxelles, 1843; *Catalogue des Livres de la Bibliothèque de Grenoble; Catalogue de M. le Duc de la Vallière,* Paris, 1783; *Nouveau Dictionnaire historique portatif, &c., par une Société de Gens de Lettres,* Amsterdam, 1771; *Polybiblion;* and the works of MM. Barbier, Bouillet, Bourquelot, Brunet, Eug. Hatin, Peignot, Quérard, Van Hulthem, Vapereau, and Walckenaer; those authorities have not been again consulted.

*Index to the British Catalogue of Books published during the years* 1837 *to* 1857 *inclusive. Compiled by Sampson Low*, London, Sampson Low & Co., 1858. Vol. ii., 1856 to Jan. 1876 ; vol. iii., Jan. 1874 to Dec. 1880.

*A Subject Index to the Modern Works added to the Library of the British Museum in the years* 1880–1885. *Compiled by G. K. Fortescue, Superintendent of the Reading-room, British Museum.* Printed by Order of the Trustees, &c., London, 1886.

*An Index to Periodical Literature by W. F. Poole, LL.D. Third Edition.* Boston, J. R. Osgood & Co. ; London, Trübner & Co., 1882. Large 8vo. pp. 1442. Also First Supplement, 1888.

*ndex to Harper's New Monthly Magazine*, vols. i. tolxx. Inclusive from June, 1850, to June, 1885. *Compiled by Charles A. Durfee*, New York Harper & Bros., 1886.

*Index to The Archæological Journal, &c.*, vols. i. to xxv. London, MDCCCLXXVIII.

*Index to the Journal of the British Archæological Association*, vols. i. to xxx. *By Walter de Gray Birch, F.R.S.L.* London, MDCCCLXXV.

*An Index to the Archeologia : or Miscellaneous Tracts relating to Antiquity*, from vol. i. to vol. L. inclusive. Published by the Society of Antiquaries of London. London : Printed by Nichols & Sons, MDCCCLXXXIX. 4to.

*Bibliographie dramatique, ou Tablettes alphabétiques du Théâtre des diverses nations, &c. Par Ant. Fr. Delandine*, Paris, Renouard. 8vo., no date.

*Biographia Dramatica ; or, a Companion to the Playhouse, D. E. Baker, Isaac Reed, Stephen Jones*, London, Longman, 1812. 8vo., 3 vols., vol. 1 in 2 parts.

*A Dictionary of Old English Plays, &c. By James O. Halliwell*, London, J. R. Smith, M.DCCC.LX.

*Catálogo bibliográfico y biográfico del Teatro Antiguo Español desde sus orígines hasta mediados del Siglo xviii, por D. Cayetano Alberto de la Barrera y Leirado*, Madrid, M. Rivadeneyra, 1860.

*Bibliothèque Dramatique de Monsieur De Solcinne, Catalogue rédigé par P. L. Jacob*, Paris, Administration de l'Alliance des Arts, 1843. 8vo., 6 vols.

*Bibliothèque Musicale du Théâtre de l'Opéra. Catalogue Historique, Chronologique, Anecdotique, &c., rédigé par Théodore de Lajarte, &c.* Paris Librairie des Bibliophiles, M DCCC LXXVIII. 8vo. 2 vols.

*Notes and Queries*, London.

*L'Intermédiaire des Chercheurs et Curieux*, Paris.

*Le Livre, revue du monde littéraire*, Paris, Quantin.

*Bulletin des Sommaires des Journaux scientifiques, économiques, littéraires financiers, artistiques, politiques, industriels, &c.* Paris, Rue Beaunier, 44. The first number of this useful publication appeared Oct. 11, 1888.

And the excellent trade catalogues of M. Challamel ainé, and of M. A. Barbier, of Paris.

We have endeavoured, especially in the second part, to render as complete as possible the references to Consular Reports. Commercial statistics, little demanded by the traveller (for whose use the first part was compiled), are of great importance to the statistician, historian, and politician, and we have gone through the following official collections :—

*Bulletin Consulaire Français. Recueil des Rapports commerciaux adressés au Ministre des Affaires étrangères par les Agents diplomatiques et consulaires de France à l'Étranger.* Paris, Imp. Nat. Large 8vo. Publication commencing 1877.

*Bollettino Consolare pubblicato per cura del Ministero per gli Affari Esteri d'Italia, Torino,* 1861, Dalla Tip. de G. B. Paravia e Comp. 8vo. Published subsequently at Rome. In January, 1888, the title was changed to Bollettino del Ministero degli Affari Esteri.

*Royaume de Belgique—Recueil Consulaire publié en exécution de l'arrêté royal du 15 Novembre 1855, Bruxelles, H. Tarlier,* 1856. Published latterly by C. Muquardt.

*Verzameling van Consulaire en andere Berigten en verslagen over Nijverheid, Handel en Scheepvaart, uitgegeven door het Ministerie van Buitenlandsche Zaken. Jaargang 1874. 'S Gravenhage, van Weelden en Mingelen.* 1875. In course of publication.

*Nachrichten über Industrie, Handel und Verkehr aus dem Statistichen Departement im K.K. Handels-Ministerium, Wien.*

*Commercial Relations of the United States. Reports from the Consuls of the United States on the Commerce, Manufactures, &c., of their Consular Districts, &c.* Washington ; Government Printing Office. The publication began in 1880.

*Junta de Aranceles y de Valoraciones—Memorias Comerciales redactadas por el Cuerpo Consular de España en el Extranjero Madrid Imprenta del Boletin de Obras Publicas 5 Cabestreros 5.* 13 vols., beginning 1876. The first eight volumes are headed Direccion General de Aduanas.

*Berättelser om Handel och Sjöfart år 1878 från de Förenade Rikenas Konsuler.* 1879, Stockholm, Samson & Wallin ; Christiania, Alb. Cammermeyer. *

*Norges Officielle Statistik. Ny Række udgiven i aaret* 1881. C. No. 16. (Tidligere C. No. 3a.) *Uddrag af Aarsberetninger fra de forenede Rigers Konsuler for Aaret* 1880. Udgivne efter Foranstaltning af Departementet for det Indre. Christiania, Trykt i Ringvolds Bogtrykkeri. 1881.*

*Relatorios dos Consules de Portugal acerca do Commercio em geral colligidos e publicados por ordem do Ministerio dos Negocios Estrangeiros, Lisboa, Imprensa Nacional,* 1870.

*Republica Argentina. Ministerio de Relaciones Exteriores. Boletin Mensual.* Buenos Aires. Imprenta de Juan A. Alsina, México, 1422 (antes 634). 1889. The sixth year of the publication.

---

* These two collections contain the same reports in different languages. The *Berättelser* began two years earlier than the *Uddrag*, and the reports are signed by the respective Consuls, which is not the case in the *Uddrag*.

For current events we need scarcely add that *Palmer's Index to the Times* will be found useful.

The arrangement is alphabetical, by authors' names;* publications, however, of which we have been unable to ascertain the authorship, will be found under the heading *Anonymous*, and these we have, in order to facilitate reference, subdivided, and arranged, as far as was practicable, chronologically.

We would indicate the following twenty works as sufficient for the purpose of the traveller or general reader :—

A. M. BROADLEY: *The Last Punic War* (p. 222, *post*).—A. DAUX: *Recherches sur l'origine et l'emplacement des emporia phéniciens* (p. 229).—Dr. N. DAVIS: *Carthage and her Remains* (p. 229).—DUREAU DE LA MALLE: *Recherches sur la Topographie de Carthage* (p. 232).—EL-BEKRI: *Description de l'Afrique* (p. 233).—EL-EDRISI: *Commentatio de Geographia Africæ* (p. 233).—V. GUÉRIN: *Voyage archéologique* (p. 239).—Comte D'HÉRISSON: *Relation d'une mission archéologique en Tunisie* (p. 242).—E. VON HESSE-WARTEGG: *Tunis: Land und Leute* (p. 242).—IBN-KHALDOUN: *Histoire de l'Afrique* (p. 243).—LEO AFRICANUS: *Totius Africæ Discriptionis* (p. 248).—MARMOL: *Descripcion de Africa* (p. 252).—E. PELLISSIER: *Description de la Régence de Tunis* (p. 256).—PEYSSONNEL et DESFONTAINES: *Voyages dans les Régences de Tunis et d'Alger* (p. 257).—Sir R. L. PLAYFAIR: *Travels in the Footsteps of Bruce* (p. 257).—Abbé POIRET: *Voyage en Barbarie* (p. 258).—Baron ALPHONSE ROUSSEAU: *Annales tunisiennes* (p. 264).—Dr. THOS. SHAW: *Travels* (p. 268).—R. BOSWORTH SMITH: *Carthage and the Carthaginians* (p. 269).—Sir GRENVILLE TEMPLE: *Excursions in the Mediterranean* (p. 271).

---

* We have experienced some difficulty in placing correctly and consistently the Arab writers: firstly, because their name system differs so widely from ours; and secondly, by reason of their names having been imported into European languages, with spellings dictated by the nationality or caprice of the translators or compilers. To offer a single example: A man known as *John, son of James, father of George, the Londoner, inhabitant of Manchester*, would evidently suggest difficulties as to his proper alphabetical position; when now *John* is suppressed, and the individual is known as the *son of James*, or as the *father of George*, or as the *Londoner* simply, the difficulty is augmented. Further, the prefixes *al* or *el*, *ebn* or *ibn*, are written either way indiscriminately, and the same sound in a name will be rendered by a *c*, a *g*, or a *k*, as the translator may think fit. We have been constrained, then, to copy the names as they are given in the books we have noted, and to adopt the arrangement introduced by our predecessors; in our alphabetical headings, however, we have invariably employed one and the same spelling for the same prefix, *e.g.*, *el* not *al*, *ibn* not *ebn*, so that the Arab writers cited will generally appear under those prefixes, as *El-Bekri, El-Edrisi, Ibn-Haukal, Ibn-Khaldoun*, &c.

# BIBLIOGRAPHY.

ABELUS, Mgr. : *Vie de St. Vincent de Paul*, Paris, 1839. 8vo. St. Vincent de Paul was enslaved at Tunis in 1667. Consult also : *Lettres de Saint Vincent de Paul*, Paris, 1880. 4 vols., 8vo.

ABU SA'ID, Capitaine : *Le Marabout de Sidi-Fat-Allah, Épisode de l'Insurrection tunisienne en 1881*, Paris, 1884. 12mo., pp. 278.

ADANSON. See DOUMET-ADANSON.

ADDISON, JOSEPH : *Cato; a Tragedy.* The scene is a large hall in the Governor's palace at Utica. See also DAMPMARTIN.

(AGUILAR, El Alférez PEDRO DE): *Memorias del Cautivo en La Goleta de Túnez, del Original en poder de Tyssen Amhurst, Esq?, de Didlington Hall, Norfolk. Publícolo La Sociedad de Bibliófilos Españoles*, Madrid, 1875. 8vo., pp. xx. and 314.

'We have here,' writes Señor Pascual de Gayángos in the Introduction, 'an original and extremely curious book, in which a Spanish soldier, a captive in Barbary and Constantinople, relates with simplicity and in prose mixed with verse the events, now prosperous now adverse, of which he was witness; his own adventures of love and fortune, his campaigns against the Moors of Alpujarras, and, finally, the loss of the Goleta of Tunis, from which he dates the loss of his own liberty.' The volume contains, *inter alia*, the description and origin of Tunis ; an account of the island of Estaño, or Estanque, three miles distant from Tunis ; poems on the loss of the Goleta, of the fort of Tunis, and of the island of Estaño ; and *Relacion de Don Joan Zanoguera*

hecha á el Señor Don Joan (of Austria) *del Suceso de La Goleta y Fuerte de Túnez y Isla del Estaño.* Although the original MS. has neither title nor name of author, Señor Gayángos does not hesitate to attribute it to Pedro de Aguilar, the friend mentioned by Cervantes in his *Novela del Cautivo.*

AGUILERA : *Chronica y Recopilacion de varios Sucesos de Guerra que han acontecido en Italia y partes de Levante y Berberia, desde que el Turco Selin rumpio con eVnecianos*, Çaragoça, 1579. 4to.

AILLY, Baron D' : *Sur une Médaille inédite de Leptis*, art. in 'Revue Numismatique Française,' série 1, vi., 349.

ALIX : *Le Dromadaire tunisien*, art. in 'Science et Nature,' Oct. 3, 1885.

ALLEMAND-LAVIGERIE, C. M. See LAVIGERIE.

AMARI, M. : *I Diplomati arabi del reale archivio fiorentino*, Firence, Lemonnier, 1863. 4to.

A work to be consulted, says M. A. Demarsy, on the history of Tunisian diplomacy.

AMBERT, Général : *Tunis et Carthage*, art. in 'Univers,' August 25, 1881.

AMEILHON, H. P. : *Mémoire sur une Inscription sur une plaque de cuivre trouvée à Tunis*, art. in 'Mémoires de l'Académie des Inscriptions,' 1789 xlix., 501.

ANDRÉ, M., Conseiller à la Cour d'Appel d'Alger : *Album africain, recueil de cartes, plans, vues, gravures, lithographies, dessins, aquarelles, etc.*, re-

*présent.mt les sites, les événements,
les personnages, les monuments, les
mœurs et coutumes de l'Algérie et du
littoral de la Méditerranée musulmane, recueillies par M. André*,
Alger, 1852, Fol. 3 vols. Tunis is
contained in the third vol.

ANDREUCCI, F. See GALEOTTI.

ANGEL, FR. PIERRE : *Les Frères des
Écoles chrétiennes à Tunis*, arts. in
' Œuvres des Écoles d'Orient,' Nov.
1871 and January 1873.

ANGVILLE, B. D'. See BOURGUIGNON.

ANTIAS, VALERIUS. See FRIEDRICH.

ANTICHAN, P. H.: *La Tunisie autre-
fois et aujourd'hui*, Paris, Delagrave,
1884. 8vo., pp. 298.

ANTINORI, ORAZZIO : *Lettere sulla
Tunisia*, Firenze, 1867. 8vo.

—— *La Quistione Tunisiana*, Firenze,
1868. 8vo., pp. 39.

ANTONINUS, AUGUSTUS : *Itinerarium
A. Augusti*, ed. G. Parthey and
M. Pinder, Berlin, 1848. 8vo.

APPIANUS : *Romanarum Historiarum
Punica, Parthica, etc., gr. et lat. cum
annotation. Henr. Stephani, &c.,*
Genevæ, 1592. Fol.

—— *Hoc in volumine continentur
Bellum Carthag. Syr. Part. et Mith-
ridat. in vulgare sermone (du Als.
Braccio*), Roma, Euch. Silber, 1502.
Fol. There are translations into
English, French, Spanish, Italian,&c.

APULEIUS : *Œuvres complètes d'Apulée, trauuites en Français par Victor
Bétolaua, &c.,* Paris, Garnier frères,
1883. 8vo. 2 vols. The Latin text
is given at foot of the page. Speaks
of Carthage in the time of Apuleius,
and pronounces an eulogy on the
city and its inhabitants.

ARCHINARD, Commandant. See
RAMBAUD.

ARÈNE, PAUL: *Vingt Jours en Tunisie*,
Paris, Lemerre, 1884. ' In-18 jésus,'
pp. 300. Favourably noticed in ' Le
Livre, Oct. 1884, p. 634.

ARÈNE, PAUL: *Vingt Jours en Tunisie*, art. in 'Nouvelle Revue,' Oct.
1, 1883.

—— *Voyage à Kairouan*, art. in
' Science et Nature,' June 28, 1884.

—— *Une Mosquée à Kairouan*. Idem,
July 26, 1884.

ARETINUS (or BRUNUS LEONARDUS):
*Libro chiamato de la Prima Guerra
Punica qual fo tra Romani et Carta-
ginesi, composto de . . Leonardo Are-
tino, prima in latino, poi in lingua
materna.* 4to., 86 ff., 27 lines per page.
Also as :

—— *Historia della Guerra delli Car-
thaginesi con gli Romani, composta
nella Lingua Latina, e fatta volgare
da un suo Amico*, Firenze, 1528. 8vo.
The Latin version, printed later, is
entitled :

—— *De Bello Punico Libri II. opus
recens editum (per Bern. Magnoal-
dum Vindam)*, Augustæ-Vindelicor,
1537. 4to.

ARISTOTELES : *De Politica Cartha-
giniensium, gr. textum critice recog-
novit . . F. G. Kluge: accedit Theod.
Metochitæ descriptio Republ. Cartha-
gin. cum notis criticis*, Vratislaviæ,
Max, 1823. 8vo. Extracted from
Book IV. of the ' Politica,' of which
there are translations into the chief
modern languages.

ARNAULD D'ANDILLY, R. See VICTOR.

ARNOLD, THOMAS, D.D.: *The Second
Punic War : being Chapters of the
History of Rome. By the late Thomas
Arnold, D.D. Edited by W. T.
Arnold, M.A.* London, Macmillan
& Co. 1886. Crown 8vo., 8 maps.

ARVIEUX, Chevalier d'. See LABAT.

AUBÉ, B. : *L'Église d'Afrique et ses
premières épreuves sous le règne de
Septime Sévère*, art. in ' Revue Historique,' Nov. 1879.

AUCAPITAINE, Baron HENRI : *Croco-
diles de l'Oued Takmalet, dans le
Sahara tunisien*, art. in ' Nouvelles

Annales des Voyages,' 1860. i., 232 to 234.

AVECIO, LÉONARD DE : *Livre des Batailles de Carthage*. Noted by Gay (art. 1397) as follows : ' Trad. en français l'an 1542 et dédié à Charles VII. roi de France. In-fol. Roman de chevalerie, manuscrit du xvᵉ. siècle, sur papier. Au bas de la première page on lit l'inscription suivante : "*Cest livre des batailles de Carthage* . . 1584." (Archives du bibliophile, 1860, nᵒ. 6776, 100 fr.).'

AVEZAC, M. A. P. D'., Membre de l'Institut : *Esquisse générale de l'Afrique, et Afrique ancienne*, pp. 272, in ' L'Univers Pittoresque,' Paris, Firmin Didot, 1844.

—— *Esquisse Générale de l'Afrique. Aspect et constitution physique, histoire naturelle, ethnologie, linguistique, état social, histoire, explorations, et géographie*. Paris, Dondey-Dupré, 1837. 12mo. pp. xii. and 132. Contains, *inter alia*, short sketches of : Races africaines septentrionales, Carthage, Rome, Christianisme, Vandales, Byzantins, Conquête des Arabes, Époque des Edrysytes et des Aghlabytes, Connaissances des Phéniciens et des Carthaginois, &c.

—— *Études de Géographie critique sur une partie de l'Afrique septent. Itinéraires de Haggy-ebn-el-Dyn-el-Aghouathy, &c.* Paris, 1863. 8vo., pp. viii. and 1881, map.

—— *Description et histoire de l'Afrique ancienne, précédée d'une esquisse générale de l'Afrique.* Plates. Paris, 1845, 8vo.

—— *Relation d'un Voyage dans l'intérieur de l'Afrique septentrionale, par Ihággy-Ebn-Al-Dyn-el-Eghoudthy, traduit et annoté par M. d'Avezac*, publié dans le ' Bulletin de la Société de Géographie,' 2ᵉ série, i., 277 et 349 ; ii., 81 et 145, et appendice sur l'emploi de nou-

veaux documents ; iv., 347 ; et v., 144. 'Ce travail renferme une étude très-complète sur la géographie et les routes de la Régence de Tunis.' A. Demarsy.

BACHE, E. : *Notice sur les dignités romaines en Afrique ; cinquième siècle de J. C.*, 'Rev. Afr.,' 1862, vi., 135.

BAEDEKER, K. : *Italy. Handbook for Travellers.* Third Part, with Excursions to Tunis, &c. Leipzig, Karl Baedeker ; London, Dulau & Co., 1887. Small 8vo. with a map of Tunis and its environs.

BALDUINUS. See BAUDOUIN.

BARABAN, L., Inspecteur des Forêts : *En Tunisie, Notes de Voyage*, arts. in the 'Revue des Eaux et Forêts,' 1886.

—— *A Travers la Tunisie, Études sur les Oasis—les Dunes—les Forêts —la Flore et la Géologie, Ouvrage avec carte et vignettes*, Paris, J. Rothschild, 1887. 8vo., pp. viii. and 227.

BARBE PATTERSON, Mme. : *Chips from Tunis*, London, Hachette & Co. 1885. 8vo. Favourably noticed in 'Saturday Review,' Dec. 26, 1885.

BARBIER, J. V. : *Algérie, Tunisie et Sahara central*, Paris, 1881, map.

BARBIER DE MEYNARD : *Rapport sur des Inscriptions arabes provenant de Mehdya, Régence de Tunis*, art. in 'Académie des Inscriptions et Belles-Lettres,' 1883.

—— *Marabouts et Khouan*, art. in 'Journal des Savants,' Dec. 1884.

—— *Exploration archéologique entreprise en Tunisie par M. Basset*, communication to 'Académie des Inscriptions et Belles-Lettres,' séance du 12 août, 1887.

BARD, Le Chevalier : *Voyage d'études de Tunis à Gibraltar par l'Afrique française*. Vienne, 1853, 8vo.

BARD, JOSEPH : *L'Algérie en 1854. Itinéraire général de Tunis à Tanger ;*

*colonisation, paysages, monuments, culte, agriculture, &c.* Paris, 1854. 8vo., pp. 251, 1 plate.

BARGÈS, Abbé J. J. L.: *Temple de Baal à Marseille, ou grande Inscription phénicienne découverte dans cette ville en 1845 expliquée*, Paris, 1847. 8vo.

―― *Aperçu historique sur l'Église d'Afrique en général*, Paris, 1848. 8vo.

―― *Mémoire sur deux Inscriptions puniques découvertes dans l'île du port Coltion à Carthage*, Paris, 1849. 4to. Illustrated.

―― *Mémoire sur 39 Inscriptions puniques expliquées*, Paris, 1852. 4to.

―― *Nouvelle Interprétation de l'Inscription phénicienne découverte par M. Mariette dans le Sérapéum de Memphis. Examen critique de l'interprétation donnée par M. le duc de Luynes*, Paris, 1856. 8vo.

―― *Inscription phénicienne de Marseille, nouvelle interprétation*, Paris, 1858. 4to.

―― *Examen d'une nouvelle Inscription phénicienne découverte récemment dans les ruines de Carthage et analogue à celle de Marseille*, Paris (1868). 4to., pp. 31. One engraving.

BARTH, H., Ph.D., D.C.L.: *Wanderungen durch die Küstenländer des Mittelmeers, in 1845–1847*, Berlin, 1849.

―― *Reisen und Entdeckungen in Nord- und Centralafrika in den Jahren 1849–1855*, Gotha, 1857–58. 5 vols. Engravings. The work has been translated into French by Paul Ithiar, Bruxelles, 1859–61. 8vo., 4 vols. And into English:

―― *Travels and Discoveries in North and Central Africa: being a Journal of an Expedition undertaken under the auspices of H.B.M.'s Government in the years 1849–1855*, London, 1857–59. 8vo., 5 vols, maps

and engravings, same as in the German edit.

BARTH, H., Ph.D., D.C.L.: *Idées sur les Expéditions scientifiques en Afrique.* Paris, 8vo., pp. 19. Extracted from 'Bulletin de la Société de Géographie,' 1872.

Several notices concerning Dr. Barth and his works will be found in *Zeitschrift für allgemeine Erdkunde*, Berlin, D. Reimer, 1853. 8vo., 6 vols.

BASSET, R. See BARBIER DE MEYNARD and HOUDAS.

BAUDOUIN, FRANÇOIS: *Historia Carthaginensis Collationis, &c.*, Paris, 1566. 8vo. Relates to the controversy between Catholics and Donatists.

―― *Delibatio Africanæ Historiæ Ecclesiasticæ*, Paris, 1569. 8vo.

BAYLE, PIERRE: *Hannon*, art. of 7 cols. in his 'Dictionnaire,' Paris, Desoer, 1820. See also HANNO.

BEAULIEU. See LEROY-BEAULIEU.

BEAUSSIER: *Dictionnaire pratique arabe français*, contenant touts les mots employés dans l'Arabe parlé en Algérie et en Tunisie, ainsi que dans le style épistolaire, les pièces usuelles et les actes judiciaires, Alger, 1871. 4to., pp. 764. Also Alger, 1873, pp. xvi. and 776. Both double cols.

BÉLIDOR, BERN.: *Sommaire d'un Cours d'Architecture militaire, civile et hydraulique*, Paris, 1720. 12mo.

―― *Architecture hydraulique*, Paris, 1737-53. 4to., 4 vols. In both works the situation of Carthage is considered.

BELLANGER, CH.: *Histoire et Géographie des Colonies de la France et des pays placés sous son protectorat, d'après les documents les plus récents*, Paris, E. Dentu, 1886. 18mo.

BELLERMANN, J. J.: *Phoeniciae Linguae Vestigiorum in Melitensi Specimen*, 1809.

BELLERMANN, J. J.: *De Phoenicum et Poenorum Inscriptionibus cum duarum Explicationis Periculo,* 1810.
—— *Bemerkungen über phönicische und punische Münzen,* 4 Stücke, 1812-16.

BENAIAD: *Deux Notes du général Mahmoud Benaiad à son Excellence Monsieur le Ministre des Affaires étrangères, accompagnées des pièces justificatives.* 1853. 8vo.
Le général Benaid, directeur de la banque de Tunis, fut accusé de concussion par son gouvernement ; il se sauva en France et se fit naturaliser Français. Ces deux notes justificatives ont été écrites par lui au ministre des affaires étrangères de France pour réclamer son intervention auprès du gouvernement du Bey qui avait mis le séquestre sur ses biens.

BENICKEN: *Hannibal,* art. of 10 cols. in 'Allgemeine Encyclopädie von Ersch und Gruber,' Leipzig, 1828.

BER, E.: *Exposition tunisienne,* 1855, art. in 'Revue des Deux-Mondes, Bulletin annexe,' Nov. 1, 1855.

BERBRUGGER, A.: *Voyages dans le sud de l'Algérie et des États barbaresques de l'ouest et de l'est, par Al-Aliaci-Moula-Ahmed, traduits par M. Adr. Berbrugger,* Paris, Imp. Roy., 1846. In 'L'Exploration scientifique de l'Algérie.' See also EL.-AÏACI.
—— *Projet d'Exploration dans la deuxième ligne des Oasis algériennes par Gabès, Souf, Tougourt, Ouargla, Golea, Touat, et retour par Metlili et le Ouadi M'Zab,* Alger, 1850. 8vo., pp. 3.
—— *Itinéraires archéologiques en Tunisie,* in 1850, arts. in 'Revue Africaine,' April, June, and Oct. 1856. These journeys are from Souk-Ahras to El-Kef and from El-Kef to Tunis; and to Nefta by way of Kairouan.
—— *L'Afrique septentrionale après le partage du Monde Romain en Empire d'Orient et d'Occident.* Idem, i., 81.

BERBRUGGER, A.: *La Polygamie musulmane, ses causes fatales et le moyen de la détruire.* Idem, iii. 254. See also LEO AFRICANUS.

BERGE, A. DE LA. See LABERGE.

BERGER, PH.: *Lettres à M. Alex Bertrand sur une nouvelle forme de la Triade carthaginoise,* in 'Revue Archéologique,' April, 1884.
—— *Note sur trois cents nouveaux Ex-voto de Carthage,* art. in 'Bulletin de l'Académie des Inscriptions et Belles-Lettres,' July, 1886.

BERGK, J. A. See MAYER, H. L.

BERNARD, GEORGES: *La Mer intérieure du Commandant Roudaire* (see that name), art. in 'Revue Libérale,' February, March, 1884.

BERNARD, JOSEPH. See LA FAYE.

BEROTIUS, JO.: *Diarium Expeditionis Tunicia, a Car. V. Imp. susceptae,* Lovan, 1549. 8vo.

BERRIAT, JACQUES ST. PRIX, Docteur en Droit: *Annibal à Carthage, après la bataille de Zama, fragment lu à l'Académie de Grenoble,* le 6 Sept. 1805, in 'Magasin Encyclopédique,' 1806, vi., 344.

BERTHERAND, E. L. See PHARAON.

BESCHERELLE aîné, M., ET DEVARS, M. G.: *Grand Dictionnaire de Géographie universelle ancienne et moderne, &c.* Paris, Administration Générale, 1856-7. 4to., 4 vols. Contains following arts.: *Carthage,* 5 cols.; *Carthaginois,* 1 col. ; *Tunis,* 5 cols.

BÉTOLAUD, V. See APULEIUS.

BEULÉ, CH. ERN., Membre de l'Institut : *Extrait d'une Lettre adressée à l'Académie des Inscriptions et Belles-Lettres,* in 'Nouvelles Annales des Voyages,' 1859. ii. 259.
—— *Fouilles à Carthage,* Paris, 1860. 8vo. Extracted from 'Revue Archéologique.'
—— *Fouilles faites à Carthage aux frais et sous la direction de M. Beulé,* Paris, 1861. 4to., pp. 143, 6 illus-

trations. Includes the excavations made in 1859 and 1860 at Byrsa, at the ports and necropolis of Quamart. Noticed by A. JAL (see that name). Translated into German, Leipzig, 1863.

BIGNAN, ANNE : *Monument de Saint-Louis à Tunis, Ode,* Paris, 1841. 8vo., pp. 16.

BILINTANO, POMPEO : *Affricana, nel quale si contengono le gesti e le victorie di Carlo V.,* Napoli, 1536. 8vo. Poem.

BIRAGO, J. B., Avogadro : *Istoria Africana della Divisione dell' Imperio degli Arabi, &c.,* Venezia, 1650. 4to. Translated into French by Michel De Pure :

—— *Histoire africaine de la Division de l'Empire des Arabes, &c.,* Paris, 1666. 12mo.

BISSON, LÉON DE: *La Tripolitaine et la Tunisie,* Paris, Challamel aîné, 1881. 8vo., pp. 147.

BIZEMONT, DE: *La France en Afrique,* art. in 'Correspondant,' February 25, 1883.

BLAKESLEY, J. W.: *Four Months in Algeria, with a visit to Carthage,* Cambridge, 1859. 8vo., maps and engravings.

BLANCARD, M. THÉODORE : *La Tunisie, notes sur le mouvement des troupes du quartier général,* art. in ' Revue du Monde Latin,' 1884.

BLAQUIÉRE, EDWARD : *Letters from the Mediterranean; containing a civil and political account of Sicily, Tripoli, Tunis and Malta; with Bibliographical Sketches, &c.* London, 1813. 8vo. 2 vols. Vol. ii. contains 133 pages on Tunis; general notices on Geography, Commerce, and Government. A German translation :

—— *Briefe aus dem Mittelländischen Meere,* forms vols. xxv. and vi. of ' Neue Bibliothek der wichtigsten Reisebeschreibungen,' &c., von F. J.

Bertuch, &c. Weimar, 1815–35. 8vo., 65 vols., maps and engravings.

BLED DE BRAINE : *Cours synthétique, analytique et pratique de la langue arabe, ou les dialectes vulgaires africains d'Alger, de Maroc, de Tunis et d'Egypte, enseignés sans maître,* Paris, 1846. 8vo.

BODDY, Rev. ALEXANDER A. : *To Kairwán the Holy; Scenes in Mohammedan Africa,* London, K. Paul, Trench, & Co., 1885. Post 8vo., maps and illustrations.

BODICHON, Dr. E.: *Tableau synoptique représentant les noms, les émigrations, les filiations, l'origine, les caractères physiques et moraux des races de l'Afrique septentrionale,* Nantes, 1844. Folio.

BOESWILLWALD, E. See SISSON, T.

BÖTTICHER, K. A. : *Geschichte der Karthager,* Berlin, 1827.

BOIS, MAURICE, Capitaine au 76e Régiment d'Infanterie : *La France à Tunis. Expédition française en Tunisie* (1881–82), *précédée d'une description géographique et historique de la Régence de Tunis,* Paris, Bardoin, 1885. 12mo., pp. iv. and 160.

BOISSIÈRE, G. : *Esquisse d'une Histoire de la Conquête et de l'Administration romaine dans le nord de l'Afrique, et particulièrement dans la province de Numidie,* Paris, Hachette, 1878. 8vo.

BOLLANDUS, J.: *Acta Sanctorum quotquot toto orbe coluntur, collegit, digessit, notis illustr. Joan. Bollandus, &c.,* Anturpiæ, &c., 1643–58. Fol., 56 vols. A necessary authority concerning the martyrs of the Church of North Africa, and particularly of Carthage.

BONNET, Dr. : *Les Médecins indigènes du sud de la Tunisie,* art. in 'Journal d'Histoire naturelle de Bordeaux et du Sud-Ouest.' Analysed in 'Globus,' xlix., 331.

BORGIA, Conte ETTORE : *Sopra un Viaggio scientifico di Camillo Borgia nella Reggenza di Tunisi.* Letter in ' Bollettino della Società Geografica Italiana,' Firenze, 1869, fascicolo 3, pp. 457 to 459. See ESTRUP.

BORHECK, AUG. CHR. : *Neue Erdbeschreibung von ganz Afrika, aus den besten ältern und neuern Hülfsmitteln gesammelt und bearbeitet,* Frankfurt a. M., Varrentrapp, 1789–91. Large 8vo., 3 vols.

BORZCERI, II. : *Abrégé de l'Histoire égyptienne des Carthaginois,* Gronda, 1776. 8vo. Written in French and Polish.

BOSSAY, P. DE. See GUÉRIN.

BOSSOLASCHI D'ALMÉRAS : *Excursion du Club Alpin de Constantine à Tunis et à Carthage,* ' Bull. Soc. Géogr. de Const.,' 1886, 3e ann., pp. 199–204.

BOUGAINVILLE, J. P., Membre de l'Académie des Inscriptions, &c. : *Mémoire sur les Découvertes et Établissements faits le long des côtes d'Afrique par Hannon,* with a map by Robert de Vaugondi, art. in ' Recueil de l'Académie des Inscriptions,' 1759. See also HANNO.

BOUILLET, M. N. : *Atlas universel d'Histoire et de Géographie, &c.,* Paris, Hachette & Cie, 1877. 8vo. Consult arts. : ' Afrique et Numidie,' p. 906, and ' Régence de Tunis,' p. 1081.

BOUIN. See CUVILLIER.

BOUINAIS, Capt. See RAMBAUD.

BOURGADE, Abbé, Aumônier de la Chapelle de Saint-Louis à Carthage : *Les Soirées de Carthage, ou Dialogues entre un Prêtre catholique, un Muphti et un Cadi,* Paris, 1847. 8vo.

—— *La Clef du Coran, faisant suite aux ' Soirées de Carthage,'* Paris, 1852. 8vo.

—— *Passage du Coran à l'Évangile, faisant suite aux ' Soirées de Car-*

*thage' et à ' La Clef du Coran,'* Paris, 1855. 8vo.

BOURGADE, Abbé, : *Baal-Hah (maître de l'anneau, c'est-à-dire Mercure),* Paris, 1857. 12mo. Includes two inscriptions reproduced in the following work :

—— *Toison d'Or de la langue phénicienne, recueil d'inscriptions puniques trouvées sur les ruines de Carthage et sur divers points de la Régence de Tunis, avec la transcription en caractères hébreux et la traduction en latin et en français,* Paris, 1856. Fol., 21 illustrations.

BOURGUIGNAT, J. R. : *Histoire malacologique de la Régence de Tunis,* avec une carte des environs de Tunis et une planche, Paris, 1868. 4to.

BOURGUINON D'ANGVILLE, J. B. : *Géographie ancienne abrégée,* Paris, Merlin, 1768. 12mo., 3 vols. Frontispiece by H. Gravelot, and maps. About 12 pages are given to Carthage. Reprinted in 1782. In English as :

—— *Compendium of Ancient Geography,* &c., London, J. Faulder, &c., 1810. 8vo., 2 vols., maps.

BOYÉ, M. MARIUS : A plan of Sbeitla and nine Roman inscriptions discovered during the excavations there, 1883-84, in ' Académie des Inscriptions et Belles-Lettres, Comptes rendus des Séances,' tom. 12, 1884.

BRAINARD, CHARLES H. : *John Howard Payne; a Biographical Sketch of the Author of ' Home, sweet Home,' with a Narrative of the Removal of his Remains from Tunis to Washington,* Washington, 1885. 8vo., pp. 144, 8 plates.

BRAINE. See BLED DE BRAINE.

BRAKEL, V. VAN. See VAYNES VAN BRAKEL.

BRANDIN, A. V. : *Considérations politiques, historiques, statistiques et hygiéniques sur le Royaume de Tunis,* dans ses rapports avec l'état actuel de l'Algerie, Paris, 1847. 8vo. See also ROUX DE ROCHELLE.

BREVES, FRANÇOIS SAVARY, Sieur de : Relation des Voyages, tant en Grèce, Turquie et Egypte, qu'au Royaume de Tunis et Alger, avec un Traité fait en l'an 1604 entre le Roy Henry le Grand et l'Empereur des Turcs, et trois Discours du dit Sieur, le tout recueilli par S. D. C. (Du Castel), Paris, 1628. 4to.

BRICARD, Le Sieur de : Relation des Voyages faits à Thunis par ordre de sa Majesté, in 'Arch. Cur. de l'Hist. de France,' Paris, 1834. 2ᵉ série, x., pp. 89 to 97.

BROADLEY, A. M. : The Last Punic War, or Tunis Past and Present, Edinburgh, W. Blackwood & Sons, 1882. 8vo., 2 vols. This is a well-written book.

BROECKHUYSEN. See DAN.

BROWNING, OSCAR : Carthage, art. of 7 cols. in 'Encyclopædia Britannica,' &c. Ninth Edition. Edinburgh, A. & C. Black, 1876.

BRUCE, C. L. C. : Memoir regarding Bruce's Journies (sic) and Drawings in North Africa, by C. L. C. Bruce. A. Spottiswoode, London, 1837. 8vo., pp. 24.

BRUCE, JAMES : Travels to discover the Source of the Nile in the years 1768-1773, Edinburgh, 1790. 5 vols., 4to. The first chapter contains a narrative of Bruce's journey through Tunisia. Translated into French by J. Castera, Paris, 1790-91. See also PLAYFAIR.

BRUN, GEORGES : Civitates Orbis Terrarum, Coloriæ, 1572-1618. Fol., 6 vols. Contains a description of Tunis, with two views. The same appear in 'Théâtre des Principales Villes de tout l'Univers.' Bruxelles, 1574. Fol., 2 vols. The fine engravings are mostly by Franciscus Hohenbergius.

BRUNETTI, E. See GALEOTTI.

BRUNIALTI, Il Dottor A. : Il Mare Saharico e la Spedizione Italiana in Tunisia, 1875, with several woodcuts, in 'Biblioteca di Viaggi,' Milano, Fratelli Treves, 1876. xxxvii., 193 to 213.

—— Algeria, Tunisia e Tripolitania, studio di geografia politica sugli ultimi avvenimenti africani, Milano, 1881. 12mo., map.

BRUNUS LEONARDUS. See ARETINUS.

BRUNZEN LA MARTINIÈRE : Grand Dictionnaire géographique et critique, La Haye, 1726. Fol.

BUCKE, CHARLES : Ruins of Ancient Cities; with general and particular accounts of their rise, fall, and present condition. In 2 vols. London, Thomas Tegg, 1840. Small 8vo. Contains (vol. i.) Carthage, pp. 215 to 237.

BURBAUD, ROGER : Voies et moyens de communication en France, en Algérie et en Tunisie, Paris et Limoges, 1886. 2 vols., 16mo. 'Petite Bibliothèque de l'Armée française.'

BUSSY, T. R. DE. See ROLAND DE BUSSY.

CÆSAR, CAIUS JULIUS : Commentaries, with the supplemental books attributed to Hirtius. Lit. transl. Bohn's 'Classical Library.' 1848. 8vo.

CAGNAT, R. : Rapport sur une Mission en Tunisie (1881-82), art. in 'Archives des Missions Scientifiques et Littéraires,' Paris, 1885, xi., 1 to 156, with map of the Gulf of Hammamet and eight illustrations.

—— Explorations épigraphiques et archéologiques en Tunisie, Paris, 1883-84. 8vo., 3 parts.

CAGNAT et REINACH : Découvertes de Villes nouvelles en Tunisie, art. in 'Bulletin de l'Académie des Inscriptions, &c.,' July, 1885.

CAGNAT et SALADIN : *Voyage en Tunisie*, in 'Tour du Monde,' 1885, and April 16-23, 1887. Noticed in 'Globus,' xlix., 249, 257, 273.

—— *Notes d'Archéologie tunisienne*, art. in 'Bulletin Monumental,' No. 2, 1884.

CAHUN, LÉON : *Les Aventures du Capitaine Magon, ou une exploration phénicienne mille ans avant l'ère chrétienne*, Paris, 1875. 4to.

CAIGNARD DE SAULCY, L. F. J., Membre de l'Institut : *Recherches sur la Numismatique punique*, Paris, Impr. Roy. 1843. 4to. Extracted from 'Mémoires de l'Académie des Inscriptions,' Nouvelle série, xv., 2 partie. Analysed by M. Defrémery, in 'Revue Numismatique Française,' 1844. 1 série, ix., 451.

—— *Recherches sur les Inscriptions votives, phéniciennes et puniques*, Paris, 1846. 8vo.

—— *Lettre à M. Lenormant sur un point d'Épigraphie phénicienne*, art. in 'Revue Archéologique,' 1846, p. 629.

—— *Rectification de la valeur alphabétique d'un Caractère de l'Écriture punique*, art. in 'Revue Archéologique,' 1846, p. 565.

—— *Nouvelles Inscriptions votives trouvées à Carthage et à Constantine*, Paris, 1848. 8vo., plates.

—— *A propos de deux Inscriptions bilingues trouvées à Leptis Magna et publiées dans le Journal Asiatique*.

CAILLAT, PHILIPPE, Ingénieur au service du Bey : *Notice sur l'ancien Aqueduc de Carthage*, Paris, 1837.

CAILLETTE DE L'HERVILLIERS, EDM.: *Étude de quelques Inscriptions chrétiennes carthaginoises*, Paris, 1863. 8vo.

CALVETE DE ESTRELLA, ALFONSO : *La Conquista de Africa, en Berveria, escrita en Latin por Alfonso Calvete de Estrella*, Salamanca, Canova, 1558. 8vo.

CAMBON, VICTOR, Ministre résident à Tunis : *De Bone à Tunis, Sousse et Kairouan*, Lyon, Imprimerie du Salut Public, 1885. 8vo., pp. 191, with photogravures. Also Paris, 1886.

—— *Discours prononcé par M. Cambon, Séance du 1 Avril*, 1884 ; *Première délibération sur le Projet de Loi portant approbation d'une Convention conclue avec le Bey de Tunis*, Paris, 1884. 8vo., pp. 29.

'M. Cambon quitted Tunis Nov. 15, 1886 ; his speeches on that occasion, and the reply of the Bey, will be found reported in the 'Journal des Débats,' Nov. 15 and 16, and other French newspapers of same dates.

CAMPOMANES, PEDRO RODR. : *Antiguedad maritima de la Republica de Cartago*, Madrid, 1756. 4to. Illustrations. Analysed in 'Mémoires de Trévoux,' 1757, p. 1938. Contains a translation of the 'Periplus of HANNO' (see that name).

CAMPON. See DE CAMPON.

CAMPOU, LUDOVIC DE : *La Tunisie française*, Paris, Charles Bayle, 1887. 8vo. A map and 8 phototypes. Worthless according to 'Le Livre,' Sept., 1887.

CANINA : *Amfiteatro di Tisdro*, art. in 'Annale dell' Institi archit. di Roma,' 1852, p. 241.

CAPELLA, M. : *Martiani Minei Capellæ Carthaginensis de Nuptiis Philologiæ, & Septem artibus Liberalibus Libri Novem optime castigati*. Lvgdvni, apud B. Vincentium, 1592. 8vo., pp. 16 and 397.

CAPITOLINUS, JULIUS : *Vies d'Antonin le Pieux, de Marc Antonin le Philosophe, de Verus, de Pertinax, d'Albin, de Macrin, des deux Maximin, des trois Gordien, de Maxime et de Balbin*, traduction nouvelle par M. Valton, Paris, C. L. F. Panckoucke, 1844. 8vo., pp. 383. Forms vol. iii. of

'Ecrivains de l'Histoire Auguste.' The Latin and the translation are given on opposite pages.

CARDON, EMILE : *Études sur les progrès de la civilisation dans la Régence de Tunis*, art. in 'Revue du Monde Colonial,' 1861, 2 série, i., 305, 378, and 487. Issued also in separate form.

—— *Le Progrès en Tunisie*, Idem, 2 série, vi., 345. 'Résultats des réformes amenées par la constitution promulguée en 1860.'—A. Demarsy.

CARDONNE, D. D. : *Histoire de l'Afrique et de l'Espagne sous la Domination des Arabes*, Paris, 1765. 12mo. 3 vols.

CARETTE, E., Commandant du Génie : *Origine de la division territoriale établie en Afrique par les Romains*. 4to., pp. 26, without place or date.

—— *Recherches sur l'Origine et les Migrations des principales Tribus de l'Afrique septentrionale*, Paris, 1853. 8vo. Published in 'L'Exploration Scientifique de l'Algérie.'

—— *Études des Routes suivies par les Arabes dans la partie méridionale de l'Algérie et de la Régence de Tunis, pour servir à l'établissement du réseau géographique de ces contrées*, Paris, 1854. 8vo., map. First published in 1844, Paris, 4to., 2 vols.

CAREY, H.: *D'Alger à Tunis*, Genève, 1886. 18mo., pp. 79.

CARLETTI, J. T. See ROUSSEAU, A.

CARTA, F. : *La Questione Tunisiana e l'Europa*, Roma, 1879. 8vo., pp. 29.

CASSE, ROBERT DU: *Un Mameluck tunisien général français*, art. in 'Contemporain,' January, 1880.

CASSON, EDMUND : *A relation of the whole proceedings concerning the redemption of the captives in Argier and Tunis . . . together with a list of the captives' names redeemed, and the prices they cost there in the market*. Published by special authority. London, 1647. 4to. 'The list contains the names of 242 persons redeemed from slavery.'—PLAYFAIR.

CASTAN, F. F. J. A.: *Le Capitole de Carthage*, art. in 'Académie des Inscriptions et Belles-Lettres,' April, 1885.

CASTEL, DU. See BREVES.

CASTELLI, A. See GALEOTTI.

CAT, É.: *Excursion d'Alger à Tunis*, art. in 'Revue de Géographie,' Dec., 1882.

CHALON, HENRI: *La Tunisie, Chrétiens et Musulmans*, Paris, 1881. 12mo.

CHAMBERLEN, PAUL : *History and Antiquities of the Ancient Egyptians . . . . and Carthaginians*, London, 1738. Fol.

CHAMPLOUIS. See DE CHAMPLOUIS.

CHAMPOLLION et REINAUD : *Mélanges et Documents inédits*, Paris, Impr. Royale, 1843. The second volume contains treaties of peace, in the Catalonian dialect and in the Arab language, concluded in 1270 1278, 1312, and 1339, between the Kings of Majorca and the Kings of Tunis and Algeria.

CHAPELET, AMABLE: *Voyage à Tunis*, in 'Tour du Monde,' Dec. 1864.

CHARENCY, H. DE : *La Régence de Tunis*, arts. in 'Revue Orientale et Américaine,' 1859, i. 297 and ii. 51.

—— *La Régence de Tunis*, Paris, 1859. 8vo.

'L'auteur, rendant compte du travail de M. Dunant (see that name), a donné un résumé aussi complet que possible des notions recueillies jusqu'à cette époque sur Tunis et son territoire. Des renseignements communiqués à M. Charency par M. Soliman el Haraira, interprète du consulat général de France à Tunis, lui ont permis de compléter son travail et d'y joindre un certain nombre de détails nouveaux.'—A. DEMARSY.

CHARLES, Mrs. : *Lapsed, but not Lost, a Story of Roman Carthage*, London, Daldy, 1877. 8vo., pp. 304.

CHARMES, GABRIEL : *La Tunisie et
la Tripolitaine*, Paris, Calman Lévy,
1883. 8vo. Treats of the French occupation.

—— *La Politique française en Tunisie*,
art. in 'Revue Politique et Littéraire,'
1882.

CHARRIÈRE, E. : *Négociations de la
France dans le Levant, ou correspond-
ances, mémoires et actes diplomatiques
des ambassadeurs de la France, &c.
dans les États de Tunis,&c.* Publiés
par E. Charrière, Paris, Imprimerie
Nationale, 1848-1860. 4to., 4 vols.

This work, according to M. A. Demarsy, gives important details concerning the negotiations of France and Tunis
to the xvith century, and reproduces
several documents, among others the
letters of Louis XI. to the King of Tunis,
and that of the Count d'Anguillara on
the victory of Charles V.

CHASSIRON, Baron CHARLES DE :
*Aperçu pittoresque de la Régence de
Tunis*, Paris, 1849. Fol., 37 litho-
graphs.

CHATEAUBRIAND, Vicomte de : *Essai
sur les Révolutions*, Chapt. xxx.
*Carthage*, Chapt. xxxi. *Parallèle
de Carthage et de l'Angleterre*,
Chapt. xxxvi. *Influence de la Révo-
lution grecque sur Carthage*.

—— *Itinéraire*, Part vii. *Voyage de
Tunis*, chiefly concerning Carthage,
*Mémoire sur Tunis*.

—— *Travels, &c.*, translated (from
the above) by Frederic Shoberl, &c.,
London, Henry Colburn, 1835. 8vo.,
2 vols. Two chapts. in vol. ii.
64 pages, are devoted to Tunis and
Carthage.

CHATELAIN, Le Chevalier, Lieut.-
Colonel de Cavalerie : *Mémoire sur
les moyens à employer pour punir
et détruire la piraterie des puissances
barbaresques ; précédé d'un précis
historique sur le caractère, les mœurs,
et la manière de combattre des Mussulmans habitant la côte d'Afrique, et*

un *coup d'œil sur les expéditions
françaises tentées contre eux à diverses époques*, Paris, 1828. 8vo.

CHAUX, PAUL : *Rapport sur les Fouilles
faites à Tysdrus par Sir Grenville
Temple* (see that name), art. in
'Bulletin de la Société de Géographie,' 1847, 3 série, vii.

CHAVANNE, J. : *Das Algerische-tune-
sische Binnenmeer*, in 'Deutsche
Rundschau,' 1880.

CHERBONNEAU, A., Professeur d'Arabe
à la chaire de Constantine : *Précis
historique de la dynastie des Agla-
bites, traduit en français et accompagné de notes*, art. in 'Revue de
l'Orient,' 1853, xiv., 417.

'The original is by Ibn-Oudrâne, and
exists in the Djama Ez-zeitouna at Tunis.'
—PLAYFAIR.

—— *Description de Tunis, d'après El-
Abdéry (Ad-Hari)*, art. in 'Journal
Asiatique,' 1854, 5 série, iv., 163.

—— *Voyage d'El-Abdéry à travers
l'Afrique septentrionale au XIIIe
siècle*, art. in 'Revue de Géographie,'
July, 1880.

—— *Un Recueil de Fables arabes*, art.
in 'Journal Officiel,' August 1, 1880.

—— *Les Ruines de Carthage, d'après
les écrivains musulmans*, art. in
'Annuaire Constantine,' 1885, i., pp. 28.

CHESTER, Rev. G. S. : *Notes on recent discoveries at Carthage*, art. in
'Archæol. Journal,' 1866, xiii.

CHEVALIER-RUFIGNY, H. : *Mémoire
sur l'affaire de 'L'Enfida' (Tunisie),
propriété acquise de S. A. Kérédine
Pacha*, Paris, 1881. 4to., pp. 64.

CHEVANNE, J. : An art. o his (which
we have not seen) on the Inland
Sea is noticed in 'Deutsche Rundschau,' April, 1880, and *ante*. See
'Le Livre,' i., 408.

CHIKHACHEV, P. : *Espagne, Algérie
et Tunisie*, Paris, 1880. 8vo., pp. 595.

—— *Spanien, Algerien und Tunis*
Leipzig, 1882. 8vo., pp. 531.

CHILDE, Mme. L. See LEE CHILDE.

CHOTIN, A. G.: *Les Expéditions maritimes de Charles-Quint en Barbarie*, Bruxelles, 1849. 8vo., pp. 292. Also Tournai, 1857. 8vo.

CHURCH, Prof. ALFRED J.: *Carthage*, London, T. Fisher Unwin, 1886. 8vo. One of the series of 'Stories of the Nations,' furnished with Maps and Indexes.

CIRCOURT. See GUÉRIN.

CLARIN DE LA RIVE, ABEL, Correspondant de la Société des Études historiques de la France: *Histoire générale de la Tunisie, depuis l'an 1590 avant Jésus-Christ jusqu'en 1883, avec une Introduction par M. P. Mignard*, Tunis, E. Demoflys; Paris, Challamel, 1883. 8vo., pp. lx. and 414.

CLARK KENNEDY. See KENNEDY.

CLERMONT-GANNEAU, M. CH.: *L'Imagerie phénicienne et la Mythologie iconologique chez les Grecs, 1 partie la Coupe phénicienne de Palestina*, Paris, Leroux, 1880. The author supposes the silver cup in question to have been brought from Carthage.

—— *Nouvelles Inscriptions phéniciennes*, art. in 'Revue Archéologique,' May, 1885.

CLESS, C.: *Utica*, art. of pp. 4 in 'Pauly's Real-Encyclopädie,' Stuttgart, 1852.

COGNAT: *Explorations épigraphiques et archéologiques en Tunisie*, art. in 'Revue Critique d'Histoire et de Littérature,' June 9, 1884.

COLLIGNON: *Les Ages de la Pierre en Tunisie*, art. in 'Matériaux pour l'Histoire de l'Homme,' May, 1887.

COLLOT: *Nouveau Voyage fait au Levant ès années 1731 et 1732, contenant les descriptions d'Alger, Tunis, Tripoli, de Barbarie, &c.*, Paris, 1742. 12mo.

COLUMELLA: A Roman writer on agriculture of the first century. He translated the 28 books of Mago the Carthaginian. Édition Panckoucke. 3 vols., 8vo. 1845-46.

COMELIN, F. See LA FAYE.

COOKE, G. WINGROVE: *Conquest and Colonisation of North Africa*, Edinburgh, Blackwood, 1860. 8vo.

COPPIN, R. P. JEAN, Consul des Français à Damiette, &c.: *Le Bouclier de l'Europe, ou la Guerre sainte, &c., avec une Relation de Voyages faits dans la Turquie, la Thébaïde, & la Barbarie*, Lyon, Antoine Briasson, 1686. 4to., pp. 496 and 16 unnumbered. In the 5th book the author describes the fortress of the Goulette, the town of Thunis, &c.

CORSI, T. See GALEOTTI.

CORTAMBERT, RICHARD: *Essai sur la Chevelure chez les différents Peuples*, Paris, Challamel, 1861. 8vo. For Tunisia the author is indebted to H. Duman. Extracted from 'Revue Orientale et Américaine,' iii., iv., and v.

CORY, ISAAC PRESTON: *Ancient Fragments, Chaldæan, Egyptian, Tyrian, Carthaginian, &c. With an Inquiry into the philosophy and trinity of the Ancients*, London, 1832. 8vo., pp. lix., 361, and 4.

COSSON, Dr. E. S. C.: *Le projet de Mer intérieure en Algérie*, art. in 'Revue Scientifique,' 1879.

—— *Nouvelle Note sur le Projet de création en Algérie et en Tunisie d'une Mer, dite intérieure*, art. in 'Comptes rend. Acad. des Sciences,' 1882, xciv.

—— *Sur le projet de création en Algérie et en Tunisie d'une Mer dite intérieure*, in 'Comptes rendus de l'Association Française pour l'Avancement des Sciences, Congrès de Blois,' 1884.

—— *Note sur un projet de création en Algérie d'une Mer dite intérieure*, art. in 'Bulletin de la Société de Géographie,' January, 1880.

COSSON, Dr. E. S. C.: *Rapport à M. le Ministre de l'Instruction publique et des Beaux-Arts, sur La Mission botanique chargée, en 1883, de l'Exploration du nord de la Tunisie, par E. Cosson, membre de l'Institut (Académie des Sciences), &c.*, Paris, Imprimerie Nationale, 1884. 8vo., pp. 31.

—— *Compendium floræ atlanticæ seu expositio methodica plantarum omnium in Algeria. Flore des États barbaresques, Algérie, Tunisie, Maroc. Tome 1er, première partie: historique et géographique*, Paris, 1881. 8vo., avec 2 cartes coloriées.

—— *Illustrationes floræ atlanticæ seu icones plantarum novarum, rariorum vel minus cognitarum in Algeria nec non in regno Tunetano et imperio Marocano nascentium.* Fascicule i., Paris, 1883. Fol., avec 25 pl. gravées.

—— *Conspectus floræ atlanticæ seu enumeratio plantarum omnium in Algeria, regno Tunetano et imperio Marocano hucusque notarum exibens quoque diagnoses specierum novarum et annotationes de plantis minus cognitis.*

COSSON, Dr. E. S. C., and KRALIK, M. L.: *Sertulum Tunetanum. Notes sur quelques Plantes du sud de la Régence de Tunis* (1847).

COURTANT. See D'ESTOURMETTES DE.

COURTRAV DE PRADEL, EUG. DE: *Saint-Louis en Afrique, récit en vers*, Rochefort, 1827. 8vo., pp. 48.

COUSINÉRY, E. M.: *Essai historique et critique sur les Monnaies d'Argent de la ligue achéenne, accompagné de recherches sur les monnaies de Corinthe, de Sicyone et de Carthage, qui ont eu cours pour le service de cette confédération*, Paris, 1825. 4to., 5 illustrations.

CRAPELET, AMABLE: *Voyage à Tunis en 1859*, in 'Tour du Monde,' 1864, Nos. 262, 263.

—— *Viaggio a Tunisi*, with numerous woodcuts, in 'Biblioteca di Viaggi,' Milano, Fratelli Treves, 1876. xxxvii., 1 to 79.

CREULY, Général: *Sur diverses Inscriptions romaines de Tunisie*, Paris, 1858. 8vo. Published originally in 'Revue Archéologique, 1858, xv., 285.

'Le savant épigraphiste,' says M. A. Demarsy, 'passe en revue une série de travaux sur les antiquités tunisiennes, publiés dans la Revue Algérienne, en avril 1857, par le capitaine Lewal, et en juin, par M. A. Rousseau.' See those names.

CROIX. See DE LA CROIX.

CROZALS, M. DE: *Tunis*, art. in 'Revue Politique et Littéraire,' 1881.

—— *Le Collège Saint-Louis de Carthage, Le Cardinal Lavigerie* (see that name), Idem, 1882.

—— *Les Races primitives de l'Afrique*, art. in 'Revue de Géographie,' August, 1881.

—— *Bizerte, son passé, son présent, son avenir*, Idem, Sept. and Oct. 1881.

CUBISOL, CHARLES, Vice-Consul à la Goulette: *Notice abrégée sur la Régence de Tunis*, Bône, 1867. 8vo., 16 plates of inscriptions.

The author published in 1866, under the same title, an autographed pamphlet followed by the description of the products sent by S. A., the Bey to the Universal Exhibition of Paris. This notice contains statistics chiefly.

CUEVA, PEDRO DE LA: *Dialogo de la Rebellion de Tunez*, Sevilla, S. Truxillo, 1550. 8vo.

CUVILLIER et BOUIN: *Essai d'un Dictionnaire des principaux Ports et Mouillages du Monde connu*, Paris, 1845. 8vo.

CYPRIEN, Saint: *Histoire et Œuvres complètes de Saint Cyprien, Evêque de Carthage, Traduction française par M. l'Abbé Thibaut, &c.*, Tours, Gattier, 1868. 8vo., 2 vols. See also FREPPEL, HAVET, and POOLE.

DAIN, ALFRED, Prof. agrégé à l'École de Droit d'Alger: *Le Système Torrens. De son application en Tunisie et en Algérie, rapport à M. Tirman, gouverneur général de l'Algérie, suivi d'une traduction de 'l'Act-Torrens,' et de la loi foncière tunisienne, du* 5 *juillet,* 1885, Paris, 1886. Large 8vo.

DAMPIERRE: *Histoire de la Rivalité de Carthage et de Rome.*

DAMPMARTIN, A. H., Capitaine au régiment Royal: *Histoire de la Rivalité de Carthage et de Rome, à laquelle on a joint La Mort de Caton, tragédie, nouvellement traduite de l'anglais, de M.* Addison (sic), Strasbourg, J. G. Treuttel, (1789). 8vo., 2 vols. See also ADDISON.

DAN, P. F. P.: *Histoire de Barbarie et de ses Corsaires, des Royaumes et des Villes d'Alger, de Tunis, de Salé et de Tripoli, où il est traité de leur Gouvernement, de leurs Mœurs, de leurs Cruautés, de leurs Brigandages, de leurs Sortilèges, &c.*, Paris, 1649. Fol. First published in 1637, Paris. 4to. Done into Dutch as:
—— *Historie van Barbaryen, &c., vertaalt door G. v. Broeckhuysen, vermeerdert door S. de Vries*, Amsterdam, 1684. Fol., illustrations. Also Amsterdam, 1641. Fol., 2 vols.
The author was for nearly half a century a Trinitarian father, engaged in the release of captives. His work is most interesting from an English point of view, as he gives an account of the Irish captives taken at the sack of Baltimore by the Algerines. See also Charles Smith's *History of Cork*, vol. i., p. 278.—PLAYFAIR.

DANA, C. A. See RIPLEY.

DANDOLO, TULLIO: *Studii sul Secolo d'Augusto, Libri Quattro*, Milano, P. A. Molina, 1837. 8vo., pp. 243, double cols. Contains an account of the Punic Wars.

DAPPER, OLIVER, D.M: *Nauwkeurige beschrijving der Afrikaansche gewesten van Egypten, Barbaryen, Libyen, Biledulgered, Negroslant, Guinea, Ethiopien en Abyssinien.* Amsterdam, 1668. Fol.
—— *Description de l'Afrique, contenant les Noms, la Situation et les Confins de toutes ses parties; leurs Rivières, leurs Villes et leurs Habitations, leurs Plantes et leurs Animaux; les Mœurs, les Coutumes, la Langue, les Richesses, la Religion et le Gouvernement de ses peuples. Traduit du Flamand.* Amsterdam, 1686. 4to., 'orné de 31 planches, 15 cartes et 54 figures dans le texte.'

DARCEL, A. *Notice des émaux et de l'orfèvrerie* (du Musée du Louvre). 'D. 764 et 765. Aiguière et plateau en argent ciselé . . . .' représentant la conquête de Tunis par Charles-Quint.
—— *Excursion en Espagne.* Indication, in the chapter devoted to the Alhambra, of paintings of the xvith century, in 'le cabinet de toilette de la reine,' representing the conquest of Tunis by Charles-Quint.
—— *Excursion à Malte.* One chapter contains a visit to Tunis and Carthage.

DAREMBERT: *La Salubrité publique à Tunis*, art. in 'Revue Scientifique,' July 5, 1884.

DARRÉ, Dr. See POINSSOT.

DAUMAS, Général: *Du chameau d'Afrique*, art. in 'Rev. de l'Orient,' 3 sér., i., 178. 1855. Originally addressed to the President of the Soc. Zool. d'Acclim.

DAUMAS, PHILIPPE: *Quatorze ans à Tunis*, Alger, 1857. 8vo.

DAUX, A., Ingénieur civil de Nimes : *Recherches sur l'origine et l'emplacement des Emporia phéniciens dans le Zeugis et le Byzacium, faites par ordre de l'Empereur*, Paris, Imprimerie Impériale, 1869. 8vo., pp. 313, 9 plates.

—— *Notice sur Utique*, in ' Tour du Monde.'

—— *Le Rovine d'Utica*, 1868, with many woodcuts, in ' Biblioteca di Viaggi,' Milano, 1876, xxxvii., 153 to 192.

—— *Achmet-pacha, Bey de Tunis, et des réformes récentes qu'il a faites, &c.*, art. in ' Revue de l'Orient,' 1848, 2 série, iv., 342.

D'AVEZAC. See AVEZAC.

DAVIDSOHN, R. : *Vom Nordcap bis Tunis*, Berlin, 1884. 8vo., pp. 175.

DAUIES, WILLIAM : *A Trve Relation of the Travailes and most miserable Captiuitie of William Dauies, Barber-Surgion of London, under the Duke of Florence, &c.* London, Nicholas Bourne, 1614. Small 4to., pp. 40, unnumbered. The ' Description and Discouery of Tunys ' occupies chap. iii. Reprinted in ' A Collection of Voyages ' (Churchill), London, T. Osborne, 1757, vii., 476 to 488.

DAVIS, Dr. NATHAN. *Carthage and her Remains, being an account of the excavations and researches on the site of the Phœnician metropolis of Africa, and other adjacent places, conducted under the auspices of Her Majesty's Government*, London, 1860. 8vo., pp. 640. Noticed in the ' Christian Observer,' lxi., 544. Translated into German, Leipzig, 1863.

—— *Inscription in the Phœnician character, now in the British Museum, discovered on the site of Carthage*, London, 1863. Oblong fol.

—— *Ruined Cities within Numidian and Carthaginian Territories*, London, 1863. 8vo., pp. xvi. & 391, map.

DAVITY, PIERRE, Seigneur de Montmartain : *Description générale de l'Afrique, seconde partie du Monde. Avec tous ses Empires, Royaumes, et Républiques, qui sont déduits et traités par ordre de leurs Noms, Assiettes, Confins, Mœurs, Richesses, Forces, Gouvernement et Religion; et la Généalogie des Empereurs, Rois et Princes souverains, lesquels y ont dominé jusqu'à présent. Nouvelle édition revue et corrigée par J. B. de Rocoles*, Troyes et Paris, 1660. Fol.

DE BISSON, L. See BISSON.

DE BIZEMONT. See BIZEMONT.

DE CAMPON : *Tunis et le Cardinal Lavigerie* (see that name), art. in ' Correspondant,' April 25, 1887.

DE CHAMPLOUIS, M. Nau, Capitaine au Corps Impérial d'État-major : *Notice sur la carte de l'Afrique sous la domination des Romains, dressée au Dépôt de la Guerre d'après les travaux de M. Fr. Lacroix, par ordre de S. E. le Maréchal Comte Randon, Min. de la Guerre*, Paris, 1864. 4to., pp. 46.

' The map in question is in two large sheets (2,000,000ᵉ), and includes the whole district between the Cyrenaica and the Atlantic. See also " L'Ann. Géogr.," t. iii. p. 110.'—PLAYFAIR.

See also LA CROIX F.

DEFOURNOUX, Dr. : *Du Maroc en Tunisie*, in ' Comptes rendus des Séances de la Société Géog.,' Paris 1882, pp. 409-12.

DE LA CROIX, Sieur : *Relation universelle de l'Afrique, ancienne et moderne, où l'on voit ce qu'il y a de remarquable, tant dans la terre ferme que dans les isles, avec ce que le Roi a fait de mémorable contre les corsaires de Barbarie, &c.*, Lyon, 1688. 12mo., 4 vols. Also Lyon, 1698, 12mo., 4 vols. See also ' Journal des Savans,' 1689, p. 131.

DE LA CROIX, Sieur : *Mémoires du sieur De la Croix, contenant l'état présent de l'église grecque et les révolutions du Royaume de Tunis.* M.S. Anciens fonds de Versailles, No. 123.

DELAIRE : *Les Chotts tunisiens et la Mer intérieure en Algérie,* art. in ' Correspondant,' July 25, 1881.

DE LANESSAN. See LANESSAN.

DELATTRE, A. L., Prêtre missionnaire: *Objets archéologiques exposés à Amsterdam,* Tunis, 1883.

—— *Inscriptions de Chemtou:* arts. in ' Revue Archéologique,' April and July, 1881.

—— *Inscriptions chrétiennes trouvées sur différents points de l'ancienne ville de Carthage,* art. in ' Revue de l'Afrique Française,' Paris, July, 1886, iv., 241 to 248.

DELAVILLE LE ROULX, J., Docteur-ès-lettres : *La France en Orient au XIVᵉ Siècle — Expéditions du Maréchal Boucicaut,* Paris, Ernest Thorin, 1886. 8vo., 2 vols. Contains several historical notices of Tunisia, and (vol. i., pp. 166 to 200) *Expédition de Barbarie* (1390).

DE LA WARR, Earl : *French Occupation of Tunis,* art. in ' Nineteenth Century,' x., 448.

DELISLE DE SALES, J. B. C. I., Membre de l'Institut : *Histoire de tous les Peuples du Monde, &c.,* Paris, 1779. 12mo., 53 vols., maps and illustrations. Contains *Histoire de Carthage.*

DELSOL : *Sbitla* (Tunis), art. in ' Bulletin Société Géog. Commer.,' Bordeaux, 1878, No. 22.

DEMANCHE, GEORGES : *D'Alger à Kairouan,* arts. in ' Revue Française,' 1886 and 1887. Also in separate form, Challamel, 1887, 8vo.

DEMAY : *Le Clergé français en Tunisie,* art. in ' Correspondant,' Nov. 25, 1886.

DE PURE, M. See BIRAGO.

DERENBOURG, Membre de l'Académie des Inscriptions : *Inscriptions de Carthage sur les Offrandes de Prémices,* with a plate, art. in ' Journal Asiatique,' February, 1874, p. 204.

—— *Sur une Inscription néo-punique de huit lignes trouvée à Médina en Tunisie, &c.,* art. in ' Académie des Inscriptions,' Oct. 2, 1874.

DESFONTAINES, R. L., Membre de l'Académie des Sciences: *Flora Atlantica, sive Historia Plantarum quæ in Atlante, agro Tunetano et Algeriensi crescunt,* Parisiis, An vi. (1798). 4to., 2 vols., 263 plates. See also PEYSSONNEL.

—— *Observations sur les Plantes économiques qui croissent dans les Royaumes de Tunis et d'Alger,* in ' Nouvelles Annales des Voyages,' 1830. Tome iii. de l'année, pp. 321 to 359.

—— *Lettre à M. Lemonnier, de l'Académie des Sciences,* Idem, 1830. Tome iii. de l'année, 60 to 77. Contains archæological details, and descriptions of Kairouan, Calsa, Le Gerid, Sfaïtla, Sbiba, and the environs of Tunis.

—— *Premier Fragment d'un Voyage dans les Royaumes de Tunis et d'Alger, et dans les montagnes de l'Atlas,* Idem, 1830. Tome ii. de l'année, pp. 189 to 228.

—— *Voyage le long de la côte depuis Tunis jusqu'à Sfax sur les bords de la Petite Syrthe,* Idem, 1830. Tome iii. de l'année, pp. 137 to 164.

DESFOSSÉS, EDMOND, Avocat: *La Tunisie sous le Protectorat et son Annexion à l'Algérie,* Paris, Challamel, 1886. 8vo., pp. 44. A purely political pamphlet in favour, as its title indicates, of the annexation of Tunisia by France.

—— *La Disgrâce de Mustapha Khaznadar, ancien premier ministre de Tunisie, considérée au point de vue des intérêts européens,* 1875. 4to.

DESFOSSÉS, EDMOND, Avocat: *La Tunisie, histoire, politique, finances,* 1877. 8vo.

—— *La Tunisie, physique et économique.* Published originally in the 'Revue de Géographie,' February, 1879.

—— *Les Kroumirs,* with a map, Idem, August, 1879.

—— *L'Aqueduc de Carthage et sa restauration,* art. in 'Réforme Économique,' Oct. 15, 1880.

—— *La Question tunisienne et l'Afrique septentrionale, Angleterre, France, Italie,* 1881. 8vo., pp. 48.

—— *Le Protectorat français en Tunisie, avec texte et commentaire du traité de Kassar-Said du mai 1881.* 8vo.

—— *De la Réorganisation administrative et financière de la Tunisie, avec texte officiel des traités.* 1882. 8vo.

D'ESTOURMETTES DE COURTANT: *Les Sociétés secrètes chez les Arabes et la Conquête de l'Afrique du nord,* art. in 'Revue des Deux-Mondes,' March 1, 1886.

DEVARS, M. G. See BESCHERELLE.

DEVOULX, ALPHONSE: *Voyage à l'Amphithéâtre romain d'El-Djem en Tunisie,* Paris, 1830. 8vo., pp. 22. From the 'Revue Africaine,' Alger, 1874, xviii.

D'HÉRISSON. See HÉRISSON.

DILHAN, ALPHONSE: *Histoire abrégée de la Régence de Tunis,* Paris, 1866. 8vo.

DION CASSIUS: *Histoire romaine, par E. Gros. 7 tom. Gr. and Fr.* Paris, 1845-65. He was Roman Governor of North Africa in the reign of Alexander Severus, A.D. 222-235. In the *Fragmenta,* ccxv. to ccxx., is a history of the second Punic War, and in cclxv. to cclxix. is some account of the Jugurthine War.

DIXON, WILLIAM HEPWORTH: *Robert Blake, general and admiral at sea, based on family and state papers,* London, 1852. 8vo. Contains an account of Blake's action at Porto Farina.

DONALDSON, Prof.: *A notice of the recent travels of H. M. Consul-General, Lieut.-Col. Playfair, in the provinces of Algiers and Tunis, in the footsteps of Bruce the traveller, illustrated by Bruce's drawings.* 'Sess. Papers Roy. Inst. Brit. Architects,' No. 3, pp. 33-43, illustrations, 1876.

DOR, H.: *Souvenir du Congrès d'Alger, Tunis et la Kabylie,* Lyon, 1882. 8vo. pp. 93.

DOUMET-ADANSON, M.: *Sur le régime des Eaux qui alimentent les Oasis du sud de la Tunisie,* in 'Comptes rendus de l'Association Française pour l'Avancement des Sciences, Congrès de Blois,' 1884.

—— *Les Silex taillés de Tunisie,* Idem.

—— *Note sur l'origine des Chotts du sud de la Tunisie.* Montpellier, 1876. 8vo. From 'Rev. des Sc. Natur.'

DRAPEYRON, L.: *La Constitution de Carthage,* Paris, 1882. 8vo., pp. 20.

DROUIN, E. A.: *Les Inscriptions de Tunis,* Louvain, 1882. 8vo.

DRU, LÉON: *Extraits de la Mission de M. le commandant Roudaire* (see that name) *dans les Chotts tunisiens* (1878-1879), Paris, Chamerot. 8vo.

DUBOIS-FONTANELLE: *Anecdotes africaines depuis l'origine ou la découverte des différents Royaumes qui composent l'Afrique jusqu'à nos jours,* Paris, 1775. 8vo.

DU CASSE, R. See CASSE.

DU CASTEL. See BREVES.

DUMGE, C. G.: *Ansichten von Tripolis, Tunis und Algier, aus dem Reiseberichten eines französischen Missionairs,* Stuttgart, Metzler, 1816. 8vo.

DUESBERG, F. See MANNERT.

DUGASTE. See DUREAU DE LA MALLE.

DUGAT, GUSTAVE: *Le Poème en l'honneur du bey de Tunis du cheik Farès*, Paris, 1851. 8vo.

DUGAT, GUSTAVE, et le cheik FARÈS ECCHIDIAK: *Grammaire française à l'usage des Arabes de l'Algérie, de Tunis, &c.*, Paris, Impr. Imp. 1854. 8vo., pp. 125.

—— *A Practical Grammar of the Arabic Language, &c.*, London, 1866. 12mo., pp. 162.

DUMAN, H. See CORTAMBERT.

DUMAS, ALEXANDRE: *Le Véloce, ou Tanger, Alger et Tunis*, Paris, 1848. 8vo. Also Paris, 1851, 8vo., 2 vols. 'Le Véloce' is the name of the vessel on which Dumas made his voyage. The publication of his travels was commenced in 'La Presse,' March 12, 1847.

DUMIERQUE, E.: *The Chotts of Tunis, or the Great Inland Sea of North Africa in ancient times*, London, 1883. 8vo. p. 27. Also London, Allen, 1884. 8vo.

DUMONT, M. X.: *Guide de la Lecture des Manuscrits arabes. Arab. et Fr.*, Alger, 1842. 8vo., lithographed.

DUMONT, P. J. See QUESNÉ.

DUMONT D'URVILLE, J.: *Histoire générale des Voyages*, Paris, Furne & Cie., 1859. 8vo., 4 vols., portraits, illustrations and maps. In chapt. 99, vol. iv., will be found an account of Tunis and of the Ruins of Carthage.

DUNANT, H. J.: *Notice sur la Régence de Tunis*, Genève, J. G. Fick, 1858. 8vo., privately printed.

The volume contains: Historical résumé; the town of Tunis; the court; the army, navy, and taxes; climate and products; industry and commerce; towns and various localities; religion and literature; Musulman year; slavery of Moors; Arabs and Djébélias; customs and superstitions of the Jews of Tunis; society and population. Noticed by M. Th. Pavie in 'Revue des Deux-Mondes,' March 15, 1858; also by M. H. de Charencey (see that name).

DUPRAT, PASCAL: *Essai historique sur les Races anciennes et modernes de l'Afrique septentrionale, leurs origines, leurs mouvements et leurs transformations*, Paris, 1845. 8vo. pp. 318.

DUREAU DE LA MALLE, A. J. C. A., Membre de l'Académie des Inscriptions et Belles-Lettres, Membre de l'Institut: *Recherches sur la Topographie de Carthage, avec des notes de M. Dugaste*, Paris, 1837. 8vo., 4 plates. Noticed by M. Letronne in 'Journal des Savants,' Nov. 1837. See also PEYSSONNEL and TEMPLE.

DUREAU DE LA MALLE and YANOSKI, JEAN: *Carthage*, pp. 170, 6 plates, in 'L'Univers Pittoresque,' Paris, 1844.

DURUY, VICTOR: *Histoire des Romains, &c.*, Paris, Hachette & Cie., 1879–85. 4to., 7 vols., illustrated. Carthage, its commerce, wars, and destruction, together with its bishops, their persecution, &c., are very fully treated in this noble work; there are also a plan of the city and numerous illustrations. Thysdrus, Utica, &c., are also described, the former with a view of the amphitheatre.

DUVERNOIS, CLÉMENT: *Les Réformes en Tunisie*, arts. in 'Revue de l'Orient,' 1858, 3 série, vii., 83, 143, 202.

DUVEYRIER, HENRI: *Lettre sur son Voyage dans le sud de la Tunisie, &c.*, art. in 'Nouvelles Annales des Voyages,' 1868, ii. 356.

—— *Exploration du Sahara — Les Touareg du nord*, Paris, Challamel, 1864. 8vo., pp. xxxiv., 499, and 4 unnumbered pages, with a *Supplément* of pp. 37 and 4 unnumbered pages, a portrait of the author, illustrations, and a folding map. Although but a small part of Tunisia is treated of in this volume, it contains much information indirectly applicable to that country, and relating chiefly to the region south of Tunisia.

DUVEYRIER, HENRI: *La Tunisie,* Paris, Hachette, 1881. 8vo., pp. 143.

DUVIVIER, Général: *Recherches et Notes sur la portion de l'Algérie au sud de Ghelma, depuis la frontière de Tunis jusqu'au mont Auress, indiquant les anciennes routes encore apparentes,* Paris, Imp. Vassal, 1841. 4to., pp. 66, map, privately printed.

DUVIVIER, Général FRANCIA DE FLEURUS: *Inscriptions phéniciennes, puniques, numidiques, expliquées par une méthode incontestable,* Paris, 1846. 8vo. pp. 16.

DYER, THOMAS H.: *Utica,* art. of 3 cols. in 'Dictionary of Greek and Roman Geography,' W.Smith, LL.D., London, J. Murray, 1854.

ECCHIDIAK, F. See DUGAT.

EL-ABDERY. See CHERBONNEAU.

EL-AÏACHI-EBN-MOULA-AHMED: *Voyages dans le sud de l'Algérie et des États barbaresques de l'ouest et de l'est,* trad. sur deux manuscrits arabes par A. Berbrugger; suivis d'Itinéraires et Renseignements fournis par Sid-Ahmed-Oulid-Bou-Mezrag et du Voyage par terre de Taza à Tunis par M. Fabre, Paris, Imp. Royale, 1846. Large 8vo., pp. 396. See also BERBRUGGER and FABRE.

EL-BEKRI: *Description de l'Afrique septentrionale, traduit par Mac Guckin de Slane,* Paris, Impr. Impér., 1859. 8vo.

—— *Description de Tunis. Extrait de la Description de l'Afrique septentrionale d'El-Bekri, traduite par M. de Slane,* in 'Journal Asiatique,' 1858, 5 série, xii., 505.

EL-EDRISI, ABU-ABD-ALLAH-MOHAMMED-AL-: *Commentatio de Geographia Africæ, curavit J. M. Hartmann,* Gottingæ, 1791. 4to. Second edition, Gott., 1796. 8vo.

EL-EDRISI, ABU-ABD-ALLAH-MOHAMMED-AL: *La Géographie d'Edrisi, traduite de l'arabe en français par Paul Amédée Jaubert,* Paris, Imp. Roy., 1837-1841. 4to., 2 vols. See also HARTMANN, J. M.

EL-EGHOUATHY. See AVEZAC.

EL-FIDJANI. Noticed by M. Cherbonneau as one of the best Arab writers to consult for a description of Tunis. See also ROUSSEAU.

EL-HARAÏRA. See GAY, F.

EL-KAIROUANI. See EL-RAÏNI.

EL-LOWLOWI: *Extrait de l'Histoire de la Dynastie des Beni-Hafss, par Abou-Abdallah Mahammed-ben-Ibrahim-El-Lowlowi-El-Zerkeschi. Fragment traduit par M. Alphonse Rousseau,* in 'Journal Asiatique,' 1849, 4 série, xiii., 269.

'Ce travail renferme le texte et la traduction française d'un extrait relatif à l'usurpation du pouvoir hafssite par un aventurier du nom de Ahmed-ben-Merzouk-eben-Abi-Amara, qui, l'an 681 de l'hégire, se fit proclamer à Tunis sous les noms de El-Fedhel-eben-Abi-lakaria-Jehia-el-Ouatsèq.'—A DEMARSY.

El-Lowlowi is noticed by M. Cherbonneau as one of the best Arab writers to be consulted for a description of Tunis.

EL-NEFZAOUI, Cheik Sidi MOHAMMED: *Ouvrage du Cheik, l'imam, le savant, le très érudit, le très intelligent, le très véridique Sidi Mohammed el Nefzaoui : que Dieu très élevé lui fasse miséricorde par sa puissance! Amen! Traduit de l'Arabe par M***, Capitaine d'État-major,* 1850. Édition autographiée. First printed as: *Le Jardin parfumé du Cheikh Nefzaoui Manuel d'Erotologie Arabe (xvie Siècle) Traduction revue et corrigée. Imprimé à deux cent vingt exemplaires pour Isidore Liseux et ses Amis,* Paris, 1886. 4to., pp. xv and 298.

There are two editions of the same work in English, both issued in the same year, both in 8vo., and with the same number of pages, viz., xv. and 256,

*The Perfumed Garden of the Cheikh Nefzaoui, &c.*, Cosmopoli, 1886. There are variations on the title-pages, and the later volume is printed in violet with title-page in red and violet. Nefzaoui lived at Tunis and there wrote his book, which, although not specially devoted to the people of Tunisia, throws much light upon their manners and customs at that time. It is not *virginibus puerisque*. A copy of the original Arab text, probably that from which the French translation was made, exists in the National Library at Algiers.

EL-RAÏNI : *Histoire de l'Afrique par Mohammed - Ben - Abi - el - Raini - el - Kairouani, traduit de l'arabe par MM. E. Pellissier et Remusat,* Paris, Imp. Roy., 1847. 4to. (vol. vii. of 'L'Exploration scientifique de l'Algérie ').

'Cet auteur donne une description de Tunis, suivie de l'histoire des différentes dynasties qui ont régné sur Tunis jusqu'à l'an 1681 de notre ère, et terminée par une description des curiosités de la ville et des usages de ses habitants ; . . . on y trouve des renseignements originaux et tirés de la tradition orale, surtout dans la dernière partie qui traite de la conquête de Tunis par les Turcs.'—A. DEMARSY.

ESCAYRAC DE LAUTURE, Le Comte d' : *Le Désert et le Soudan,* Paris, Dumaine, 1853. 8vo., pp. 625, 2 maps and 12 plates. Divided into 5 books : i. Climats africains ; ii. Considérations sur la Barbarie, Études sur l'Islamisme et les Mœurs des Mussulmans actuels ; iii. Les Arabes ; iv. Les Noirs colonisés ; v. Commerce du Soudan.

ESPÉRANDIEU, E., Lieut. d'infanterie : *Archéologie tunisienne. Epigraphie des Environs du Kef. Inscriptions recueillies en 1882-83,* Paris, 1885. 8vo., 7 fascicules, part., planches.

ESPINA, A., Vice-Consul de France à Sousse : *Notice historique sur le Caidat de Sfax,* art. in 'Revue de l'Orient,' 2 série, xiii., 142.

—— *Lettres archéologiques relatives à Soussa, l'ancienne Hadrumetum,* art. in 'Revue Africaine,' 1859, iii., 368.

ESTRELLA, C. DE. See CALVETE.

ESTOURMETTES, D'. See D'ESTOUR-METTES DE COURTANT.

ESTRUP : *Lineæ Topographicæ Carthaginis Tyriæ,* 1821. Map.

'Estrup was a Danish scholar who made use of the MSS. of Camillo Borgia (see BORGIA), a Neapolitan traveller, who had examined the ground attentively, and who died at Naples without being able to publish his work.'

EUTING : *Punische Steine,* Saint-Pétersbourg, 1871.

EWALD, CHRISTN. FERD. : *Reise von Tunis über Soliman, Nabal, Hammamet, Susa, Sfax, Gabis, Gerba nach Tripolis, und von da wieder zurück nach Tunis, im Jahre 1835. Herausgegeben von Paul Ewald,* Nürnberg, Ebner, 1837-38. Large 8vo., 3 parts, 1 map, 8 black and 5 coloured engravings.

—— *Tunis and Tripoli,* art. in ' Penny Mag.,' vii., 12.

—— *Scenes in Tunis,* Idem, viii., 332.

EWALD, J. : *Manners of Tunis,* art. in 'Penny Mag.,' ix., 129.

EXIGA, dit KAYSER, Interprète militaire : *Description et Histoire de l'Ile de Djerba, traduit du Manuscrit de Cheik Mohammed Abu Rasse Ahmed En-Naceur,* Tunis. Small 4to. Arabic and French.

EVRIÈS : *Carthage,* art. of 10 cols. in 'Encyclopédie Moderne,' Paris, Firmin Didot, 1854.

—— *Détail sur l'Amphithéâtre de Thysdrus,* art. in ' Nouvelles Annales de Voyages.'

FABRE, J. : *Essai sur la Régence de Tunis,* Avignon, 1881. 8vo., pp. 188. See also EL-AÏACHI.

FAIDHERBE, Général : *Epigraphie phénicienne,* Paris, 1873. 8vo.

—— *Inscription libyque, trouvée aux environs de Tunis,* art. in ' Bulletin de l'Académie des Inscriptions,' &c., Jan., 1881.

FAIRMAIRE, L. See LEFÈVRE.

FALBE, C. T., Captain and Danish Consul at Tunis: *Recherches sur l'Emplacement de Carthage, suivies de renseignements sur plusieurs inscriptions puniques inédites, avec le plan topographique des ruines de la ville,* Paris, 1837. 8vo., with atlas and 6 plates in fol. See also TEMPLE.

FALBE ET LINDBERG: *Annonce d'un ouvrage sur les médailles de l'ancienne Afrique par MM. Falbe et Lindberg, avec un aperçu des découvertes de M. Lindberg dans la numismatique de Carthage, de la Numidie, et de Mauritanie,* Kopenhague, 1843. 8vo., pp. 20.

FALBE, LINDBERG and MÜLLER: *Numismatique de l'Ancienne Afrique. Ouvrage préparé et commencé par C. T. Falbe et J. Chr. Lindberg, refait, achevé et publié par L. Müller,* Copenhague, Imp. de Bianco Luno par F. S. Muhle, 1860-61. 4to., 2 vols., illustrations in the text. In vol. ii. the moneys of Carthage are considered at length; those also of Utica, &c. are noticed.

'This learned work was commenced in this year (1860) and completed in 1862. It contains a scientific classification of all the Greek and Roman money of North Africa from Cyrene to Mauritania. It is one of the most important works ever written on Africa.'—PLAYFAIR.

FALLOT, ERNEST: *Par delà la Méditerranée: Kabylie, Aurès, Kroumirie,* Paris, Plon, 1887. 18mo., woodcuts.

M. Fallot is secretary of the Geographical Society of Marseilles. His book is reviewed in 'Le Livre,' Sept. 1887.

FARÈS ECCHIDIAK. See DUGAT.

FARINE, CHARLES: *Kabyles et Kroumairs,* Paris, Ducrocq, 1882. 8vo. pp. 423.

FAULTRIER, GODARD: *Étude sur un Vase en plomb trouvé dans les ruines de Carthage,* Angers, 1867. 8vo.

The same vase, which was exhibited at the Exposition Universelle de Paris in the Tunisian section, furnished M. EDM. LE BLANT (see that name) with the subject of a communication to the 'Société des Antiquaires de France.'

FAURE, A. LE. See LE FAURE.

FAVÉ. See YVON-VILLARCEAU.

FÉRAUD, L.: *Kitab-el-Adwani, ou le Sahara de Constantine et Tunis,* 'Rec. Not. et Mém. Soc. Arch. Const.,' 1868, vol. xii, pp. 1-208.

'This is an Arabic work of modern date, a curious picture of tribal history and desert life.'—PLAYFAIR.

FERRY, JULES: *Les Affaires de Tunisie, Discours,* Paris, 1882. 12mo., pp. 212.

FEUILLERET: *Les Romains en Afrique,* Limoges, 1869.

FIELDING, Viscount. See KENNEDY.

FINOTTI, GUGLIELMO: *La Regenza di Tunisi considerata nei suoi rapporti geografici, storici, archeologici, idrografici, commerciali, etc.,* Malta, 1857. 8vo., pp. 440.

FISCHER, THEOBALD: *Tunesien als französische Colonie,* art. in 'Deutsche Rundschau,' Oct. 1887, pp. 101 to 119.

FLACCUS ILLYRICUS. See ILLYRICUS.

FLAUBERT, GUSTAVE: *Salammbô,* Paris, 1862. 8vo.

In 1857 the author visited Tunis, and on the ruins of Carthage the subject and materials of his romance suggested themselves.

In 1883 a portrait of the author and four etchings to illustrate *Salammbô* were made under the auspices of M. Billard of the Society of the 'Amis des Livres' of Paris. Reprinted in 1887 by Quantin, Paris, in 1 vol., 8vo., undated, with 'Dix compositions par A. Poirson.'

There are two English versions, both of London and of the same year, 1886: one by Mr. M. F. Sheldon, published by Messrs. Saxon & Co.; the other by Mr. J. S. Chartres, issued by Messrs. Vizetelly & Co.

FLAUX, A. DE: *La Régence de Tunis au XIX^e Siècle,* Paris, 1865. 8vo.

The author was sent on a mission to Carthage by the Count Walewski, then Minister of State. He travelled through Tunisia in every direction. To his work he adds: a translation of the Tunisian

Constitution, an analysis of the principal treaties concluded by the Bey with western powers, and a translation of some Arab poems. Notices of M. Flaux's book will be found in 'Journal des Savants,' Sept. 1866, and by M. Privas in 'Annales des Voyages,' 1866, ii., 228. See also NONCE-ROCCA.

FLORIUS, L. See SYLBURGIUS.

FOLARD, Chevalier de. See SÉRAN DE LA TOUR.

FONCIN, PIERRE: *L'Alliance française et l'enseignement de la langue nationale en Algérie et en Tunisie,* arts. in 'Bulletin de la Société Historique et de Saint-Simon,' No. 2, 1884; and No. 2, 1885; art. with same title in 'Revue Scientifique,' Dec. 27, 1884.

—— *Les Écoles françaises en Tunisie,* art. in 'Revue Politique et Littéraire,' 1884.

—— *La Tunisie,* art. in 'Revue Politique et Littéraire,' January 9, 1886.

—— *Tunisie,* art. in 'Revue de l'Afrique Française,' Paris, July, 1886, iv., 267 to 277.

FONTANELLE. See DUBOIS-FONTANELLE.

FONVENT, H. P. DE. See PONTET DE FONVENT.

FONVIELLE, W. DE: *La France à Tunis,* political art. in 'Revue du Monde Colonial,' 1864, 3 série, i., 352.

FORBIGER, ALBERT, Doktor der Philosophie: *Handbuch der alten Geographie, aus den Quellen bearbeitet von Albert Forbiger,* Leipzig, Mayer und Wigand, 1842-1848. 8vo., 3 vols., maps. Carthage and Tunis are comprised in this crudite compilation.

FOSBROKE, T. D., M.A., F.S.A.: *Foreign Topography, &c.* London, J. B. Nichols & Son, 1828. 4to., illustrations. Two pages are devoted to Carthage.

FOURNEL, MARC. JÉR. H., Ingénieur des Mines: *Étude sur la conquête d'Afrique par les Arabes: et re-*cherches sur les tribus berbères qui ont occupé le Magreb central, Paris, 1857. 4to., pp. 165.

FOURNEL, MARC. JÉR. H., Ingénieur des Mines: *Les Berbers, étude sur la conquête de l'Afrique par les Arabes, d'après les textes imprimés,* Paris, n. d., 4to.
'Both works are of considerable importance.'—PLAYFAIR.

—— *La Tunisie, le Christianisme et l'Islam dans l'Afrique septentrionale,* Paris, Challamel, 1886. 12mo.

FRANCESCO, J. DE: *Considérations sur le Conflit franco-tunisien,* Cagliari, 1879. 8vo., pp. 48.

FRANCOWITZ, M. See ILLYRICUS.

FRANK, Dr. LOUIS, and MARCEL, J. J.: *Tunis, Description de cette Régence, par le Dr. Louis Frank, Ancien Médecin du Bey de Tunis, &c. Revue et accompagnée d'un Précis historique et d'Éclaircissements tirés des Écrivains orientaux, par J. J. Marcel, Ancien Membre de l'Institut d'Égypte, &c.,* art. of pp. 224, with woodcuts in text, and an engraving of the *Ruines du grand aqueduc de l'ancienne Carthage,* in 'Univers Pittoresque,' Paris, Firmin Didot, 1850. 1 map. Reissued in separate form in 1851, as *Histoire de Tunis,* with a map and engravings. 8vo.

FRANKS, A.W.: *Excavations at Carthage,* art. in 'Archæologia,' xxxviii., 203.

FREPPEL, Évêque d'Alger: *Saint-Cyprien et l'Église d'Afrique au IIIᵉ Siècle,* Paris, 1873. 8vo., pp. 474. See also CYPRIEN.

FRIEDRICH, Dr. THOMAS: *Biographie des Barkiden Mago, ein Beitrag zur Kritik des Valerius Antias,* Wien, C. Konegen, 1880. 8vo., pp. 54.

FUCHS, M.: *Les Gîtes de Plomb et de Fer de la Tunisie,* in 'Comptes rendus de l'Association française pour l'Avancement des Sciences, Congrès d'Alger,' 1881.

FURNARI, Dr. SALVATO : *Voyage médical dans l'Afrique septentrionale,* Paris, 1845. 8vo.

GACHET, EMILE: *Documents inédits relatifs à la Conquête de Tunis par l'Empereur Charles-Quint, en 1535,* Bruxelles, 1844. 8vo., pp. 50.

GAFFAREL, P. : *Quelques mots sur les Khroumirs.* 'Bull. Soc. Géogr.' Dijon, 1882, vol. i., No. 1, pp. 4 12.

GAIDOZ : *Un Sacrifice humain à Carthage,* art. in 'Revue Archéologique,' Sept. 1886.

GAILLARDON, B., Négociant en vins, Rédacteur au 'Moniteur Agricole :' *Manuel du Vigneron en Algérie et en Tunisie,* Paris, 1886. 18mo.

GALAND, A. See HERBELOT.

GALEOTTI, LEOPOLDO, and others: *Corte di Cassazione de Firenze, Memoria in Causa Governo di Tunisie e Samama,* Firenze, Tipografia Bonducciana di A. Alessandri, 1881. Large 8vo., pp. vi. and 299.

This report is signed by Leopoldo Galeotti 'Estensore,' Ferdinando Andreucci, Tommaso Corsi, Federigo Spantigati, Augusto Pierantoni, Odoardo Luchini, Ferdinando Santioni de-Sio, Bartolommeo Operti, Eugenio Brunetti, and Angiolo Castelli.

GALLAND, ANT., Professor of Arab, born 1646, died 1715: *Relation de l'esclavage d'un marchand français de la ville de Cassis à Tunis,* Paris, 1810. 8vo. Posthumous work, first published by M. Langlès in 'Magasin Encyclopédique,' 1809, i. and ii.

GALLENGA, A.: *Tunis,* art. in 'Contemporary Review,' xl., 116.

GANNEAU, M. C. CLERMONT. See CLERMONT-GANNEAU.

GASSELIN, EDOUARD, Chancelier du Consulat de France à Mogador: *Dictionnaire français-arabe,* Paris, Leroux, 1886.

M. Gasselin travelled also in Tunisia, in order to study the colloquial words and expressions of that country.

GAUTIER, JUDITH : *Les Missions scientifiques de France en Afrique, les Ruines romaines,* art. in 'L'Officiel,' Dec. 13, 1879.

GAY, FERDINAND, Attaché au Consulat de France au Maroc: *Le Progrès en Tunisie,* art. in 'Annuaire de la Société d'Ethnographie de Paris,' 1864, 42 to 49.

GAY, FERDINAND, and SOLIMAN-EL-HARAÏRA: *Les Parfumeurs indigènes de Tunis,* in 'Ouvriers des deux Mondes.'

GAY, OSCAR: *La Tunisie, notice historique,* Paris, 1861. 8vo.

GERVAIS, PAUL : *Énumération de quelques espèces de reptiles provenant de Barbarie.* 'Extrait des Ann. des Sci. Nat.,' 1837, 2e sér., vi., pp. 303-13.

GERVAISE, NICHOLAS, Missionary: *Mémoires historiques du Royaume de Tunis,* Paris, 1736. 8vo.

GESENIUS, H. F. W.: *Paläographische Studien über phönizische und punische Schrift,* Leipzig, 1835. 4to.

—— *Scripturæ Linguæque Phoeniciæ Monumenta quotquot supersunt edita et inedita,* Leipzig, 1837. 4to., 48 plates.

GIBBON, EDWARD : *The History of the Decline and Fall of the Roman Empire,* London, Longman, 1848. 8vo., 8 vols. Numerous editions. Contains an account of the bishopric of Carthage, of the factions of Cæcilian and Donatus, of the destruction of the city by Hassan, &c.

GIFFARD, PIERRE : *Les Français à Tunis,* Paris, Victor Havard, 1881. 8vo.

Impressions, written in a style suitable for the 'Figaro,' to which journal M. Giffard was a contributor. Not much instruction is to be obtained from the book, which is largely occupied by tirades against the Italians and English, with a goodly amount of French glorification.

GILBERT : *Rom und Karthago*, Leipzig, 1877.

GIRAULT DE PRANGEY : *Essai sur l'Architecture des Arabes et des Maures, en Espagne, en Sicile et en Barbarie*, Paris, 1842. 8vo.

GODARD FAULTRIER. See FAULTRIER.

GODEFROY : *État d s Royaumes de Barbarie, Tripoli, Tunis et Alger : contenant l'histoire politique et naturelle de ces pais; la manière dont les Turcs y traitent les esclaves, comme on les rachète, et diverses aventures curieuses. Avec la tradition de l'Église pour le rachat des captifs*, Rouen, Machuel, 1731. 12mo.

GODINS DE SOUHESMES, G. DES : *Tunis : Histoire, Mœurs, Gouvernement, Administration, etc.*, Paris, 1875. Favourably noticed in 'Le Livre,' June 10, 1881.

GOLBÉRY, P. DE : *Carthage*, art. of 22 cols. in 'Encyclopédie des Gens du Monde,' Paris, Treuttel et Würtz, 1835.

GONZAGA, FERRANDO : *Copia de una Littera del signor Ferrando Gonzaga de la Presa de Tunisi, con tutte la particularita que sono seguite de poi* (1535).

GORRINGE, H. H. : *Tunis in 1878*, art. in 'Nation,' xxvi., 289.

—— *French Occupation of Tunis*, art. in 'Nation,' xxxii., 311.

GRÅBERG DA HEMSÖ, Count J. C., formerly Swedish and Sardinian Consul in Morocco : *Notizia intorno alla famosa opera istorica d'Ibn-u-Khaldùn, filosofo affricano del secolo xiv.* Firenze, 1834. See also IBN-KHALDUN.

GRAHAM, ALEXANDER : *Notes on Tunis*, art. of 3 cols., with illustrations, in 'Builder,' January 10, 1885.

—— *Remains of the Roman Occupation of North Africa, with special reference to Tunisia*, London, 1886. 4to., pp. 32, with a map, 17 full-page illustrations and plans of which six are folding, and four illustrations in the text. Extracted from the 'Transactions' (vol. ii., new series) of the 'Royal Institute of British Architects.' Sequel to a similar paper referring to Algeria, 1885.
'Valuable and instructive papers.'— *Playfair.*

GRAMAYE, I. B. : *Africae illustratae libri decem, in quibus Barbaria gentesque ejus ut olim, et nunc describuntur.* Tornaci Nerviorum, 1622. 4to., 2 vols. The part referring to Tunis occurs in vol. ii., pp. 77 to 125.
Sir R. L. Playfair writes : 'This is a mere plagiarism of Marmol and Leo' (see those names). See also 'Purchas his Pilgrimes,' ii., 1561.

GRASSET, D. : *Rapport à M. le Gouverneur-Général de l'Algérie sur l'instruction publique en Tunisie*, Paris, 1878. From the 'Revue Africaine,' xxii., 19.

GRASSET ST-SAUVEUR, J., Vice-consul dans le Levant : *Description des principaux Peuples de l'Afrique, contenant le détail de leurs Mœurs, Coutumes, Usages, Habillements, Fêtes, Mariages, Supplices, Funérailles, etc. Accompagnée d'un tableau représentant les différents Peuples de cette partie du Monde, chacun dans le costume qui lui est propre, etc.*, Paris, an vi. de la Républ. 67 p. in-4, et un tableau.

GREAVES, JOSEPH : *Journal of a Visit to some parts of Tunis*, forms the Appendix (53 pages) to 'Christian Researches in Syria and the Holy Land,' &c., by William Jowett, London, Seeley & Son, 1825. 8vo. Reprinted by same publishers in following year. See also JOWETT.

GREENHOW, R. : *History . . of Tripoli, with some accounts of the other*

*Barbary States*, Richmond, U.S., 1835.

GROS, E. See DION CASSIUS.

GROSJEAN : *Le Télégraphe en Tunisie*, art. in 'Annales Télégraphiques,' 1860, iii.

GROTE, GEORGE: *A History of Greece.* Fourth Edition, with portrait, maps, and plans, &c. London, 1872. 8vo., 10 vols. Other editions : 1846, 1854, 1862, 1869. Translated into French by A. L. de Sadous as : *Histoire de la Grèce*, Paris, 1864-67. 8vo., 19 vols. Maps and plans. Into German by N. N. W. Meissner, as : *Geschichte Griechenlands*, Leipzig, 1850-55. 8vo., 6 vols. Contains 'some sensible remarks' concerning Carthage.

GUBERNATIS, ENRICO DE: *Lettere sulla Tunisia, &c.*, Firenze, 1867.

—— *Osservazioni sulla Cartografia del Sähel (Tunisia)*, art. in 'Bollettino della Società Geografica Italiana,' Firenze, 1868, Anno i., Fas. i., pp. 243 to 249, map.

GUÉRIN, V.: *Voyage archéologique dans la Régence de Tunis, &c.*, ouvrage accompagné d'une grande carte de la régence et d'une planche reproduisant la célèbre inscription bilingue de Thugga, &c., Paris, H. Plon, 1862. Large 8vo., 2 vols.

One of the most important works on Tunisia, absolutely indispensable for the traveller. It is a plain narrative of the author's journey through the greater part of the Regency in 1860, undertaken at the expense of M. le Duc de Luynes. The discovery and deciphering of inscriptions being the principal object, most of the pages are devoted to this subject. Apart from this, the work contains much general information, which, allowing for changes introduced since the French occupation, is invariably reliable. The alphabetical index, confined to names of places, ancient and modern, might be more exact and comprehensive. Before publishing his book, the author gave a syllabus of the principal results of his journey in

'Nouvelles Annales des Voyages,' Dec. 1860. M. Guérin's *Voyage* was noticed by M. E. Reclus in 'Revue des Deux-Mondes,' March 1, 1863; by M. de Circourt in 'Nouvelles Annales des Voyages,' 1863, ii. ; and by M. Poulain de Bossay in 'Bulletin de la Société de Géographie,' 1864, 5 série, viii.

GUÉRIN, V.: *Établissements catholiques dans la Régence de Tunis*, art. containing information about Tunis, Gouletta, Carthage, Soussa, Mahedia, Sfax, Porto Farina, Bizerta, and Djerba, in 'Bulletin de l'Œuvre des Écoles de l'Orient,' January, 1865.

—— *Utilité d'une Mission archéologique permanente à Carthage*, art. in 'Exploration,' May 12, 1881.

—— *Gabès*, Idem, August 18, 1881.

—— *Kairouan*, art. in 'Bulletin de la Société de Géographie,' 4 série, xx., 425 ; art. with same title in 'Exploration,' Sept. 1, 1881.

—— *La France catholique en Tunisie, à Malte et en Tripolitaine*, Tours, 1886. 8vo., frontispiece.

GUERNSEY, A. H.: *Explorations at Carthage*, art. in 'Harper's Mag.' xxii., 766.

GUEST, MONTAGUE, M.P.: *The Tunisian Question and Bizerta*, London, Chiffenel & Co., 1881.

GUILLERMUS DE NANGIS: *Historiæ Francorum ab Anno Christi DCCCC. ad Ann. M. CC. LXXXV. scriptores veteres xi., &c.*, Francoforti, apud A. Wecheli heredes Claudium, M.D.XCVI. Fol. Contains the history of Saint-Louis' expedition to Tunis. See also JOINVILLE.

GUITER, A., Lieutenant: *Les Ruines de Tiboursek, en Tunisie*, art. in 'Nouvelles Annales des Voyages,' 1862, ii., 115.

—— *Exploration en Tunisie*, art. in 'Revue Africaine,' iv., 422.

—— *De Tunis à Soussa*, arts. in 'Touriste,' Dec. 1871, and following numbers.

GÜNTHER, ALBERT: *On the reptiles and fishes collected by the Rev. B. Tristram in Northern Africa*, 'Proc. Zool. Soc., London,' 1859, p. 469.

GURNEY, H.: *Punic Inscriptions on the Site of Carthage*, art. in. 'Archæologia,' xxx., 111.

GUSTAVINI, G.: *Istoria di Mons. Uberto Foglietta, nobile genovese, della sacra lega contra Selim, e dell' impresa del Gerbi Soccosa d'Oran*, Impresa del Pignon di Tunigi, etc., Genova, 1596. 4to.

GUYON, Dr. J. L.: *Étude sur les Eaux thermales de la Tunisie, &c.*, Paris, 1864. 8vo., pp. 69.

—— *Histoire chronologique des épidémies du nord de l'Afrique*, Alger, 1855. 8vo.

GUYOT, YVES: *Application de l''Act-Torrens' en Tunisie*, arts. in 'Revue Géographique Internationale,' Oct. and Dec. 1886.

GUYS, CHARLES: *Lettre*, in 'Bulletin de la Société de Géographie,' 1 série, v., 548.
'Cette lettre rappelle les souvenirs historiques de la Régence et est accompagnée d'une note sur l'île de Zerbi ' (or Djerba).—A. DEMARSY.

GUYS, HENRY, ancien Consul de France: *Recherches sur la destruction du Christianisme dans l'Afrique septentrionale, &c.*, Paris, 1865. 8vo. pp. 32.

HAKLUYT, RICHARD: *The Principal Navigations, Voyages, Traffiques and Discoveries of the English Nation, &c., within the compasse of these* 1600 *yeres,&c.*, London, George Bishop, 1599. 4to., 3 vols. The second volume contains: '*The Voyage of Henry, the fourth King of England, to Tunis in Barbarie; and Epitaph of Peter Read, in Saint Peters Church, Norwich, who was knighted by Charles the first at the winning of Tunis in the yeere of our*

*Lord* 1518.' The compilation of R. Hakluyt is in course of republication by Messrs. E. & G. Goldsmid of Edinburgh.

HALY O'HANLY, STANISLAS: *La Chute de Carthage, poème en* 8 *chants*, Paris, 1818. 8vo.

HAMAKER, H. A.: *Diatriba philologico-critica monumentorum aliquot punicorum interpretationem exhibens, &c.*, Lugd. Batav., 1822. 4to., pp. 72, 3 plates. To which is generally added:
—— *Periculum animadversionum archæologicarum ad cippos punicos humbertianos musei antiquarii*, Lud. Batav., 1822. 4to.
—— *Miscellanea Phœnicia, sive Commentarii . . . de Punicæ gentis, rebus, lingua, etc., ex inscript. illustr.*, Lud. Batav., 1828. 4to., pp. x. and 368, 3 plates. Analysed by M. SYLV. DE SACY (see that name) in 'Journal des Savants,' 1829, p. 736.

HANNEGGER. See SAKAKINI.

HANNO, the Carthaginian: Περίπλους. *The Periplus of Hanno* has been frequently printed with Greek and Latin text, and translated into the leading languages of Europe, *inter alia*, by CHATEAUBRIAND (see that name) in his *Essai sur les Révolutions*. See also BAYLE, P., BOUGAINVILLE, KANNGIESSER, QUATREMÈRE DE QUINCY, WALCKENAER.

HARRIS, JOHN, A.M.: *Navigantium atque Itinerantium Bibliotheca, or a complete collection of voyages and travels, consisting of above four hundred of the most authentic writers; beginning with Hackluit, Purchas, &c., in English; Ramusio in Italian; Thevenot, &c., in French; De Bry and Grynæi 'Novus Orbis' in Latin; the Dutch East India Company in Dutch; and continued with others of note, &c.&c.*, London, 1705. 2 vols., folio, pp. 862 and 928; [App.] 56.

HARTMANN, J. MICH.: *Commentatio de Geographia Africae Edrisiana in cert. liter. civium Acad. Georg. Aug. praem. ornata*, Göttingae, Dieterich, 1792. 4to. See also EL-EDRISI.

HASE, M.: *L'Établissement romain en Afrique*, art. in 'Revue Africaine,' 1871, XV.

HAUSER: *Wer veranlasste die Berufung der Vandalen nach Africa?* Dorpat, 1842. 4to.

HAYET, E.: *Cyprien, Évêque de Carthage*, art. in 'Revue des Deux-Mondes,' Sept. 1885. See also CYPRIEN.

HEBENSTREIT, J. E., Professor of Medicine at the University of Leipzig: *De Antiquitatibus Romanis per Africam repertis*, Leipzig, 1733. 4to.
'Dissertation latine peu développée et peu instructive.'—V. GUÉRIN, *Voyage*, i., p. xii.

—— *Vier Berichte von seiner auf Befehl Friedrich Augusts I. im Jahre 1732 in Begleitung einiger anderer Gelehrten und Künstler auf den Afrikanischen Küsten nach Algier, Tunis und Tripolis angestellten Reise.*

—— *Voyage à Alger, Tunis et Tripoli, entrepris aux frais et par ordre de Frédéric-Auguste, Roi de Pologne, en 1732, par J. E. Hebenstreit*, in 'Nouvelles Annales des Voyages,' 1830, tome ii. de l'année, pp. 5 to 90.
'C'est la traduction de quatre lettres adressées en allemand au roi de Pologne, et publiées apres la mort de l'auteur, par Bernoulli, "Sammlung kleiner Reisen," Berlin et Leipzig, 1780. A partir de la p. 60, commence le récit du voyage de Hebenstreit à Tunis. On y trouve des renseignements sur les anciens aqueducs, le port, le gouvernement, les noms et distances des villes et ruines le long de la côte, la population, le commerce, les usages, les productions, etc.'—A. DEMARSY.

HEEREN, A. H. L.: *Ideen über die Politik, den Verkehr und den Handel der vornehmsten Völker der alten Welt*, 3 Theile, Göttingen, 1793–1812. 8vo. Also *Dritte Ausgabe*, Göttingen, 1815. 8vo. Translations:

HEEREN, A. H. L.: *Historical Researches into the Politics . . . of the Carthaginians, &c.*, Oxford, 1838.

—— *Idées sur la Politique et le Commerce des Anciens, traduit par W. Suckau.* 8vo., 6 vols.

—— *Idées sur les Relations politiques et commerciales des anciens Peuples de l'Afrique*, Paris, An viii. (1799). 8vo., 2 vols.

—— *Manuel de l'Histoire ancienne, traduit par Thurot*, 1836. 8vo.

HENDREICH, CHRISTOPHORUS: *Carthago, sive Carthaginensium Respublica, quam ex totius feré antiquitatis ruderibus primus instaurare conatur C. H.*, Francofurti ad Oderam, 1664. 8vo.

HENIN, Baron ET. F. D': *Mémoire concernant le système de paix et de guerre que les puissances européennes pratiquent à l'égard des Régences barbaresques.* Translated from the Italian, printed at Venice in 1787. 12mo.—PLAYFAIR.

HENNEBERT, E., Capitaine du Génie: *Histoire d'Annibal*, Paris, Impr. Imp., 1870. 8vo., atlas. Carthage, its history, architecture, topography, fortification, coins, &c., are very fully treated.

HENTY, G. A.: *The Young Carthaginian; or, A Struggle for Empire. A Story of the Times of Hannibal.* London, Blackie & Son, 1886. 8vo., 16 full-page illustrations by C. J. Staniland, R.I.

HERBELOT, D', VISDELOU, C., et GALAND, A.: *Bibliothèque orientale, ou Dictionnaire universel, contenant généralement tout ce qui regarde la Connaissance des peuples de l'Orient, leurs Histoires et Traditions véritables ou fabuleuses, leurs Religions,*

C

*Sectes et Politique, leurs Sciences et leurs Arts, les Vies et Actions remarquables de tous leurs Saints, etc.*, Maestricht, 1776. Fol. Le Supplément de MM. Visdelou et Galand est de 1780.

HERBERT, Lady : *A Search after Sunrise, or Algeria in* 1871, London, Richard Bentley, 1872. 8vo., illustrated. The last chapter is devoted to Tunis and Carthage.

HÉRISSON, Comte d': *Relation d'une Mission archéologique en Tunisie*, Paris, 1881. 4to.

HERODOTUS: *Historiarum libri novem. Nova editio stereotypa.* Curavit F. Palm. Lipside, 1839. 8vo., 3 tom. Vol. i., p. 461. A circumnavigation of the coast of Africa by orders of Neco—a doubtful story. i., 232. Lotophagi, consumers of the lotus. i., 540. Wine made from the lotus. Several notices of the Carthaginians.

HERVILLIERS, E. C. DE L'. See CAILLETTE DE L'HERVILLIERS.

HESSE-WARTEGG, ERNST VON: *Tunis: Land und Leute.* Mit 40 Illustrationen und 4 Karten, Wien, Hartleben, 1882. 8vo. Done into English as:

—— *Tunis: the Land and the People.* With twenty-two illustrations, London, Chatto & Windus, 1882. 8vo., pp. x. and 292.

HJELT, O. I.: *Korsika och Tunis,* Stockholm, 1882. 8vo., pp. 192.

HODGSON, W. B., late U.S. Consul at Tunis: *Notes on Northern Africa, the Sahara and the Soudan,* New York, 1844. 8vo., pp. 107.

HOLUB, E.: *Die Colonisation Africa's. Die Franzosen in Tunis,* Wien, Hölder, 1881. 8vo.

HOUDAS, O., et BASSET, RENÉ, Professeurs à l'École des Lettres d'Alger: *Epigraphie tunisienne avec carte et planches,* Alger, 1882. pp. 40. No-

ticed in 'Revue Critique,' February 12, 1883.

HOUDOY, J.: *Tapisseries représentant la Conqueste du Royaulme de Thunes par l'Empereur Charles-Quint. Histoire et Documents Inédits par J. Houdoy,* Lille, Imprimerie L. Danel, 1873. 8vo., pp. 30 and 8, issue 210 copies.

The documents refer to the Tapestries executed in 1546 by Guillaume Pannemaker of Brussels from the designs of Jehan Vermay, who accompanied Charles V. on his expedition. They are preserved in the Royal Palace at Madrid, and have been photographed by Laurent.

HUBERSON, G.: *L'Expédition de Tunise,* Paris, 1884. 12mo., pp. 370.

HUGELMANN, G.: *Le Conflit tunisien. Lettre à S. E. M. de Moustiers, ministre de nos affaires étrangères,* Paris (1868). 8vo., pp. 23.

HUGHES, THOS. PATRICK, B. D., M.R.A.S.: *A Dictionary of Islam, being a Cyclopædia of . . . . the Muhammadan Religion, with numerous illustrations,* London, W. H. Allen & Co., 1885. Large 8vo., pp. vii. and 750.

HUGONNET: *La Question africaine et le Prince de Bismarck,* art. in 'Revue Générale,' February 15, 1885.

HUMBERT, Major J. E., Dutch officer: *Notice sur quatre Cippes sépulcraux et de deux fragments découverts en 1817 sur le sol de l'antique Carthage,* La Haye, 1821. Fol. There is also a plan of Carthage by Major Humbert reproduced by DUREAU DE LA MALLE (see that name).

HURD, WILLIAM, D.D.: *A New Universal History of the Religious Rites, Ceremonies, and Customs of the World, &c., including the Ancient and Present State of Religion among the Jews, Egyptians, Carthaginians, &c.,* Newcastle-upon-Tyne, 1812. 4to.

HUTTON, CATHERINE: *The Tour of Africa, containing a concise account of all the Countries . . . hitherto visited by Europeans, &c.,* selected *from the best authorities and arranged by Catherine Hutton,* London, Baldwin, &c., 1819 to 1821. 8vo., 3 vols., 3 maps. Chapts. 25 and 26 of vol. iii. are devoted to Tunisia, with an account of the visit of Queen Caroline to Tunis.

IBN-ABI-DINAR. Noted by M. Cherbonneau as among the best Arab writers to be consulted for descriptions of Tunis.

IBN-BATUTA. See LEE, S.

IBN-CHEMMA. Noted by M. Cherbonneau as among the best Arab writers to be consulted for descriptions of Tunis.

IBN-CHESSAT. Noted by M. Cherbonneau as among the best Arab writers to be consulted for descriptions of Tunis.

IBN-EL-DYN. See AVEZAC.

IBN-HAUKAL : *The Oriental Geography of Ibn-Haukal, an Arabian Traveller of the 10th Century, translated by Sir W. Ouseley,* London, 1800. 4to.

—— *Description de l'Afrique par Ibn-Haucal, traduite de l'Arabe par M. le Baron de Slane,* 1842. 8vo.

—— *Note sur Tunis dans une Description de l'Afrique d'Ibn-Haugal, traduite par le baron Slane,* in ' Journal Asiatique,' 1842, 1 série, xiii., 177. Also in separate form 1842. 8vo.

IBN-KHALDOUN : *Histoire de l'Afrique sous la Dynastie des Aghlabites, &c. Texte arabe accompagné d'une Traduction française par Noël des Vergers,* Paris, 1841. 8vo.

—— *Histoire des Berbères et des Dynasties musulmanes de l'Afrique septentrionale. Traduite de l'Arabe par le Baron de Slane,* Alger, 1852

56. 8vo., 4 vols. Also Alger, 1847-51. 4to., 2 vols.

' On trouve dans cet ouvrage l'histoire de plusieurs des dynasties qui ont régné sur Tunis, et notamment de celle des Hafssites.'—A. DEMARSY.

' The original work is a general history of the Mohammedan world, and is unsurpassed in Arabic literature as a masterpiece of historical composition. It was printed at Bulac, in 7 vols. royal 8vo., in A.H. 1284. He was a native of Tunis; taught at Tlemçen; was first the captive and subsequently the friend of Timur, and died at Cairo in A.D. 1406.'—PLAYFAIR.

IBN-KHALDOUN : *Autobiographie d'Ibn-Khaldoun, traduite de l'arabe par Mac Guckin de Slane,* Paris, Imp. Royale, 1844. 8vo. See also GRÄBERG DE HEMSÖ and MERCIER.

IBN-KONFOND. Noted by M. Cherbonneau as one of the best Arab writers to be consulted for description of Tunis.

IBN-MUHAMMED-AL-WAZZAN. See LEO AFRICANUS.

IBN-OMAR-EL-TOUNSY, Cheikh MOHAMMED: *Voyage au Ouadây, traduit de l'arabe par le Dr. Perron, Directeur de l'École de Médecine du Caire, ouvrage accompagné de Cartes et de Planches, et du Portrait du Cheikh,* Paris, 1851. 8vo., pp. lxxv. and 752. In chapt. v. is an account of his journey from Mourzouk to Tripoli, thence to Djerba, Sfax, El-Djem, and so to Tunis.

IBN-OUDRÀNE. See CHERBONNEAU.

ILLYRICUS, MATTHIAS FRANCOWITZ (or FLACCUS ILLYRICUS): *Historia Certaminum inter Romanos Episcopos et Sextam Carthaginensem Synodum, Africanusque Ecclesias, de Primatu seu Potestate Papæ, bonâ fide ex authenticis Monumentis collecta, &c.,* Bas, 1554. 8vo.

INCOGNITO, Bey: *Trois Mois de Campagne double en Tunisie,* Paris, 1881. 8vo., pp. 72.

JACKSON, J.: *Account of the Ruins of Carthage*, art. in 'Archæologia,' xv., 145.

JAL, A.: *L'Antique Port de Carthage et les navires antiques*, notice on the work of M. BEULÉ (see that name) in 'Dict. critique de Biographie et d'Histoire,' Paris, 1872, p. 321.

JALLOT, le Sieur: *Nouveau Voyage fait au Levant ès années 1731 et 1732. Contenant les descriptions d'Alger, Tunis, Tripoly de Barbarie, &c.*, Paris, 1722. 12mo., pp. 354.

JAMESON, Professor; WILSON, JAMES; and MURRAY, HUGH: *Narrative of Discovery and Adventure in Africa, from the earliest Ages to the present Time, with illustrations of the Geology, Mineralogy, and Zoology. With a Map, Plans of Routes, and Engravings*. Edinburgh, Oliver & Boyd, 1830. 8vo.

JANSON, C. W., of the State of Rhode Island: *A View of the present Condition of the States of Barbary; or an Account of the Climate, Soil, Produce, Population, Manufactures, and Naval and Military Strength of Morocco, Fez, Algiers, Tripoli, and Tunis. Also a Description of their Mode of Warfare; interspersed with Anecdotes of their cruel treatment of Christian Captives*. Illustrated by a Hydro-Geographical Map drawn by J. J. Asheton, 1816. 12mo.

JAUBERT, P. A.: *Ruines de Carthage*, art. in 'Journal Asiatique.' 1 série, i. Jaubert has also translated EL-EDRISI (see that name).

JEZIERSKI, L. See LE FAURE.

JOHNSTON, KEITH: *Africa, by the late Keith Johnson, F.R.G.S.* Third Edit. London, E. Stanford, 1884. 8vo. *The Regency of Tunis*, with two woodcuts, occupies pp. 59 to 68.

JOINVILLE, JEHAN, Sire de: *Histoire de Saint Louis. Les annales de son*

règne par Guillaume de Nangis. Sa vie et ses miracles par le confesseur de la reine Marguerite, Paris, Imp. Roy., 1761. Fol., maps. An account of the expedition against Tunis, with a list of the peers and others who took part in it. See also GUILLERMUS DE NANGIS.

JOUAULT, A.: *Les Ruines de Carthage, et la Chapelle de Saint-Louis*, art. in 'Revue de l'Orient,' 1853, 2 série, xiv., 123.

JOURNAULT, LÉON: *Le Protectorat tunisien*, art. in 'Revue Politique et Littéraire,' 1881.
—— *La Tunisie en 1883*, arts. in 'Revue Politique et Littéraire,' June 23, July 21, 1883.

JOWETT, Rev. WILLIAM: *Christian Researches in the Mediterranean, from MDCCCXV. to MDCCCXX., in furtherance of the objects of the Church Missionary Society, &c.*, London, L. B. Seeley, 1822. 8vo., 1 map. The special reference to Tunis is brief, but much of the vol. refers to the state of religion in that country. Reprinted by same publishers in 1824. See also GREAVES.

JUDAS, DR. A. C.: *Essai sur la Langue phénicienne avec deux inscriptions puniques inédites*, Paris, 1842. 8vo., 8 engravings.
—— *Étude démonstrative de la langue phénicienne et de la langue libyque*, Paris, 1847.
—— *Sur diverses médailles de l'Afrique septentrionale, avec des légendes puniques*. 'Bull. Archéol. de l'Athen. Franc.', 1855, p. 104, and l. c. 1856, pp. 5 and 13.
—— *Lettre à M. Cherbonneau, sur les inscriptions numidico-puniques, libyennes ou berbères et palmyréniennes, insérées dans les deux premiers Annuaires de la Société*. 'Ann. Soc. Arch., Const.', 1858, vol. iii., p. 1.

JUDAS, DR. A. C.: *Sur un Tarif des Taxes pour les Sacrifices, en langue punique, trouvé à Carthage et analogue à celui de Marseille*, Paris, 1861. 8vo.

—— *Sur divers Médaillons d'argent attribués soit à Carthage, soit à l'a-norme, ou aux armées puniques en Sicile*, Paris, 1869. 8vo.

—— *Nouvelle Analyse de l'Inscription libyco-punique de Thugga*, Paris, 1869. 8vo.

—— *Nouvelle Analyse de l'Inscription phénicienne de Marseille*, Paris, 1857. 4to.

JULIEN, FÉLIX : *Tunis et Carthage, souvenirs d'une station sur la côte de l'Afrique*, art. in 'Revue Contemporaine,' 1864, xlii., 388.

JULIUS CÆSAR. See CÆSAR.

JUSSERAND, JULES : *La Régence de Tunis et le protectorat français*, art. in 'Revue des Deux-Mondes,' Oct. 1, 1882.

M. Louis Monery remarks : 'L'auteur de ce très remarquable travail, un Foré-zien, M. Jules Jusserand, de Saint-Haon-le-Châtel (Loire), avait été envoyé en mission spéciale à Tunis. Il est aujourd'-hui (1886) sous-directeur au ministère des affaires étrangères et supplée cette année M. Guillaume Guizot dans son cours du Collège de France.'—*L'Inter-médiaire*, xix., 273.

KANNGIESSER, PET. FR. : *Hanno's Periplus*, art. of 9 cols. in 'Allge-meine Encyclopädie von Ersch und Gruber,' Leipzig, 1828. See also HANNO.

KAYSER. See EXIGA.

KENNEDY, Capt. J. C.: *Algeria and Tunis in 1845: an Account of a Journey made through the two Re-gencies by Viscount Fielding and Capt. Kennedy*, London, Colburn, 1846. 8vo., 2 vols. Reviewed in 'Dub. Univ. Mag.', xxviii., 285 to 98.

KERR, ROBERT, F. R. S. : *A General History and Collection of Voyages*

and *Travels*, Edinburgh, W. Black-wood, 1811 to 24. 8vo., 18 vols., maps. In vol. xviii. is a sketch of the rise and fall of Carthage.

KERSANTÉ, Vice-Président de Comice Agricole : *La Tunisie au point de vue politique, agricole et commercial. Impressions de Voyage. L'Afrique au XIX² siècle*. Paris, 1871. 8vo.

KING, S. P. : *Duplicity or Diplomacy, the last phase of the Tunisian Ques-tion*, London, 1881. 8vo.

KIVA : *La Mer intérieure et le Com-mandant Roudaire* (see that name), art. in 'Spectateur Militaire,' Nov. 1, 1884.

KLUGER, F. G. See ARISTOTELES.

KOBELT, W. : *Reiseerinnerungen aus Algerien und Tunis*, Frankfurt am Main, 1885. 8vo., pp. 480, 13 plates and 11 woodcuts in text.

—— *Die Säugethiere Nordafrikas*, 'Zoolog. Garten, J.,' 1886, xxvii., No. 6-8.

KOPP, U. F. : *Bemerkungen über einige punische Steinschriften aus Kar-thago*, Heidelberg, 1826.

KRAKLI, M. L. See COSSON.

KREMER, ALFR. DE: *Description de l'Afrique par un Géographe arabe anonyme du 6² siècle de l'hégire. Texte arabe publié pour la première fois par Alfr. de Kremer*, Vienne, 1852. Lar. 8vo. (Braumüller). Also:

—— *Vortrag über ein vorgelegtes Druckwerk: Description de l'Afrique. &c.* (Aus dem Sitzungsberichten 1852 der K. Akad. der Wissensch.) Lex. 8. Wien, 1852 (Braumüller).

LABAT, Le Père: *Mémoires du Che-valier d'Arvieux, contenant ses voy-ages à Constantinople, dans l'Asie, la Syrie, la Palestine, l'Egypte et la Barbarie, recueillis par le père Labat*, Paris, 1735. 12mo., 6 vols.

LABERGE, ALBERT DE: *En Tunisie. Récit de l'Expédition française*,

Paris, Firmin Didot, 1881. 8vo., pp. 378, map.

In the first part the French expedition and its causes are described; in the second the author's journey, general aspect of the country, soil, races, agriculture, government, and religion; the third part is devoted to a history of the different denominations—Carthaginian, Roman, Byzantine, Arab, Turkish, &c. See 'Le Livre', Sept. 1881.

LACOMBE, JACQUES: *Scipion à Carthage: opéra en 3 actes*, An iii. (1795). 8vo., pp. 62. The music is by Méreaux.

LA CROIX, FRÉDÉRIC: *Notice sur la carte de l'Afrique*, Paris, 1864. 4to.

'M. Lacroix, a young and studious officer of Engineers, who died in 1851, commenced the work which M. de Champlouis (see that name) finished.'— PLAYFAIR.

LACROIX, PHÉROTÉE DE, Professeur de Géographie à Lyon: *Relation universelle de l'Afrique ancienne et moderne*, Lyon, 1688. 12mo., 4 vols. Also Paris, 1689, 12mo., 4 vols.; and Lyon, 1713, 2 vols., maps and illustrations.

Quérard observes: 'Cet ouvrage est tiré en grande partie de celui de DAPPER' (see that name).

LA FAYE, P. J. B. DE, Mathurin: *État des Royaumes de Barbarie, Tripoly, Tunis et Alger, contenant l'histoire naturelle et politique de ce pays, etc., avec la tradition de l'Église pour le rachat et le soulagement des captifs*, Rouen, 1703. Also La Haye, 1704; Rouen, Machoel, 1731; all 12mo.

—— *Voyage pour la Rédemption des Captifs aux Royaumes d'Alger et de Tunis, fait en 1720, par les Pères François Comelin, Philémon de La Motte et Joseph Bernard*, Paris, Sevestre, 1721. 12mo., 1 illustration, edited by P. J. B. de La Faye. Translated by J. Morgan as:

—— *Voyage to Algiers and Tunis, &c.*, London, 1735. 8vo., pp. 10, 146 and 158, folding maps and illustrations.

LA FAYE, P. J. E. DE: *Relation du Voyage pour Rédemption des Captifs aux Royaumes de Tunis et d'Alger, en 1723, 1725, par J. de la Faye*, Paris, 1726. 12mo.

LAGRANGE, O. : *Souvenirs de voyage — Algérie et Tunisie — Correspondance*, Langres, 1868. 12mo., pp. 409, autograph.

LAMALLE. See DUREAU DE LA MALLE.

LA MOTTE, P. DE. See LA FAYE.

LANDAS, Commandant: *Port et oasis du bassin des chotes tunisiens*, Paris, 1886. 4to., pp. 72, 2 maps.

'This gives an account of the artesian well at Oued el-Melah, and of the port it is intended to create there.'— PLAYFAIR.

LANESSAN, J. L. DE: *L'Expansion coloniale de la France. Étude économique, politique et géographique sur les établissements français d'outremer*, Paris, F. Alcan. 1886. 8vo., 19 maps. Contains a notice of Tunisia. See 'Le Livre,' Oct., 1886, p. 526.

—— *La Tunisie, avec une carte en couleurs*, Paris, Félix Alcan, 1887. Large 8vo., pp. 268. Noticed in 'Le Livre,' August, 1887, p. 426: 'C'est un rapport après enquête.'

—— *Bizerte, port militaire*, art. in 'Revue Géographique Internationale,' May, 1887.

LANGLÈS. See GALLAND.

LANSING, J. G., D.D.: *An Arabic Manual*, Chicago, 1886. 8vo., pp. 180.

LAPLAICHE, A. : *Algérie, Tunisie, esquisse géographique*, Paris, 1885. 12mo.

LATASTE, F. : *Étude de la fauna des vertébrés de Barbarie*, 'Soc. L. Bord.' 1885. 4e sér., vol. ix., pp. 129-299.

'An exhaustive paper on the fauna of N. Africa.'— PLAYFAIR.

—— *Catalogue provisoire des mammifères apélagiques sauvages de Barbarie [Algérie — Tunisie — Maroc]*, Extrait des 'Actes Soc. Linn.,' Bordeaux, 1886, xxxix., 129.

LATOUR, ANTOINE DE.: *Voyage de S. A. R. Mgr. le Duc de Montpensier à Tunis, en Égypte, en Turquie et en Grèce, en* 1845, Paris, 1847. 8vo., with a folio atlas of 32 plates in two colours.

LA TOUR, S. DE. SÉRAN DE LA TOUR.

LATRONNE. See DUREAU DE LA MALLE.

LAUGEL, A.: *The French Occupation of Tunis,* art. in ' Nation,' xxxiii., 70.

(LAUGIER DE TASSY): *État chrétien et politique des Royaumes de Tunis, d'Alger, de Tripoli et de Maroc, contenant l'histoire naturelle et politique des peuples de ces contrées, la manière dont les Turcs y traitent leurs esclaves, comme on les rachète, et diverses aventures,* Rouen, 1703. 12mo. And La Haye, 1704.

'Cet ouvrage promet par son titre beaucoup plus qu'il ne donne, et ne renferme que des notions très superficielles.'

—— *Histoire des États barbaresques qui exercent la piraterie, contenant l'origine, les révolutions et l'état présent des Royaumes d'Alger, de Tunis, de Tripoli et de Maroc, avec leurs forces, leurs revenus, leur politique et leur commerce, par un auteur qui a résidé plusieurs années avec caractère public, traduit de l'Anglais par Royer de l'rebadé,* Paris, Imbert et Hérissant, 1737. 12mo., 2 vols.

'C'est une retraduction augmentée de l'ouvrage de Laugier de Tussy (*sic*), qu'un anglais s'était approprié. Dans cet état, dit Boucher de la Richarderie, Il est principalement recommandable sous les rapports de l'économie politique et de l'état militaire et maritime des trois régences. Cet ouvrage fut encore réédité sous le titre :

—— *État général et particulier de Royaume et Ville d'Alger, de son gouvernement, de ses forces de terre et de mer, par Leroi,* La Haye, 1750. Petit in-8°. ' Il est augmenté de notes tirées du dictionnaire de Moreri (see that name) et del' "État chrétien et politique des royaumes de Tunis, d'Alger, de Tripoli et de Maroc, imprimé à Rouen en 1703," et cité plus haut.'– A. DEMARSY.

LAUTURE, E. DE. See ESCAYRAC.

LAVIGERIE, Cardinal : *Mission de Carthage et de Tunis,* letters in 'Annales de la Propagation de la Foi,' March and May, 1885, 1 portrait and 3 views.

—— *De l'utilité d'une Mission archéologique permanente à Carthage, Lettre à M. le Secrétaire perpétuel de l'Académie des Inscriptions et Belles Lettres,* Alger, 1881. 8vo., 62 pages of letterpress, 64 pages, 3 plates, 1 plan of Carthage, printed for private circulation. See also CROZALS and DE CAMPON.

—— *Officia propria provinciæ ecclesiasticæ algerianæ ac carthaginensis et tunetani vicariatus . . . de mandato III. et Rev. D.D. Caroli Martialis Allemand-Lavigerie, archiepiscopus, etc.,* Turonibus, 1882. 18mo Pars hiemalis, pp. 148 ; Pars æstiva pp. 90.

LAVIGNE, G. : *Percement de l'Isthme de Gabès,* Paris, 1869. 8vo.

LE BLANT, EDMOND, Membre de l'Institut : *Communication à la Société des Antiquaires sur un Vase de plomb trouvé à Carthage,* Paris, 1867. See also FAULTRIER.

LE BON, Dr. GUSTAVE : *La Civilisation des Arabes. Ouvrage illustré de* 10 *chromolithographies,* 4 *cartes et* 366 *gravures,* Paris, Firmin-Didot et Cie., 1884. 4to.

LEE, SAMUEL, D.D.: *The Travels of Ibn - Batuta, translated from the abridged manuscript copies in the Public Library of Cambridge.* Printed for the Oriental Translation Committee, London, 1829. 4to., pp. xviii. and 242.

Chap. i. treats of Tangiers, Tilimsān, Milyāna, Algiers, Bijāya, Kosantina, Būna, Tūnis, Susa, Safākus, Kābis, Tripoli, &c.
'Ibn-Batuta left his nativecity, Tangier, about 1324, and spent two years in making his journey.'—PLAYFAIR.

LEE CHILDE, Mme. : En Tunisie, art. in 'Revue des Deux Mondes,' August 15, 1884.

LE FAURE, A. : Le Voyage en Tunisie . . . . précédé d'une préface de M. L. Jezierski, avec une vue de Kairouan et le portrait de M. le Faure, Paris, 1882. 4to., pp. 69.

LEFÈVRE, ED. : Liste des Coléoptères recueillis en Tunisie en 1883 par M. A. Letourneux, membre de la mission de l'exploration scientifique de la Tunisie, dressée par M. Ed. Lefèvre, ancien président de la société entomologique de France, &c., avec le concours de MM. L. Fairmaire, de Marseul et Dr. Senac, Paris, Imprimerie Nationale, 1885. 8vo., pp. 16.

LEGRAND, AD., Attaché au Ministère de la Guerre : La Tunisie, étude historique, Paris, 1873. 8vo., pp. 63.

LEGUEST, l'Abbé : Essai sur la formation et la décomposition des racines arabes, Alger, 1856. 8vo., pp. 31.

LELEWELA, JOACHIMA : Odkrycia Karthagów i Greków na Oceanie Atlanckim, w Warszawie, w Drukarni X.X. Püarów, 1821. 8vo., pp. 177, 2 maps. Translated into German as :
—— Die Entdeckungen der Carthager und Griechen auf dem atlantischen Ocean, von Joachim Lelewel, mit einem Vorworte von Professor Ritter, Berlin, Schlesinger, 1831. 8vo., pp. xiv. and 145, 2 maps.

LEMARCHAND, MAURICE : Club Alpin Français -- Section de Carthage —

Renseignements sur Tunis et ses Environs, Tunis, B. Borrel, 1836.
This small pamphlet of fourteen pages compiled by M. Lemarchand, Judge at the French tribunals, and Secretary to the Club, contains succinct but most useful notes as to what should be seen at Tunis and other places in the Regency.

LEO AFRICANUS : Leoni Africani Totius Africæ Discriptionis, Lib. viii. Leyden, 1682. 8vo.
'This work was originally written in Arabic, then translated into Italian by the author, and from Italian into Latin, French, Dutch, and English. The Italian translation is the only correct one : to the French, which is expanded into two vols. folio, and was published at Lyons in 1566, there are appended several accounts of voyages and travels in Africa. Leo was a Spanish Moor, who left Spain at the reduction of Grenada, and travelled a long time in Europe, Asia, and Africa ; his description of the northern parts of Africa is most full and accurate.' — R. KERR.
The author's Moorish name is HASAN-IBN-MUHAMMED-AL-WAZZAN-AL-FÁSI, and the title of the Italian version mentioned above : Il Viaggio di G. Leone, etc. Nuova Edizione, emendata ed arricchiata, Venezia, 1837. 4to. He was taken by Corsairs, and baptized by Leo X. The English version bears the title : A Particular Treatise of all the Main lands and Isles described by John Leo, with map, London, 1600. 4to. See also 'Purchas his Pilgrimes,' ii., 749. A notice of Leo Africanus, from the pen of A. Berbrugger (see that name), will be found in the 'Revue Africaine,' 1857, xii., 353.

LÉOTARD : Les Guerres puniques, art. in 'Controverse et Contemporain,' February, 1887.

LEROI. See LAUGIER DE TASSY.

LEROY, A. L. : Notes et impressions de voyage d'Alger à Tunis, Alger, 1886. 8vo.
—— L'Algérie et la Tunisie agricoles. Étude concernant le sol, le climat, les cultures diverses, &c., Paris, 1886. 8vo., pp. 235.
—— De Ghardi-maou à Tunis, art. in 'Revue Géographique Internationale,' April, 1886

LEROY, A. L.: *Tunis et Carthage*, Idem, July, 1886.

—— *L'Algérie et la Tunisie agricoles, étude pratique sur le sol, le climat, les cultures diverses, la viticulture, etc. Avec des notices précises et intéressantes pour les émigrants et les touristes*, Paris, Challamel ainé, 1887.

LEROY - BEAULIEU, ANATOLE: *La Tunisie et l'opposition*, art. in ' Revue Politique et Littéraire,' 1881.

LEROY - BEAULIEU, PAUL: *L'Algérie et la Tunisie*, Paris, Guillaumin et Cie. 1887. Large 8vo., pp. viii., 472. Tunisia occupies pp. 305 to 351.

—— *La Colonisation française en Tunisie*, art. in ' Revue des Deux Mondes,' Nov. 15, 1886.

—— *De la Colonisation scientifique chez les Peuples modernes*, 3ᵉ édit. revue et corrigée, Paris, 1886. 8vo.

LESSEPS, FERDINAND DE: *Sur les lacs amers et autres points de l'isthme de Suez ; inondation des Chotts algériens et tunisiens*, art. in ' Rev. Scient.,' 1876. p. 527.

—— *La Mer intérieure de Gabès*, Idem. April 21, 1883.

—— *L'Utilité de la Topographie : Suez, Panama, Gabès*, art. in ' Revue de Géographie,' January, 1886.

LESSEPS, J. DE. See LONGPÉRIER.

LETAILLE. 'M. Letaille gave an account of the archæological mission with which he had been charged (this is the second one) in Tunis. During six months he had thoroughly explored the region of Hamada, the least known part of Tunis. The excavations he had made at Macler had enabled him to find several inscriptions, one of these giving the ancient names of the town. He had been able to dig out the forum, circus, a temple, and to discover an ancient Christian chapel.' 'Proceedings of the Royal Geographical Society,' 1884, vol. vi., p. 477.

LETOURNEUR, M. : *Sur le projet de Mer intérieure*, in ' Comptes rendus de l'Association Française pour l'Avancement des Sciences, Congrès de Blois,' 1884.

LETOURNEUX, A. See LEFÈVRE and SIMON.

LETRONNE, J. A., Professeur d'Archéologie au Collège de France: *Sur les Colonies militaires de la frontière de Maroc et de Tunis*, art. in ' Revue Archéologique,' i., 183.

—— *Observations historiques et géographiques sur une inscription de borne militaire qui existe à Tunis et sur la voie romaine de Carthage à Theveste*, Paris, 1845. 8vo. See also DUREAU DE LA MALLE.

LÉVÊQUE Mme. (née Cavelier) : *Lilia, histoire de Carthage*, Amsterdam (Paris),1736. 12mo. Also in 'Amusements du Cœur et de l'Esprit,' iv.

LEWAL, Cap. J. : *Recherches sur le champ de bataille de Zama*, art. in ' Revue Africaine,' Alger, 1858, i. See also CREULY.

LINDBERG, J. CHR. See FALBE.

LION : *La Mer intérieure africaine*, art. in 'Nouvelle Revue,' May 1, 1883.

LIVIUS, T.: *The Second Punic War*, Eton, 1881. 8vo., pp. 170.

LLOYD, JULIUS, M.A. : *The North African Church.* Published by the ' Society for the Promotion of Christian Knowledge,' London, 1880. 12mo., pp. 411.

LONDON, FRIEDERIKE, H. : *Die Berberei. Eine Darstellung der religiösen und bürgerlichen Sitten und Gebräuche der Bewohner Nordafrica's. Frei nach englischen Quellen bearbeitet und auf eigene Beobachtung gegründet*, Frankfurt a M., Heyder und Zimmer, 1845. Large 12mo.

LONGPÉRIER, M. DE : *La Régence de Tunis à l'Exposition de* 1867. *Histoire du travail.*
Concerning this publication M. A. Demarsy furnishes the following note : 'Dans la deuxième partie du catalogue de l'Histoire du travail, p. 628, se trouve une notice sur la collection d'antiquités exposée, provenant des fouilles pratiquées dans le sol de Carthage par les soins de S. E. Sidi Mohammed ben Moustafa, fils du premier ministre du bey. Le résultat de ces recherches avait été communiqué à M. de Longpérier ; et c'est un extrait du catalogue rédigé par M. de Longpérier, pour l'Académie des inscriptions, que M. le baron Jules de Lesseps, commissaire général du gouvernement tunisien a cru devoir insérer. En première ligne, se trouvent vingt-deux inscriptions carthaginoises qui doivent prendre place dans le recueil des inscriptions sémitiques que prépare l'Académie des inscriptions ; puis viennent des sculptures antiques, inscriptions latines, mosaïques, monnaies, pierres gravées, vases, lampes et manuscrits.'

LONLAY, DIC DE : *En Tunisie, Souvenirs de sept mois de campagne,* Paris, Dentu, 1882. 8vo., 58 dessins de l'auteur. Relates to the French occupation.

LUBOMIRSKI, Le Prince J. : *La Côte barbaresque et Le Sahara, Excursion dans le Vieux Monde. Illustrations de Ferdinandus,* Paris, E. Dentu, 1880. 8vo., pp. xxii. and 309. The first five chapters relate to Tunis and Carthage.

LUCAS, PAUL : *Voyage du Sieur Paul Lucas, fait par Ordre du Roy, dans la Grèce, l'Asie Mineure, la Macédoine et l'Afrique. Description de l'Anatolie, la Caramanie, la Macédoine, Jérusalem, l'Egypte, le Fioume, et un Mémoire pour servir à l'histoire de Tunis, depuis* 1684, Paris, 1712. 12mo., 2 vols., illustrated.

—— *Mémoire pour servir à l'Histoire de Tunis, &c,* Paris, 1712.

LUCHINI, O. See GALEOTTI.

LUMBROSO, Dr. ABRAHAM: *Lettres médico-statistiques sur la Régence de Tunis,* Paris, 1841. 8vo.

LUX, JEAN : *Trois Mois en Tunisie, journal d'un volontaire,* Paris, Aug. Ghio, 1882. 18mo., pp. 201.
Favourably noticed in ' Le Livre,' February 10, 1883, p. 108.

LUYNES, Duc de. See BARGÈS and GUÉRIN.

MAC CARTHY, O.: *Africa Antiqua, Lexique de Géographie comparée de l'Ancienne Afrique,* art. in ' Revue Africaine,' 1886, No. 175, p. 1 et seq.

—— *K'sar H'announ, the K'sar of Hannon, a Carthaginian City,* 1850.

—— *Étude critique sur la géographie comparée et la géographie positive de la guerre d'Afrique de Jules César,* in ' Rev. Afr.,' 1865, ix., 430.

—— *Note sur les marées du Golfe de Gabès (d'après l'Amiral Smyth),* ' Explorateur,' 1876. No. 81, p. 200.

MACGILL, THOMAS, *An Account of Tunis: of its Government, Manners, Customs, and Antiquities; especially of its Productions, Manufactures, and Commerce,* London, Longman, 1816. 8vo., pp. 187. First published at Glasgow, 1811. 8vo.
The author, who writes in a straightforward, unpretending manner, visited Tunis for ' commerce, not pleasure.' The book is curious rather than valuable, much of the information given in it being now out of date.

—— *Nouveau Voyage à Tunis, publié en* 1811 ; *traduit de l'Anglais avec Notes* (par Louis Ragueneau de La Chesnaye), Paris, Panckoucke, 1815. 8vo.
In vol. vii. of the ' Neue Bibliothek der wichtigsten Reisebeschreibungen, &c., von F. J. Bertuch, Weimar, 1815-35, will be found a translation :

—— *Maggil's neue Reise nach Tunis, nach der im Jahre* 1811 *herausgegebenen französischen Uebersetzung bearbeitet von M. M. Schilling,* 1816. Art. on *Maggil's Account* in ' Eclectic Review,' xiv., 828.

MAC GUCKIN DE SLANE. See EL-BEKRI and IBN-KHALDOUN.

MACHUEL, Directeur de l'Enseignement public en Tunisie: *Rapport adressé à M. le Ministre résident de la République française à Tunis,* Tunis, 1885. 4to., pp. 44. Gives an interesting account of the state of education since the French protectorate.

MACKENZIE, H.: *The Prince of Tunis, a Tragedy in Five Acts and in Verse,* Edinburgh, 1773. 8vo.

MAGO. See CAHUN and FRIEDRICH.

MAHUDEL, NICOLAS: *Lettres sur une Médaille de la ville de Carthage,* Paris, 1741. 8vo.

MAILHE, ALBERT. See RIVIÈRE.

MAIUS, J. H.: *Specimen linguæ punicæ, in hodierna Melitensium ætate superstites,* Marpurgiæ, 1718. 8vo. Reprinted in 'Thesaurus antiq. italicar.' x.

MALTZAN, HEINRICH, Freiherr von: *Sittenbilder aus Tunis und Algerien,* Leipzig, Dyk'sche Buchhandlung, 1869. 8vo., pp. 452, with a frontispiece representing a male and female figure.

A carefully written volume on the religion, education, manners and customs, costumes, &c., of the two countries, interspersed with characteristic conversations and anecdotes. There being neither chapters nor index, the matter is difficult to get at.

—— *Reise in den Regentschaften Tunis und Tripolis. Nebst einem Anhang: Ueber die neuentdeckten phönicischen Inschriften von Karthago. Mit Titelkupfer, Plan von Tunis und 59 lithographirten Inschriften,* Leipzig, Dyk'sche Buchhandlung, 1870. 8vo., 3 vols. The frontispiece to the third vol. gives a poor representation of the amphitheatre of El-Djem.

—— *Der Volkerkampf zwischen Arabern und Berbern in Nord-Afrika,* art. in 'Das Ausland,' 1873, No. 23, pp. 444 et seq.

MANNERT, KONRAD: *Geographie von Africa, &c.,* Leipzig, 1825. 2 vols. Done into French by L. Marcus and F. Duesberg as:

—— *Géographie ancienne des États barbaresques d'après l'allemand de K. Mannert, enrichie de notes et de plusieurs mémoires, &c.,* Paris, 1842. 8vo.

MARCEL, J. J.: *Vocabulaire français-arabe des dialectes vulgaires d'Alger, de Tunis, de Maroc, et d'Egypte,* Paris, 1837.

—— *Dictionnaire française-arabe des dialectes vulgaires d'Alger, d'Egypte, de Tunis et de Maroc,* Paris, 1869. 8vo., pp. 572, double cols.

—— *Numismatique de la Régence de Tunis.* Oblong folio, plates. See also FRANK.

MARCELLINUS, AMMIANUS: *Lives of the Emperors from Constantine to Valens and Gratian. V. Sylburgius Historiæ Romanæ Scriptores Latini minores.* 1588, &c. Vol. ii.

MARCHESI, V.: *Tunisi e la Repubblica di Venezia,* Venezia, 1882. 8vo. pp. 88.

MARCHOT, MÉRIADE (de Tombeckem): *Abrégé de l'Histoire de la Régence de Tunis,* Bruxelles (1866). 8vo., pp. 40.

MARCUS, L.: *Histoire des Vandales accompagnée de recherches sur le commerce que les états barbaresques firent avec l'étranger dans les 6 premiers siècles de l'ère chrét.,* Paris, 1838. 8vo. See also MANNERT.

MARÉCHAL, SYLVAIN: *Voyage de Pythagore à Carthage, &c.,* suivi de ses lois politiques et morales,* Paris, An vii. (1799). 8vo., 6 vols., engraved frontispiece and maps.

MARETTI, F. See PETRARCA.

MARGA, A., Commandant du Génie: *Géographie militaire,* Paris, Berger-Levrault et Cie., 1885. Large 8vo. In première partie, tome ii., pp. 277 to 288, will be found a chapter (iv.) on Tunisia.

MARICHARD, J. O. DE. See OLLIER DE MARICHARD.

MARLOW, CHR.: *Dido, Queen of Carthage.* Tragedy, left unfinished by Marlow, and after his death, 1593, completed by his friend Thomas Nash.

MARMOL Y CARVAJAL, LUYS : *Primera Parte de la Descripcion general de Africa con todos los successos de guerras que ha havido entre los infieles y el pueblo christiano, y entre ellos mismos desde que Mahoma invento su secta, hasta el anno del señor mil y quinientos y setenta y uno,* Granada, 1573, and Malaga, 1599. Fol., 3 vols.

—— *L'Afrique de Marmol,* by Nicolas Perrot d'Ablancourt, Paris, 1667, with maps by M. Sanson. 4to.
'This translation of a very scarce Portuguese (Spanish) writer is not made with fidelity. The subsequent discoveries in Africa have detailed several inaccuracies in Marmol ; but it is nevertheless a valuable work : the original was published in the middle of the sixteenth century.'—R. KERR.
'Marmol was a native of Granada, served in the expedition of Charles V. against Algiers, was taken prisoner, and travelled during seven years and eight months over a great part of North Africa.'—PLAYFAIR.

MARSEUL. See LEFÈVRE.

MARTYN, JOHN, F.R.S.: *Dissertations &c., upon the Æneids of Virgil; containing . . . a full Vindication of the Poet from the charge of Anachronism with regard to the foundation of Carthage, &c.,* London, 1770. 12mo.

MAS-LATRIE, J. M. J. L. DE, Sous-directeur de l'École des Chartes : *Traités de Paix et de Commerce &c. concernant les Relations des Chrétiens aves les Arabes de l'Afrique septentrionale au Moyen-Age, Supplément et Tables,* Paris, 1865. 4to. Other editions: Paris, 1868, 4to. ; Paris, 1873, 4to. Documents collected and published by order of the Emperor,

of which many relate to the connexion between the Italian Republics and Tunis, &c. Thirty-five of the documents relate to Tunis.

MAS-LATRIE, J. M. J. L. DE: *Instructions de Foscari, doge de Venise, au consul de la République chargé de complimenter le nouveau Roi de Tunis, en 1436,* art. in 'Bibliothèque de l'École des Chartes,' 3e livre, 1881.

—— *L'Épiscopus Gummitanus et la Primauté de l'Évêque de Carthage,* art. in 'Bibliothèque de l'École des Chartes,' part i., 1883.

MASQUERAY, É. : *Rapport à l'Académie Royale des Sciences de Berlin sur le voyage d'après ses instructions pendant l'hiver 1882-83 en Algérie et à Tunisie par Johannes Schmidt de Halle,* translation by E. Masqueray in 'Bull. Corresp. Afr.,' 1882, pp. 394-401.
'The author was charged with the preparation of the 8th vol. of Roman Inscriptions.'—PLAYFAIR.

MASSEDIAU : *Les Sacrifices ordonnés à Carthage au commencement de la persécution de Décius,* art. in 'Revue de l'Histoire des Religions,' February, 1884.

MAUREL: *Conquête pacifique de l'Afrique septentrionale par les Français,* in 'Comptes rendus de l'Association Française pour l'Avancement des Sciences, Congrès d'Alger,' 1881.

MAUROY, P. : *Précis de l'histoire et du commerce de l'Afrique septentrionale depuis les temps anciens jusqu'aux temps modernes . . . . Précédé de deux lettres du Duc d'Isly sur la question d'Alger,* Paris, 1852. 8vo., 4ème ed. corrigée et refondue.

MAX, GUS., Cons. Gén. de Belgique : *L'Algérie, la Tunisie et l'Exposition d'Anvers,* 'Rapport commercial,' 1885, lii., p. 470.

MAYER, H. L., and BERGK, J. A. : *Ansichten von der Türkei . . . .*

*nebst einer Auswahl merkwürdiger Ansichten von* .... *den berühmtesten Städten Korinth, Karthago und Tripoli, nach den Originalzeichnungen des Hrn. Ludw. Mayer und mit Erläuterungen von J. Ad. Bergk,* Leipzig, Baumgärtner, 1812. Fol., 20 engravings.

MAYET, VALERY, Professeur à l'École d'Agriculture de Montpellier: *Voyage dans le sud de la Tunisie,* Montpellier, Boehm et fils, 1886. 8vo., pp. 207, with a map, issue 100 copies. See also SIMON, E.

MAYEUX, F. J.: *Les Bédouins, ou les Arabes du Désert, ouvrage publié d'après les notes inédites de D. Raphaël,* Paris, 1816. 18mo., 3 vols., illustrated.

MAYSTRE, H.: *Excursion en Algérie et en Tunisie, mai-juin* 1883, arts. in 'Bibliothèque universelle et Revue Suisse,' July, August and Oct. 1884.

MELON, PAUL: *Les Événements de Tunis, du Rôle de l'Italie et de l'Action du Gouvernement français,* Paris, Rouvier, 1881. 12mo., pp. 22.

—— *La Nécropole phénicienne de Mahédia,* art. in 'Revue Archéologique,' Sept. 1884.

—— *De Palerme à Tunis, par Malte, Tripoli et la Côte, Notes et Impressions,* Paris, Plon, 1885. Illustrated. Of little value.

MELTZER, Dr. O. *Geschichte der Karthager,* 1879.

MENTELLE, M.: *Carthaginiens,* art. of 9 cols. in 'Encyclopédie Méthodique,' Paris, Panckoucke, 1787.

MENU DE ST.-MESMIN, E.: *Les Ruines de Carthage et d'Utique,* arts. in 'Moniteur Universel,' Oct. 9, 10, 31, 1868.

MERCIER, E.: *Examen des Causes de la Croisade de S. Louis contre Tunis* (1270), art. in 'Revue Africaine,' 1872, xvi.

—— *Histoire de l'Établissement des Arabes dans l'Afrique septentrionale selon les Documents fournis par les auteurs arabes, et notamment par l'histoire des Berbères d'Ibn-Khaldoun* (see that name), Constantine, 1875, gr. in-8, avec deux cartes.

MERCIER, E.: *Les Arabes d'Afrique jugés par les auteurs musulmans,* art. in 'Rev. Afr.' 1873, xvii., 43.

—— *Historique des connaissances des anciens sur la géographie de l'Afrique septentrionale,* art. in 'Rec. Not. et Mém. Soc. Arch. de Const.,' 1874, xvi., 19.

—— *Comment l'Afrique septentrionale a été arabisée,* Paris, 1875. 8vo.

MERIGON, B. R.: *Mémoire adressé au Roi* (Henri IV. ou Louis XIII.), *par Blaise Reimond Merigon, de Marseille, sur les avantages de conquérir les Royaumes d'Alger, de Tunis et de Tripoli.* MS. Fonds Saint-Germain, n° 778.

MEULEMANS, AUG.: *Études sur la Tunisie au point de vue du Commerce belge,* Bruxelles, 1867. 8vo., pp. 29. Extracted from 'Revue Trimestrielle,' Oct. 1867, 2 série, xvi.

MEYNARD, B. DE. See BARBIER.

MICHEL, LÉON: *Tunis, l'Orient africain, Arabes, Maures, Kabyles, Juifs, Levantins, Scènes de Mœurs, Intérieurs maures et israélites, Noces, Sérail, Harems, Musiciens, Almées, Villégiature orientale, Carthage, Deuxième édition,* Paris, Garnier Frères, 1883. 8vo., pp. vi. and 314.

MIGNARD, M. P. See CLARIN DE LA RIVE.

MOHAMMED ABOU RASSE AHMED EN-NACEUR. See EXIGA.

MOHAMMED EL NEFZAOUI. See EL-NEFZAOUI.

MOMMSEN, THEODOR: *Römische Geschichte, siebente Auflage,* Berlin, 1881 8vo., 3 vols. Other editions: 1856, 1861, &c. Translated into English with additions by W. P. Dickson, as:

—— *The History of Rome,* new edition, London, 1868-70. 8vo., 4 vols.

First edition 1862 ; recently reissued by R. Bentley & Sons in demy 8vo., 2 vols., 2 maps. Done into French by C. A. Alexandre, as :

MOMMSEN, THEODOR : *Histoire romaine*, Paris, 1863. Contains a brilliant sketch of Carthage.

—— *Inscriptiones Africæ Latinæ*, Berlin, 1863. 2 vols. 4to.

MONTAGU, Lady MARY WORTLEY. See WORTLEY.

MONTPENSIER, Duc de. See LATOUR, A. DE.

MORCELLI, S. A. : *Africa Christiana, &c.*, Brixiæ, 1816-1817. 4to., 3 vols.

MOREAU : *La Mer intérieure africaine*, art. in 'Science et Nature,' March 1, 1884.

MOREL, LOUIS : *Mémoires sur la nécessité de réformer le système des poids et mesures de la Régence de Tunis*, Oran, 1860. 8vo., pp. 16.

MORERI, LOUIS : *Carthage*, art. of 3 cols., containing an account of the Churches, Councils, and Bishops of Carthage, in 'Grand Dictionnaire Historique,' Amsterdam, 1740.

MORGAN, JOSEPH : *A Complete History of Algiers. To which is prefixed, An Epitome of the General History of Barbary, from the earliest Times, &c.*, London, J. Bettenham, 1728. 4to., 2 vols. Section II. is devoted to Carthage and its Empire. Also 1750.

'This was translated into French by Boyer de l'rebandier in 1757. The work is of little value ; it is a mere translation of Laugier de Tassy, who again copied from Marmol. Morgan was an indefatigable plagiarist.'—PLAYFAIR.

—— *Voyage of the Mathurin Fathers to Algiers and Tunis for the Redemption of Captives in 1720*, London, 1735. 8vo.

MOUCHEZ, M. : *Positions géographiques des principaux points de la côte de Tunisie*, art. in 'Revue Scientifique,' 1877.

MOVERS, Dr. F. K. : *Die Phönizier, Religion der Phönizier mit Rücksicht auf die Carthager, &c.*, Bonn, 1841 to 1856. 8vo., 3 vols.
'The standard work on the Phœnicians.'—OSCAR BROWNING.
'A most important work.'—PLAYFAIR.

MÜLLER, L. See FALBE.

MULLER, H. L., Négociant au Havre : *Le Commerce du Globe. Compte de revient des marchandises échangées entre toutes les principales places de commerce du monde. Seconde édition, refondue et augmentée*, Le Havre, A. Lemale, 1865. 4to., 2 vols., vol. ii. issued in 1872. Carthage is comprised in the *Zone de la Méditerranée*, which with other 'zones' is sold separately. The English translation, *The Commerce of the Globe, &c.*, does not include Carthage.

MUNK, S. See ROZOIR, C. DU.

MÜNTER, F. : *Die Religion der Karthager*, Kopenhagen, 1821. 4to., pp. 171, illustrated. To which add :

—— *Beilage zu der Religion der Karthager*, Kopenhagen, 1822.

—— *Linea Topographica Carthaginis Tyriæ*, 1821.

—— *Primordia Ecclesiæ Africanæ*, Hafniæ, 1829. 4to.

MURRAY, HUGH. See JAMESON.

NÆVIUS, GNÆUS : *Fragmenta de Bello Punico*, published in *Collectio Pisaurensis Omnium Poematum, Carminum, Fragmentorum Latinorum, &c. Tomus Quartus, &c.*, Pisauri, 1766. 4to. Also: In Bothe's 'Poetarum Latinorum fragmenta,' Bd. 2, Halberstadt, 1824. And: 'De bello Punico,' by Vahlen, Leipzig, 1845.

NANGIS, G. DE. See GUILLERMUS DE NANGIS, also JOINVILLE.

NAPOLÉON, S. : *Discours au vray de tout ce qui s'est passé tant au voiage que le sieur Samson Napoléon, gentilhomme ordinaire de la chambre du Roy et chevalier de l'ordre de Saint-*

*Michel, a faict à Constantinople par le commandement de S. M. qu'à Thunis et Arger pour le traité de la paix de Barbarie avec le compte et l'estat de la recepte et dépense sur ce fuitte et rachapt des esclaves* (1623). MS. in Bibliothèque Impériale, fonds Serilly.

M. A. Demarsy adds: 'Nous publierons prochainement ce document que nous croyons inédit.'

NEIL, O.: *Géographie et itinéraire de l'Algérie et de la Tunisie,* Bône, 1882. 2 vols., map.

NEU, JUSTIN: *La Vérité sur la Tunisie,* Paris, (1870). 8vo., pp. 42.

NEUMANN, C.: *Das Zeitalter der Punischen Kriege,* Breslau, 1883. 8vo., pp. 598.

NEWMAN, Cardinal: *Callista: a Story relating to the Persecutions of the early Christians,* London, 1855. The scene is laid at El-Kef.

NEWTON, THOMAS: *A View of Valyance; describing the . . . Martiall Exploits of . . . the Romans and Carthaginians for the Conqueste and Possession of Spayne. Translated out of . . . Rutilius Rufus . . . a Capitaine . . . vnder Scipio, in the same Warres,* London, 1580. 8vo.

NIEBUHR, B. G.: *Lectures on Ancient Ethnography and Geography, &c.,* translated by Dr. Leonhard Schmitz, London, Walton and Maberly, 1853. 8vo., 2 vols., contains (ii., 330) a short account of Carthage and Utica.

NIEL, O.: *Tunisie, Géographie et Guide du Voyageur,* Paris, Challamel, 1883. With map.

NIEULY, GIORGIO: *Documenti sulla Storia di Tunis,* Livorno, 1838. 8vo.

NOAH, MORDECAI M.: *Travels in England, France, Spain, and the Barbary States, in the years* 1813-14 *and* 15, New York, Kirk and Mercein; London, John Miller, 1819. 8vo., pp. vi., 431, and xlvii., portrait of the author and illustrations. About 100 pages are devoted to Tunisia—Carthage, Utica, &c.

NOËL DES VERGERS. See IBN-KHALDOUN.

NONCE-ROCCA: *A propos d'un livre récent sur la Tunisie. Observations.* Paris, 1866. 8vo.

The book in question is that by M. A. DE FLAUX (see that name).

OCKLEY, SIMON, Professor of Arabic in the University of Cambridge: *The History of the Saracens, comprising the lives of Mahommed and his successors to the death of Abdalmelik, the eleventh Caliph. With an account of their most remarkable Battles, Sieges, Revolts, &c.,* Londres, 1848. Small 8vo.

—— *Histoire des Sarrasins, contenant leurs premières Conquêtes et ce qu'ils ont fait de plus remarquable sous les onze premiers Califes ou Successeurs de Mahomet. Traduit de l'Anglais,* Paris, 1748. 12mo., 2 vols.

For other edits. consult Lowndes and Brunet, the former notes it as 'a curious and very entertaining work.'

O'HANLY, S. H. See HALY O'HANLY.

O'KELLY, Comte ALPHONSE: *Études politiques sur le Royaume de Tunis,* Bruxelles, 1871. 8vo.

OLLIER DE MARICHARD, JULES, et PRUNER-BEY: *Les Carthaginois en France. La Colonie libyo-phénicienne du Liby, canton de Bourg-Saint-Andéol (Ardèche),* Paris, 1870. 8vo.

OPERTI, B. See GALEOTTI.

OUSELEY, Sir W. See IBN-HAUKAL.

PALLU DE LESSERT, CLÉMENT: *Les Monuments antiques de la Tunisie, le décret beylical, la loi française,* art. in 'Revue de l'Afrique Française (ancien 'Bull. des Antiquités Africaines'), Paris, 1886. iv., 237 to 240.

PANANTI, FILIPPO: *Avventure e osservazioni di Filippo Pananti sopra*

*le Coste di Barberia*, Milano, 1829.
12mo., 2 vols. Also Mendrisio, 1841.

PANSA, GUILL: *Historia nuova della guerra di Tunigi di Barberia; in cui si contiene la navigatione da Genova in Africa*, Milano, 1585. Small 8vo. Account of the expedition under Charles-Quint.

PAPIRICE-MASSON, JEAN: *Gesta collationis Carthagine habitæ inter Catholicos et Donatistas*, Paris, 1596. 8vo.

PARADIS, VENTURE DE: *Grammaire et Dictionnaire abrégés de la Langue berbère*, published in 'Recueil de Voyages et de Mémoires,' Paris, 1854. vii., 4to.

In his preface the author says that it is the language spoken 'depuis les montagnes de Sous, qui bordent la mer océane, jusqu'à celles de Meletis, qui dominent les plaines de Kairouan.'

PARTASCH, J.: *Die Veränderungen des Küstensaumes der Regentschaft Tunis in historischen Zeiten*, (1883). 4to.

PATON, ÉMILE: *Tunis et son Gouvernement*, Paris, 1868. 8vo., pp. 22.

PAUR, THÉODORE: *Charles-Quint et l'Afrique septentrionale. D'après les documents du XVI<sup>e</sup> siècle*, 1848.

PAVIE, K. See DUNANT.

PAYSANT, L.: *Le Bey de Tunis devant l'opinion publique*, Alger, 1870. 8vo., pp. 15.

PECHAUD, JEAN: *Excursions malacologiques dans le nord de l'Afrique. De la Calle à Alger—D'Alger à Tunis*, Paris, 1883. 8vo., pp. 112.

PELET, J. J., Général: *Maroc, Alger, Tunis, avec une carte de l'Algérie dressée au dépôt de la guerre*, Magdebourg, 1846.

PELLISSIER DE REYNAUD, E., Membre de la Commission scientifique de l'Algérie, Consul-général de France à Tripoli : *Description de la Régence de Tunis*, Paris, Masson, 1853. 8vo., pp. 455, map. Géographie, Description physique, Nature et produit du sol, Vocabulaire français et arabe des noms propres qui se trouvent dans la partie géographique. Inscriptions. Médailles. Histoire naturelle. Forms part of the *Exploration de l'Algérie*, noticed in 'Revue des Deux Mondes,' May 1, 1856.

PELLISSIER DE REYNAUD, E.: *Trois Lettres à M. Hase*: 1°, *Sur les Antiquités de la Régence*; 2°, *Sur les Antiquités de la partie ouest de la Régence*; 3°, *Sur les Antiquités de Nakter et de l'ancienne Zeugitane*, 1847 et 1848. 8vo. Extracted from 'Revue Archéologique.'

—— *La Régence de Tunis, le gouvernement des beys et la société tunisienne*, art. in 'Revue des Deux Mondes,' May 1, 1856.

'M. Pellissier ayant habité plusieurs années la Régence en qualité de vice-consul de Sousa, l'a parcourue à diverses reprises, et les détails qu'il nous donne sont surtout d'un grand intérêt en ce qui concerne l'état actuel de la Tunisie, son administration, ses produits, etc. Au point de vue archéologique, il a ajouté peu de chose aux découvertes des voyageurs qui l'avaient précédé.'—V. GUÉRIN, *Voyage*, t. i., p. xiii.

PÉRIER, A.: *D'Alger à Kairouan*, 'Bull. 5° de la Sect. Lyon. du Club Alpin,' 1886.

PERPETUA, Prof. G.: *Geografia della Tunisia compilata del Comm. Prof. G. Perpetua*, 1882, G. B. Paravia e Comp., Torino, &c. 8vo.

This useful little hand-book has been translated into French in an abbreviated form, and published in Tunis.

—— *La Tunisie; faune, commerce, navigation*, art. in 'Revue Géographique Internationale,' July 1885.

PERRON, Dr.: *Femmes arabes avant et depuis l'Islamisme*, Paris, 1858. 8vo. See IBN-OMAR.

PERROT, GEORGES: *Le Rôle historique des Phéniciens*, art. in 'Revue Archéologique,' Nov. 1884.

PERRY, AMOS, U.S. Consul at Tunis: *Carthage and Tunis, past and present,* Providence, U.S., 1869. 8vo.

PERUZZI, M.: *Tunis et l'Italie,* followed by *Réponse à M. Peruzzi,* arts. in 'Revue Politique et Littéraire,' 1881.

PESCHEUX, R.: *Kabiles, Maures et Arabes, ou leurs métiers, industries, arts, sciences, etc.,* published in parts, 8vo., beginning 1853.

PETRARCA, FRANCESCO: *L'Africa, in ottava rima, tradotta da Fabio Maretti, col testo latino,* Venet., 1570. 4to. Numerous editions. On the Punic war.

PEYSSONNEL et DESFONTAINES: *Voyages dans les Régences de Tunis et d'Alger.* Publiés par M. Dureau de la Malle (see that name), de l'Institut, Paris, 1838. 8vo., 2 vols., with 1 map and 6 lithographs.

Charles, Comte de Peyssonnel, made his journey from 1724 to 1725; Desfontaines (see also that name), from 1783 to 1786.

PHARAON, FL., et BERTHERAND, E. L.: *Vocabulaire français-arabe à l'usage des médecins - vétérinaires.* 1859. 18mo.

PIERANTONI, A. See GALEOTTI.

PIERRE-CŒUR. See VOISINS.

PIESSE, LOUIS: *Guide de l'Algérie,* Paris, 1873. Contains Tunis and environs, with a map.

—— *Itinéraire de l'Algérie, de Tunis et de Tanger,* 7 cartes, Paris, Hachette et Cie., 1881. 8vo., pp. cxliv. and 548, double cols.

—— *De la Goulette à Tripoli,* art. in 'Bulletin Trimestriel de Géographie,' Oran, 1885, v., 8 to 16, 8 illustrations.

PIGEONNEAU, H.: *L'Annone romaine et les corps de naviculaires particulièrement en Afrique,* art. in 'Revue de l'Afrique Française,' Paris, July 1886, iv., pp. 220 to 236.

PINART, MICHEL, Membre de l'Académie des Inscriptions: *Mémoire sur le nom de Byrsa donné à la citadelle de Carthage bâtie par Didon,* art. in 'Recueil de l'Académie des Inscriptions,' 1 série, i., 150.

PLANCK: *Karthago und seine Heerführer,* Ulm, 1874.

PLAYFAIR, Lieut.-Colonel Sir R. LAMBERT, K.C.M.G.: *Travels in the Footsteps of Bruce in Algeria and Tunis.* Illustrated by Fac-similes of his original drawings, London, Kegan Paul & Co., 1877. 4to.

Besides the drawings of Bruce, the volume contains photographs taken on the spot. As the greater part of the edition was destroyed in the fire which occurred at the publishers' in 1883, the volume is now scarce.

Concerning this work, the author writes: 'Bruce the traveller was Consul-General at Algiers from 1763 to 1765. He subsequently made extensive explorations in Algeria and Tunis, and magnificent architectural drawings of all the Roman remains he visited, but he left no account of his journey. These drawings are in the possession of his descendant, Lady Thurlow. The author has published an account of his journey over the ground traversed by Bruce, illustrated by fac-similes of his drawings.'

See also DONALDSON.

—— *On the Re-discovery of Lost Numidian Marbles in Algeria and Tunis. Read at the British Association (Geological Section), at Aberdeen, Sept.* 1885, pp. 12, with a coloured map.

—— *Report of a Consular Tour in the Regency of Tunis during March and April,* Consular Commercial Reports, 1876, p. 1187.

—— *Report by Consul-General Playfair of a Consular Tour in Tunis,* in 'Commercial Reports,' No. 3 (1886). Part I., pp. 19 to 53, with 3 maps.

—— *Une visite au pars des Kroumirs,* in 'Comptes rendus de l'Association française pour l'avancement des sciences, Congrès d'Alger,' 1881.

D

PLAYFAIR, Lieut.-Colonel Sir R. LAM-
BERT, K.C.M.G.: *Report of a Con-
sular Tour to La Calle and the
country of the Khomair*, in 'Consular
Commercial Reports.' Also 'Journal
of Royal Asiatic Society,' 1882, vol.
xviii., part 1.
—— *La Calle and the Country of the
Khomair, with a note on North
African Marbles*, 'Journ. R. Asiat.
Soc. of Gt. Brit. and Irel.,' 1886,
vol. xviii., p. 28.
—— *Report of a Consular Tour in
Tunis*, 'Consular Reports, part 1,
No. 3, p. 19.
This contains an account of the pro-
posed inland sea.
—— *Handbook to the Mediterranean,
&c., Second Edition*, London, John
Murray, 1882. 8vo., 2 parts. Com-
prises Tunis, Carthage, Zaghouan,
Oudena, El-Djem, Djerba, &c.
—— *Handbook for Travellers in Al-
geria and Tunis, Third Edition*,
London, John Murray, 1887. 8vo.,
with maps and plans.
—— *On the Changes which have
taken place in Tunis since the
French Protectorate*. 'Proceedings
of the Geographical Section of the
British Association, Aberdeen Sec-
tion,' 1885.
PLOETZ, KARL: *Auszug aus der alten,
mittleren und neueren Geschichte,
siebente Auflage*, Berlin, A. G. Ploetz,
1880. Edition edited by Dr. O.
Meltzer. Translated into English by
W. H. Tillinghast of Harvard Col-
lege, Cambridge, U. S. A., as:
—— *An Epitome of History, &c.*
Contains useful references on Car-
thage and Tunis.
POCOCKE, RICHARD, successively
Bishop of Ossory and of Meath : *A
Description of the East and some
other countries*, London, 1743-45.
Fol. Comprised also in the collec-
tions of J H. Moore and of J.

Pinkerton ; also in ' The World Dis-
played.' Translations:
POCOCKE, RICHARD: *Voyage de
R. Pococke en Orient, &c.*, Neu-
chatel, 1772-73. 12mo., 7 vols.
—— *Beschreibung des Morgenlandes,
&c.*, Erlangen, 1754-5, 4to., 3 parts,
illustrations.
—— *Dissertatio de Geographia.Egypti*,
Londini, 1743. Fol. Contains *An
Account of the Bey of Tunis; his
Court and Government.*
POINSSOT, JULIEN : *Tunisie: Ain
Tounga, Guelaa, Mautria, Gotnia,
Description des Ruines, Inscriptions
inédites recueillies par M. le Dr.
Darré, Médecin Aide-Major*, art. in
'Bulletin de la Société de Géogra-
phie et d'Archéologie d'Oran,' 1884,
pp. 136 to 156, with plan of Ain
Tounga and 2 illustrations.
—— *Tunisie: Inscriptions inédites re-
cueillies pendant un voyage exécuté
en 1882-83, sur l'ordre de S. E. le
Ministre de l'Instruction Publique*,
arts. in 'Bulletin de la Société
de Géographie et d'Archéologie
d'Oran, 1883, i. 288, and ii. 68, 151,
225, 361.'
—— *Voyage archéologique en Tunisie
exécuté en 1882-83.* See 'Bulletin des
Antiq. Afr. Oran,' 1883, i., 289, 291;
ii., 68, 150, 226; iii., 16, 89, 174, 265;
iv., 1, many illustrations.
—— *Le Pont romain Siguese-Tuscubis,
ou Ucubis*, art. in 'Revue de l'Afrique
Française,' Paris, July, 1886, iv., 249
to 251.
POIRET, Abbé: *Voyage en Barbarie,
ou Lettres écrites de l'ancienne Numidie pendant les années 1785 et
1786, sur la Religion, les Coutumes
et les Mœurs des Maures et des
Arabes-Bedouins; avec un essai sur
l'histoire naturelle de ce pays*, Paris,
1789. 8vo., 2 vols. Translated as:
—— *Travels through Barbary, etc., in
the years 1785 and 1786; containing*

an *Account of the Customs and Manners of the Moors and Bedouin Arabs*, London, 1791. 12mo.

'L'auteur était un botaniste distingué qui herborisa pendant une année dans les environs de Bône, de la Calle, de Constantine, et dans une partie de la Tunisie. Le premier volume contient ses études de mœurs faites dans le pays, études dans lesquelles il se montre sans préjugés contres les Arabes, Maures et Berbères; il assure même que l'éducation de famille des enfants arabes était supérieure à celle des enfants européens. Il fait aussi cette remarque que la haine des arabes pour les *roumis* ne date que des Croisades. Le 2⁰ vol. contient ses recherches sur l'histoire naturelle de la Numidie.'

POIRON, M.: *Mémoire concernant l'état présent du Royaume de Tunis et ce qui s'est passé de plus remarquable entre la France et cette Régence, depuis* 1701 *jusqu'en* 1752, *par M. Poiron, commissaire des guerres à Toulon.* Manuscript in folio. Bibliothèque Impériale, nᵒ 13084, p. 148 à 276. Analysed by M. A. Demarsy at p. 40 of his excellent 'Essai de Bibliographie.'

POLYBIUS : *Historiarum Libri V. Latine, ex versione Nicolai Perroti,* Roma, 1473. Fol. Various other editions. Translated into English by Edward Grimestone, 1634; Henry Shears, 1693; Hampton, 1756; also by C. Watson and Sir Walter Raleigh, which two latter names see.

Polybius was present at the taking of Carthage.

POMEL, M.: *La Mer intérieure d'Algérie et le seuil de Gabès*, art. in 'Revue Scientifique,' 1877.

—— *Géologie de la province de Gabès et du littoral oriental de la Tunisie,* art. in 'Comptes rendus de l'Association Française pour l'Avancement des Sciences, Congrès du Havre,' 1877.

—— *Le projet de Mer intérieure et le Seuil de Gabès.* ' Rev. Géogr.

Internat.,' 1878, Nos. 29, 30, and 31.

'The author denies that the Chotts ever communicated with the Mediterranean.' PLAYFAIR.

POMPONIUS MÉLA: *De situ Orbis.* A full geographical description of the coast of North Africa and the principal towns.

The author was a Spanish geographer of the first century.

PONTET DE FONVENT, HENRY: *La Tunisie, son Passé, son Avenir, et la Question financière,* 1872. 8vo., pp. 32.

POOLE, GEORGE AYLIFFE: *The Life and Times of Saint Cyprian,* Oxford, 1840. 8vo. Done into French as:

—— *Histoire, &c., de Saint Cyprien,* Lyon, 1842. See CYPRIEN.

POSTEL, RAOUL, ancien magistrat aux Colonies: *En Tunisie et au Maroc, avec* 15 *dessins originaux par le Dr. L.-M. Reuss,* Paris, Librarie de Vulgarisation (1885). 8vo., pp. 6 and 221.

POULAIN DE BOSSAY. See GUÉRIN.

PRADEL, E. DE COURTRAY DE. See COURTRAY DE PRADEL.

PRANGEY, G. DE. See GIRAULT DE PRANGEY.

PRAX: *Observations sur Tunis et le nord de l'Afrique,* art. in ' Revue de l'Orient,' March, 1850.

—— *Tunis,* arts. on the Population, Customs, Measures and Moneys, Natural History, Industry, Commerce and Agriculture, Ibid., 2 série, vi., 1849; and m. and x., 1851.

'L'auteur s'attache à donner des renseignements précis sur les calendriers musulmans, la division du jour chez les Arabes, la longueur des journées de marche des caravanes, l'évaluation du mille arabe et les monnaies, poids et mesures, de Tunis.'—A. DEMARSY.

PREBADÉ, R. DE. See LAUGIER DE TASSY.

PRÉVOST, F.: *La Tunisie devant l'Europe,* Paris, 1862 8vo., pp. 31.

PRICOT DE SAINTE MARIE, E. See SAINTE MARIE, E. PRICOT DE.

PROCOPIUS: *De la guerre contre les Vandales*, Paris, 1670. 8vo.
This Greek historian, a native of Cæsarea, accompanied Belisarius as his secretary in the expedition to North Africa, A.D. 534. His history is divided into eight books, two of which are devoted to the Vandal war.
Several editions of the original exist, and one English translation by Sir Henry Holcroft.

—— *History of the Warres of the Emperour Justinian*, 8 books, London, 1653. Folio.
'This translation is exceedingly rare. No copy exists in the British Museum or the Advocates' Library in Edinburgh; there is one at the Bodleian. In the second book, *De Bello Vandalico*, is a notice of the celebrated inscription said to have existed near Tangier, "We flee from the robber Joshua, the son of Nun." For the original text see "Corpus Scriptorum Historiæ Byzantinæ," Bonnæ, 1838.'—PLAYFAIR.

PRUNER-BEY. See OLLIER DE MARICHARD.

PTOLEMY, CLAUDIUS: *Géographie.* Edidit C. F. A. Nobbe. Editio stereotypa Gr. 3 tom., Lipsiæ, 1843-45. 16mo.
A celebrated geographer and astronomer in the reigns of Hadrian and Antonine. According to his system the world was in the centre of the universe.

PUECKLER-MUSKAU, Fürst H. L. H. VON: *Semilasso in Afrika. Aus den Papieren des Verstorbenen.* Stuttgart, Hallberger'sche Verlagshandlung, 1836. Large 8vo., 5 parts, 1 coloured lithograph. The accompanying atlas contains: Ansicht von Algier, Bivouac in Khraschna, Der Bey im Audienz-Saal, Ankunft beim Sauwan, Ansicht von Tunis, Villa des englischen Consuls, Halt bei Thugga, 1837. Fol.
—— *Semilasso in Africa, &c.* London, R. Bentley, 1837. 3 vols. Vols. ii. and iii. relate chiefly to Tunisia.

PUECKLER-MUSKAU, Fürst H. L. H. VON: *Chroniques, Lettres et Journal de Voyage, extraits des papiers d'un défunt,* Paris, 1837. 8vo., 3 vols.

PUGET DE LA SERRE, JEAN: *Le Sac de Carthage, tragédie en prose,* Paris, 1643. 4to.

PUGET DE SAINT-PIERRE: *Les Hauts Faits de Scipion l'Africain,* Paris, Laurens ainé, 1814. 12mo.

PUGLIA: *Il Miracolo grande apparuto al Re de Tunici . . . La afferta fatta per el preditto Re de Schiani Christiani, etc. Data in Tunici,* 26 Junio, 1534, (and signed) S. Ludovico de Marchesi di Puglia.

PURCHAS, SAMUEL: *Purchas his Pilgrimes,&c.,* London, H. Fetherstone, 1625. Fol., 4 vols.
In vol. ii. is some curious but antiquated and crude information concerning Tunisia and other countries of Barbary.

PURE, M. DE. See BIRAGO.

PYNACKER, Dr. CORNELIS: *Rapport van 't gebesoigneerde tot Tunis en Algiers in de jaren 1622 en 1623. Rapport aan de Hooge Mogende Heeren Staten Generael, gedaen by Doctor Cornelius Pynaker van syne legatie tot Algiers ende Tunis,* Utrecht, 1863. 8vo.

PYNE, J.: *Phœnicians and their Voyages,* art. in 'National Quarterly Review,' xxxii., 123.

PYRKER, JOH. LADISLAW, Bishop of Erlau, Hungary: *Tunisias* (Poem). Vienna, 1820; 3rd ed. 1826. Translated into Italian by Malipiero, Venice, 1827.

QUATREMÈRE, E. M., Membre de l'Institut: *Mémoire sur quelques Inscriptions puniques,* Paris, Imp. Royal, 1828. 8vo., pp. 19. Extracted from 'Journal Asiatique.'

QUATREMÈRE DE QUINCY: *Fondation de Carthage,* art. in 'Journal des Savants,' 1857.
—— *Investigation d'Hannon le long*

*des côtes occidentales de l'Afrique,* Idem, p. 249. See also HANNO.

QUESNÉ, J.-S.: *Histoire de l'Esclavage en Afrique, de P.-J. Dumont, de Paris,* Paris, 1819. 8vo., 2 portraits, and a facsimile of writing.

QUINCY, Q. DE. See QUATREMÈRE DE QUINCY.

RABUSSON, A.: *Carthage retrouvée,* Paris, J. Corréard, 1856.

The author affirms that the site of Carthage is at Bougie in Algeria.

—— *De la Géographie du nord de l'Afrique pendant les périodes romaines et arabes,* Paris, Corréard, 1856. 8vo., map. Also the same, 2ª mémoire, 1857. 8vo., maps.

—— *Lettre à M. le maréchal de Mac-Mahon au sujet de la seconde Expédition du Roi Saint Louis en Afrique,* Paris, Corréard, 1867. 18mo., engravings.

RAE, EDWARD: *Barbary, the Country of the Moors, or Journey from Tripoli to the Holy City of Kairwan,* London, Murray, 1877. 8vo., with maps and 6 etchings.

RALEIGH, Sir WALTER: *The Story of the War between the Carthaginians and their own Mercenaries from Polybius, &c.,* London, 1647. 4to. See also POLYBIUS.

RAMBAUD, ALFRED: *La France coloniale. Histoire, Géographie, Commerce. Ouvr. publié sous la direction de M. Alf. Rambaud, avec la collaboration de MM. le commandant Archinard de l'artillerie de marine, le capitaine Rouinais, etc. etc.* Paris, 1886. 8vo., 12 coloured maps.

RAPHAËL, D. See MAYEUX.

RAYNAL, Abbé G. T.: *Histoire philosophique et politique des Européens dans l'Afrique septentrionale, &c.,* augmenté d'un Aperçu de l'état actuel de ces établissements, &c., Paris, 1826. 8vo., 2 vols., 1 map. Tunis is contained in livre iv.

RAYNAL, Abbé G. T.: *Philosophische und historische Geschichte der Niederlassungen und des Handels der Europäer in Nordafrika. Nach dessen Tode herausgegeben von . . . Peuchet. Aus dem Franz. von F. G. Henning,* Leipzig, Fr. Fleische, 1829. Large 8vo., 2 vols., map.

READE, WINWOOD: *The African Sketch-Book, with maps and illustrations, in two volumes,* London, Smith and Elder, 1873. 8vo. *A Carthaginian Log-Book* occupies the first ten pages of vol. i.

REBATEL et TIRASEL, Docteurs de Lyon: *Voyage dans la Régence de Tunis,* in 'Tour du Monde,' 1874, No. 748, p. 289 et seq.

—— *Viaggio nella Reggenza di Tunisi,* with a map and numerous woodcuts, in 'Biblioteca di Viaggi,' Milano, 1876, xxxvii., 81 to 151.

REBOVA, Capitaine M. L.: *Tabarca (Thabraca). Ruines, mosaïques, inscriptions inédites,* art. in 'Bull. de la Soc. de Géog. et d'Arch. d'Oran,' 1884, No. 20, p. 122.

RECLUS, ELISÉE: *Nouvelle Géographie universelle,* Paris, Hachette, 1875–1886.

In the eleventh vol. of this great work, 130 pages, with numerous maps and illustrations, are devoted to Tunisia. See also GUÉRIN.

REID, T. WEMYSS: *The Land of the Bey. Being Impressions of Tunis under the French,* London, Sampson Low, 1882. 8vo.

A narrative of personal adventure during a few weeks' holiday. The author seeks to amuse his readers rather than to impart serious information. The moment of Mr. Reid's visit was that of the French seizure of the country, altogether an abnormal time.

REINACH, JOSEPH: *Le Traité du Bardo,* art. in 'Revue Politique et Littéraire,' 1881.

REINACH, SALOMON: *Les Fouilles de Carthage,* art. in 'Revue Politique et

Littéraire,' February 13, 1886. See also CAGNAT.

REINAUD. *Mémoire sur les populations de l'Afrique septentrionale*, Paris, 1857. 4to., pp. 17. See also CHAMPOLLION.

RENAN, E.: *Trois Inscriptions phéniciennes trouvées à Oumm-El-Awamid*, Paris, 1864. 8vo.

—— *Mission de Phénicie* (1860–1861), dirigée par Ern. *Renan*, Paris, 1874. 4to., with atlas.

—— *Inscriptions phéniciennes*, arts. in 'Revue Archéologique,' January, 1881.

—— *Les Mosaïques de Hammam-Lif*, Idem, March, 1883, and May, 1884.

RÉNIER, LÉON: *Note sur quelques Noms puniques*, art. in 'Revue Archéologique,' viii., 702.

RÉVÉRONI DE SAINT-CYR, Comte: *Notes sur le Génie militaire et la Tactique des . . . Carthaginois et des Romains; avec la relation raisonnée des principales expéditions militaires de ces guerriers*, Paris, 1783. 4to., 48 plates.

REYNALD: *Carthage et les Carthaginois*, art. in the 'Temps,' July 21, 1880.

REYNAUD, P. DE. See PELLISSIER DE REYNAUD.

REYNIER, J. L. EBNEZER: *De l'Économie publique et rurale des Peuples anciens*, Genève et Paris, 1823. 8vo. Includes the Carthaginians.

General Reynier accompanied Bonaparte in Egypt.

RIALLE, GIRARD DE: *La Mer intérieure du Sahara*, art. in 'Revue Scientifique,' 1876.

—— *Monuments mégalithiques de Tunisie*, art. in 'Bulletin de la Société de Géographie et d'Archéologie d'Oran,' 1884. partie archéologique, pp. 260 to 268, 8 illustrations.

RICHOUFFZ, FRÉD. DE: *Dernière Croisade et mort de Saint Louis*, Paris, 1845. 8vo.

RICQUE, Dr. CAMILLE: *Les Dieux de Carthage*, art. in 'Revue de l'Orient,' 1863, 3 série, xvi., 376. Issued in separate form in 1864.

—— *Recherches ethnologiques sur les populations musulmanes du nord d'Afrique*, art. in 'Rev. de l'Orient ; Bull. de la Soc. Orientale de la France,' Dec., 1863, pp. 363-75.

RIPA, GIULIO CESARE: *La Vera Guerra di Tunigi. Commentario da Giulio Cesare Ripa della Guerra de Tunigi*, Milano, Cotardo de Ponte, 1535.

RIPLEY, GEORGE, and DANA, CHARLES A.: *The American Cyclopædia, &c.*, New York, D. Appleton & Co., 1873-6. 8vo., 16 vols., and 1 vol. Index, 1878. Contains arts. on Carthage, 8 cols., with an illustration, &c.

RITTER, CARL: *Geschichte der Erdkunde und der Entdeckungen, &c.*, Berlin, Georg Reimer, 1861. 8vo., pp. vi. and 265, with portrait of the author. 19 pages are devoted to the Carthaginians.

—— *Géographie générale comparée, ou Étude de la Terre, &c.*, traduit de l'Allemand par E. Buret et Edouard Desor, Paris, Paulin, 1835. 8vo., 3 vols. Tunis, Carthage, &c., occupy pp. 197 to 209 of vol. iii.

—— *Die Erdkunde im Verhältniss zur Natur und zur Geschichte des Menschen, &c.*, Berlin, G. Reimer, 1822-1859. 8vo. Tunis and Carthage are described in part i., book i., pp. 914 to 922. See also LELEWELA.

RIVE, A. C. DE LA. See CLARIN DE LA RIVE.

RIVIÈRE, AMÉDÉE: *La Tunisie, Géographie, Evénements de 1881, Organisation politique et administrative, Organisation judiciaire, Instruction publique, Finances, Armée, Commerce, Industrie, Travaux publics, Système monétaire, &c. Préface par Albert Mailhe*, Paris, Challamel, 1887. 8vo., pp. x. and 145.

RIVIÈRE, M. A. et CH.: *Les Bambous, l'égétation, Culture, Multiplication en Europe, en Algérie et généralement dans tout le bassin méditerranéen, nord de l'Afrique, Maroc, Tunisie, Égypte,* Paris. 8vo., nombreuses figures.

ROBERTSON, Dr. WILLIAM, D.D.: *The History of the Reign of the Emperor Charles V.,* London, 1817. 2 vols. 8vo.

Pp. 49-58, vol. ii., give an account of the origin of Turkish domination in North Africa, and of the expedition of Charles against Tunis.

ROBIANO, Abbé et Comte L. M. F. DE: *Études sur l'Écriture, &c.,* Paris, 1834. 4to. At the end of the vol. is an *Essai sur la Langue punique.*

ROBINET, J. F. E.: *La Politique positive et la Question tunisienne,* Paris, 1881. 8vo., pp. 32.

ROCHAS, AIMÉ: *Excursion à Carthage et à l'amphithéâtre d'El-Djem,* art. in 'Revue Archéologique,' ix., 87.

ROCHELLE, R. DE. See ROUX DE ROCHELLE.

ROCOLES, J. B., DE. See DAVITY.

ROHLFS, GERHARD: *Neue Beiträge zur Entdeckung und Erforschung Afrika's,* Cassel, T. Fischer, 1881. 8vo.

Contains very little about Tunisia, being chiefly devoted to the Sahara and inland sea. There is a long chapter on Halfa, or Esparto Grass.

—— *Philippeville, Bona und Tunis,* art. in 'Das Ausland,' 1869, No. 1, pp. 6-19; No. 2, pp. 32-5.

—— *Liegt ein Grund vor, die Städtebevölkerung von Marokko, Algerien, Tunisien, und Tripolitanien als eine besondere zu betrachten und zu benennen.* 'Ausland,' 1882, No. 16, pp. 301-7.

ROLAND DE BUSSY, TH.: *Petit dictionnaire français-arabe et arabe-français,* 1870. 18mo.

ROLLAND: *La Mer saharienne,* art. in 'Revue Scientifique,' Dec. 6, 1884.

ROLLIN, CHARLES: *Histoire ancienne des Égyptiens, des Carthaginois, &c.,* Paris, 1730, &c. 12mo., 14 vols., with atlas 4to. Numerous editions.

—— *Ancient History of the Carthaginians,* London, 1881-82. 8vo.

ROSNY, LÉON DE: *La Constitution de Tunis et sa nouvelle promulgation,* art. in 'Revue Orientale et Américaine,' 1860, v., 285 and 321.

The Constitution, of which this is a translation, with an historical preamble was elaborated in 1858 and promulgated in 1860. Issued also in separate form.

ROSSI, DE: *De Christianis titulis Carthaginiensibus,* Paris, 1858. 4to.

—— *Secchia di piombo trovata nella Reggenza di Tunisia,* art. in 'Bollettino d'Architectura Cristiana,' Roma, 1867, p. 77.

—— *Mémoires sur un vase de plomb trouvé dans la Régence de Tunis,* traduit de l'Italien par A. Campion, Caen, 1869. 8vo., pp. 37, illustrated. Extracted from 'Bulletin Monumental,' published at Caen.

ROUDAIRE, Commandant, E.: *Nivellement en Tunisie. Rapport à la Soc. de Géographie,* arts. in 'Explorateur,' No. 73, p. 655; 'L'Ann. Géogr.,' 2ᵉ sér., t. i., p. 55, 1876.

—— *Rapport à M. le Ministre de l'Instruction publique sur la Mission des Chotes,* Paris, 1877. 8vo., with a map.

—— *La Mission des Chotes et le Projet de Mer intérieure en Algérie,* art. in 'Exploration,' July 7, 1881.

—— *Rapport sur la dernière Expédition des Chotes,* Paris, 1881. 8vo., pp. 187.

—— *Extrait de la Mission de M. le Commandant Roudaire dans les Chotes tunisiens,* Paris, 1881. 8vo., pp. 79.

*Commission supérieure pour l'examen du projet de Mer intérieure dans le sud de l'Algérie et de la Tunisie,* Paris, Imp. Nationale, 1882. 4to., pp. 548, map.

ROUDAIRE, Commandant, E.: *La Mer intérieure africaine et l'ancienne Baie de Triton*, art. in 'Nouvelle Revue,' May 1, 1884. See also BERNARD GEORGES, DRU LÉON, and KIVA.

ROUIRE, Dr.: *L'Ancienne Mer intérieure d'Afrique*, art. in 'Nouvelle Revue,' July 15, 1883; there is an art. with same title in 'Revue Scientifique,' April 19, 1884.

—— *Le Littoral tunisien*, art. in 'Revue de Géographie,' Sept. 1883.

—— *Le Littoral de la Tunisie centrale; Voies et Communications du Sahel; la Mer intérieure d'Afrique*, Idem, January, 1884.

—— *L'Emplacement de la Mer intérieure d'Afrique*, art. in 'Bulletin de l'Académie des Inscriptions et Belles Lettres,' 1884.

—— *L'ancienne Mer intérieure africaine*, art. in 'Revue Scientifique,' 1884.

—— *La Mer intérieure africaine*, art. with 2 maps in 'Comptes rendus de l'Association Française pour l'Avancement des Sciences, Congrès de Blois,' 1884.

—— *La Découverte du Bassin hydrographique de la Tunisie centrale*, art. in 'Revue Critique d'Histoire et de Littérature,' April 25, 1887.

—— *La Découverte du Bassin hydrographique de la Tunisie centrale et l'Emplacement de l'ancien Lac Triton (ancienne mer intérieure d'Afrique)*. Avec 9 Cartes, Paris, Challamel aîné, 1887. 8vo., pp. xix. and 187.

ROULX, J. D. LE. See DELAVILLE LE ROULX.

ROUSSEAU, Baron ALPHONSE, Consul de France: *Voyage du Scheikh El-Fidjani dans la Régence de Tunis, pendant les années 706, 707 et 708 de l'hégire (1306 à 1308 de l'ère chrét.), traduit de l'arabe*, arts. in 'Journal Asiatique,' 1852, 1 série, xx.; et 1853, 5 série.

ROUSSEAU, Baron ALPHONSE: *Bibliothèque de Tunis, notice et catalogue*, art. in 'Revue Africaine,' vi., 222.

—— *Lettre sur une mosaïque trouvée à Carthage*, in 'Revue Archéologique,' vii., 260.

—— *Lettre sur la découverte d'une mosaïque à Oudnah*, Idem, 1846, p. 142, with plate.

—— *Excursion à Nebel, l'ancienne Neapolis*, art. in 'Revue Africaine,' 1858, xii., 391.

—— *Annales tunisiennes, ou aperçu historique sur la Régence de Tunis*, Alger, 1864. 8vo.
'Faire un précis historique des événements dont la Régence de Tunis a été le théâtre, puis raconter avec plus de détails les faits écoulés depuis l'expédition de Charles-Quint, en 1535, jusqu'à la prise d'Alger en 1830, tel est le but que s'est proposé M. Rousseau.'—BARON AUCAPITAINE (see that name),' Nouvelles Annales des Voyages,' 1865, ii., 93. M. A. Demarsy adds: 'La collection des textes des traités conclus entre les beys et les différents États de la Chrétienté complète cet ouvrage.'

—— *History of the Conquest of Tunis and of the Goletta by the Ottomans*, A.H. 981 (A.D. 1573). Translated from the French (of the late M. A. Rousseau) by J. T. Carletti. With a Portrait (of Selim II.), London, Trübner & Co., 1883. 8vo., pp. 40.

ROUX DE ROCHELLE: *Remarques sur un voyage de M. Brandin à Tunis, et sur les sages réformes commencées par S. A. Ahmet-Bey*, art. in 'Bulletin de la Société de Géographie,' 1847, 3 série, vii., 68. See also BRANDIN.

ROYAUMONT, B. DE: *La Tunisie par un Tunisien*, art. of 5 columns, signed 'B. de Royaumont,' in 'L'Expansion Coloniale,' with rough woodcuts and portrait of the Bey, Mohammed-es-Sadek.
The article is statistical, and unimportant.

ROYER DE PREBADÉ. See LAUGIER DE TASSY.

ROYSTON, PHILIP, Viscount, F.R.S. :
*An Account of the Earthquakes
which happened in Barbary, &c.*, in
'Phil. Trans.,' 1755. Abr. x., 663.

ROZIER, DU. See SAUVAGNER.

ROZOIR, CHARLES DU, et MUNK, S. :
*Carthage*, art. of 19 cols. in 'Diction-
naire de la Conversation,' M. W.
Duckett, Paris, Michel Lévy, 1852.

RUFIGNY, H. C. See CHEVALIER-
RUFIGNY.

RUFUS, RUTILIUS. See NEWTON.

RUINART, Dom : *Historia Persecutionis
Vandalicæ*, Paris, 1694. 8vo.

RUPHY, J. F. : *Dictionnaire abrégé
françois-arabe à l'usage de ceux
qui se destinent au Commerce du
Levant*, Paris, Imp. de la République, An x. [1802, V. St.]. 4to.,
pp. 227.

RUSSELL, Rev. MICHAEL, LL.D. :
*History and Present Condition of
the Barbary States, &c., with a map
and eleven engravings*, Edinburgh,
Oliver & Boyd, 1835. 8vo., pp. 453,
of which 52 pages are devoted to
*Tunis and its Dependencies.*

—— *Gemälde der Berberie, oder Geschichte und gegenwärtiger Zustand
der Staaten Tunis, &c., übersetst von
A. Diezmann*, with 1 map and illustrations, forms parts 5 and 6 of the
*Edinburger Cabinets-Bibliothek, &c.*,
Hartleben, Pesth, 1836-37. 8vo.

RUTILIUS, RUFUS. See NEWTON, T.

RUYTER, M. A. DE : *Journaal der
expeditie naar Tunis*, Amsterdam,
1662. 4to.

—— *Journaal van den manhaften tocht
op de Rovers van Barbaryen*, Amsterdam, H. Hendricksen, 1662. 4to.

RYNACKER : *Reis naar Africa, Tunis,
Algiers, &c.*, Haarlem, 1650. 4to.

SABATIER : *L'Ethnologie de l'Afrique
du nord*, art. in 'Revue d'Anthropologie,' July, 1884.

SABLON DE LA SALLE, M. M. V. G. :

*L'Avenir de la Tunisie*, Paris, 1870.
8vo., pp. 39.

SACY, Baron SYLVESTRE DE : *De
quelques monnaies arabes et des
monnaies de Tunis, d'Alger et du
Maroc*, Paris, 1797. 8vo. Extracted
from 'Magasin Encyclopédique,' 3
année, iii.

—— *Mémoire sur le traité fait entre
Philippe le Hardi et le roi de Tunis
en 1270, pour l'évacuation du territoire de Tunis par les Croisés*, Paris,
1825. 8vo., pp. 16. Extracted from
'Journal Asiatique,' and inserted in
'Mémoires de l'Académie des Inscriptions,' 1826, xix., 448.

The original document is preserved in
the national archives of Paris.

—— *Mémoires sur quelques monnaies
arabes en or des Almohades et des
Mérénites.* Extracted from 'Journal
des Savants,' 1837. See also HA-
MAKER.

SAFFAREL, PAUL: *La Mer intérieure
du Sahara*, Paris.

SAINT-CYR, R. DE. See RÉVÉRONI
DE SAINT-CYR.

ST. GERVAIS, DE, Consul de France à
Tunis: *Mémoires historiques qui con-
cernent le Gouvernement de l'ancien
et du nouveau Royaume de Tunis,
avec des Réflexions sur la Conduite
d'un Consul et un détail du Commerce*, Paris, 1736. 12mo., published
at Geneva, although the title-page
has Paris.

SAINT-LAGER, JUILLET: *La Régence
de Tunis, Géographie physique et
politique, Gouvernement, Administration, Finance, etc.* 1875. 8vo.

—— *Guide général du voyageur en
Algérie et en Tunisie*, 1873. 16mo.,
pp. 196, maps.

SAINT-MARC GIRARDIN : *De la Domination des Carthaginois et des Romains
en Afrique, comparée avec la Domination française*, art. in 'Revue des
Deux-Mondes,' May 1, 1841.

SAINT-MARC GIRARDIN : *L'Afrique sous St. Augustin*, 2 arts. in ' Revue des Deux Mondes,' 1842.

SAINT-MARTIN, J. A. : *Notices chronologiques, historiques, et généalogiques des principaux souverains de l'Asie et de l'Afrique septent.*, art. in 'Nouveau Journal Asiatique,' 1828.

SAINT-MARTIN, L. V. DE. See VIVIEN DE SAINT-MARTIN.

SAINT-MESMIN, E. M. DE. See MENU DE ST. MESMIN.

SAINT-PIERRE, P. DE. See PUGET DE SAINT-PIERRE.

SAINT-PRIX, JACQUES. See BERRIAT.

SAINT-SAUVEUR, G. See GRASSET ST.-SAUVEUR.

SAINTE MARIE, E. DE: *Mission à Carthage*, Paris, 1884. 8vo., pp. 234, illustré. Ouvr. publié sous les auspices du Ministère de l'Instruction Publique.

—— *Communications sur deux mille inscriptions puniques trouvées à Carthage*, art. in ' Bulletin de l'Académie des Inscriptions et Belles-Lettres,' 1873 to 1875.

—— *Note sur l'emplacement d'un édifice antique situé à Carthage contre le Forum et contre la Mer*, with a plan of Carthage, and designs of the building in question both ruined and restored, art. in 'Recueil de la Société Archéologique de Constantine,' 1875.

—— *Notice sur l'emplacement d'un édifice ancien à Carthage (Temple de Baal, Curie, Couvent de Salomon, Basilique restituée et divers Thermes) avec deux planches*, Constantine, 1875 8vo., pp. 11. Extracted from 'Recueil des Notices de la Soc. Archéologique du Dép. de Constantine,' xvii., 131.

—— *Les Ruines de Carthage, emplacement de la Chapelle de Saint Louis, Carthage punique, avec deux planches et une carte de la Tunisie*, art. in 'Explorateur,' Paris, 1876, 4to., iii., 60.

SAINTE MARIE, E. DE : *Notice sur L'tique*, art. in ' Bulletin de la Société de Numismatique,' Paris, 1875.

—— *La mission du Capitaine Roudaire* (see that name) *en Tunisie et la mer intérieure*, with maps, art. in 'Explorateur,' 1876, No. 59, p. 273.

—— *Essai sur l'histoire religieuse de la Tunisie*, art. in 'Missions Catholiques,' No. 387, p. 517.

—— *Bibliographie carthaginoise* (see p. 211 *ante*).

In the preface to his bibliography the author gives a sketch of the history of Carthage.

—— *La Tunisie chrétienne*, Lyon, l'itrat, 1878. 8vo., pp. 152, map.

SAINTE-MARIE, EVARISTE PRICOT DE, Chef d'Escadron d'État-major : *Antiquités de la Régence de Tunis*, comprising inscriptions found at El-Djem, art. in ' Bulletin de la Société de Géographie,' 1847, 3 série, viii.

—— *Lettre*, giving an account of an excursion to Cape Bon and to the town of Troglodytes, now called Grar-Mta-Dar-el-Amen, Idem, 3 série, ix.

SAKAKINI : *Extrait d'une Lettre de M. Sakakini sur les travaux de M. Hanegger dans la Régence de Tunis*, art. in 'Bulletin de la Société de Géographie,' 1835, 2 série, iii., 64.

M. A. Demarsy adds : ' M. Hanegger, professeur d'archéologie à Donaueschingen, s'etait alors rendu à Tunis depuis deux ans pour y rédiger une statistique générale de la regence, accompagnée de levés topographiques. . . . Les objets provenant de ces fouilles furent envoyes au British Museum.'

SALADIN, HENRI, Architecte diplômé du Gouvernement : *Description des antiquités de la Régence de Tunis, monuments antérieurs à la conquête arabe. Fascicule I. Rapport sur la mission faite en* 1882-83, *par M. Henri Saladin, architecte diplômé du Gouvernement.* Paris, Imp. Nat., 1886. 8vo., 365 fig. intercalées dans le texte, 6 pl. hors texte, et 2 phototypies. In course of publication. Noticed in ' Revue d'Histoire et de Littérature,' July 26, 1886. See also CAGNAT.

SALADIN, HUBERT : *Lettre sur la colonisation des possessions françaises dans le nord de l'Afrique,* Genève, 1837. 8vo.

SALES, J. B. C. I. DELISLE DE. See DELISLE DE SALES.

SALLE, M. M. V. G. S. DE LA. See SABLON DE LA SALLE.

SANDWICH, JOHN, Earl of : *Voyage round the Mediterranean in the years* 1738-9, London, 1799. 4to., pp. 539, with map and plates.

The only place in Africa at which he touched was the Kerkennah Islands.

SANDWITH, THOMAS BACKHOUSE, C.E., H.B.M. Consul at Tunis : *Report on the Trade and Commerce of Tunis for the year* 1885, in ' Commercial, No. 12 (1886) (Trade Reports),' part v., pp. 715 to 723.

—— *Report on the advantages which would accrue from direct steam communication with Tunis.* ' Foreign Office, Miscellaneous Series,' 1886, No. 25, pp. 3.

—— *Report on the Forests of Tunis.* Idem, 1887, No. 63, pp. 3, map.

—— *Report on the Tunisian Budget for the year* 1886-87. ' Foreign Office, Annual Series,' 1886, No. 64, pp. 3.

—— *Report for the year* 1886 *on the Trade of Tunis.* Idem, 1887, No. 206, pp. 8.

SANSON, NICOLAS, d'Abbeville : *Partie de la Coste de Barbarie en Afrique, où sont les Royaumes de Tunis et de Tripoli et pays circonvoisins, tirés de Sanuto,* Paris, 1655, See also SANUTO.

SANSON, NICOLAS, d'Abbeville : *L'Afrique en plusieurs Cartes et plusieurs Traités de Géographie et d'Histoire,* Paris, 1656. 4to., 18 coloured maps. Tunis is included.

SANTI, F. L. : *Memento Carthago, pensieri,* Milano, 1881. 8vo., pp. 105.

—— *Italia e Tunisi,* Milan, 1881. 8vo., pp. 105.

SANTIONI DE-SIO, F. See GALEOTTI.

SANUTO, M. LIVIO : *Geographia Distincta in xii. libri,* Vinegia, D. Zenaro, 1528. Fol., 12 maps. Description of Africa. See also SANSON.

SAULCY, L. F. J. C. DE. See CAIGNARD DE SAULCY.

SAUVAGNER, FR. CH., et DU ROZIER : *Abrégé de l'Histoire de Carthage,* Paris, 1843. 12mo.

SAVARY, FRANÇOIS. See BREVES.

SCHELSTRATE, E. A. : *Ecclesia Africana sub primate Carthaginiensi,* Parisiis, 1679. 4to. Also Paris, 1680, 4to. ; Anvers, 1680, 4to.

SCHILLING, M. M. See MACGILL.

SCHLOEZER, A. L. VON : *Summarische Geschichte von Nord-Africa, namentlich von Marocko, Algier, Tunis, und Tripoli,* Göttingen, 1773. 8vo.

SCHMIDT, J. See MASQUERAY.

SCHNEIDER, C. : *Von Algier nach Tunis und Constantine,* Dresden, 1872. 8vo., pp. 137.

SCHULZ, F. E. : *Sur le grand ouvrage historique et critique d'Ibn-Khaldoun, appelé Kitab-al-ibr we Diwan-ol-Moubteda wal Khaber,* Paris, 1826. 8vo., pp. 36. From 'Journal Asiatique.' See also IBN-KHALDOUN.

SCHWAB, MOÏSE : *Mémoire sur l'Ethnographie de la Tunisie,* Paris, 1868. 8vo., pp. 72. Extracted from 'Mémoires couronnés par la Société d'Ethnographie,' i.

SEARS, E. I. : *Phœnicians and their Civilisation,* art. in ' National Quarterly Review,' xv., i.

SÉDILLOT. See SIMON, E.

SENAC, Dr. See LEFÈVRE.

SÉRAN DE LA TOUR, Abbé: *Histoire de Scipion l'Africain . . , avec des observations du Chevalier de Folard sur la bataille de Zama*, Paris, Didot, 1738. 12mo.

—— *Histoire de Scipion l'Africain et d'Épaminondas, nouvelle édition*, Paris, 1752. 12mo.

—— *Parallèle de la conduite des Carthaginois à l'égard des Romains dans la seconde guerre punique, avec la conduite de l'Angleterre à l'égard de la France dans la guerre déclarée par les puissances en 1756*, Paris, 1757. 12mo.

SERRE, J. P. DE LA. See PUGET DE LA SERRE.

SEVESTRE, H.: *D'Alger à Tripoli; mission de l'aviso le 'Kléber,' mai et juin 1874*, art. in 'Rev. Mar. et Colon,' Dec., pp. 685-782.

'The *Kléber* had to visit the coral fisheries and to "show the flag" in Tunis and Tripoli.'—PLAYFAIR.

SHAW, THOMAS, D.D., F.R.S.: *Travels, or Observations relating to several parts of Barbary and the Levant*, Oxford, 1738-46. Fol., 2 vols. Other editions: London, 1757, 4to., with illustrations; Edinburgh, 1808, 8vo., 2 vols., with illustrations and life of the author; also in 'Pinkerton's Collection,' xv.; in 'Voyages and Travels,' xvii., xviii.; in 'The World Displayed, 1778,' xviii.; and in 'J. H. Moore's Collection,' ii. Translated into French:

—— *Voyages dans plusieurs provinces de la Barbarie, &c.*, La Haye, 1743, 4to., 2 vols., with map and illustrations; into German:

—— *Reisen in der Barbarey, &c.*, Leipzig, 1765, 4to.

'Dr. Shaw was chaplain to the Consulate at Algiers. This is one of the most valuable works ever written on North Africa.' See 'Quarterly Review,' vol. xcix., p. 331.

'In an Appendix he gives:—'Sylloge excerptorum ex veteribus Geographis Historicis, &c., or a collection of such extracts from the old Geographers, Historians, &c., as chiefly relate to that part of Africa or Barbary known by the name of the Kingdom of Algiers and Tunis, as follows:—Herodoti Histor., Libro iv., Lug. Bat., 1715. Scylacis Caryandensis Periplo, Oxon., 1698. Strabonis Rerum Geographicæ, Libris ii. and xvii., Amst., 1619. Cl. Ptolemæi Geographiæ, Libro iv. and viii., Amst., 1619. Pomponio Mela, De Situ Orbis, Iscæ Dumnon., 1711. C. Plinii Secundi Hist. Naturalis, Libro v., Par. 1685. J. Solini Polyhistore, Traj. ad Rhen., 1685. Antonio Aug. Itinerario, Lug. Bat., 1738. Æthici Cosmographia, Lug. Bat., 1696. J. Honorii Oratoris excerptis, ibid. Sexti Rufi Breviario Hist. Romanæ, Hanov., 1611. Pauli Orosii adversus Paganos Historia, Col., 1582. Martiani Minei Felicis Capellæ de Nuptiis Philosophiæ, Lib. vi., Bas., 1577. Isidori Hispalensis Originum, Lib. xiv., ibid. Collatione Carthaginensi, Notitia Episcoporum Africæ sub Hunerico, Concilio Carthaginensi sub Cypriano, &c.; sive Notitia omnium Episcopatuum Ecclesiæ Africanæ; quæ prædigitur S. Optuli de Schism. Donatistarum, Libris septem, opera et studio M. Lud. Ell. Du Pin, Antuer., 1702. Notitia utraque Dignitatum cum Orientis tum Occidentis, ultra Arcadii Honoriique tempora, Lugd. 1608. Ravenate anonymo, Amst., 1696. Tabula Peutingeriana, ex edit. G. Hornii, Amst., 1654. [This table, which is indispensable for students of the Ancient Geography of North Africa, has been reproduced in autograph from the original MS. in the Imperial Library at Vienna by E. Chambrier, "Commis auxiliaire au Sécretariat du Conseil de Gouvernement du Gouvernement Général de l'Algérie."]'—PLAYFAIR.

'D'une érudition très-variée, il (Shaw) a, pendant un séjour de douze années en Afrique, parcouru les Régences de Tunis et d'Alger. Dans son ouvrage, l'un des plus importants, sans contredit, que nous possédions sur ces deux contrées, il traite de la géographie, de l'histoire naturelle, du gouvernement et des mœurs des pays qu'il a visités, et il essaye, par des rapprochements quelquefois erronés, mais souvent aussi fort exacts, d'identifier les noms modernes avec les noms antiques.'—V. GUÉRIN, *Voyage*, i. p. xi.

An art. on Shaw from the pen of

M. Boucher de la Richarderie will be found in 'Bibliothèque de Voyages,' iv., 18 to 37.

SHAW, THOMAS, D.D., F.R.S.: *Geographical Description of the Kingdom of Tunis*, in 'Phil. Trans.,' 1729. Abr. vii., p. 364.

SHIPPEN, E., Med. Director, U.S.A.: *A Forgotten General*, art. in 'United Service Monthly Review,' Philadelphia, 1881. Vol. v., No. 1, pp. 2 to 21.

'Gives an account of the filibustering expedition of William Eaton, the well-known American 'General' in the Cyrenaica. He was named U.S. Consul at Tunis. After a short and troubled residence there he proceeded to Egypt, whence he marched with an ill-assorted and mutinous force to Derna, which he took, though he was speedily obliged to evacuate it.'—PLAYFAIR.

SIBOUR, l'Abbé, afterwards Archbishop of Paris: *Étude sur l'Afrique chrétienne. État de l'Afrique avant les Vandales*, Digne, 1844. 8vo.

—— *Lettres sur la translation à Hippone de la relique de Saint Augustin*, Paris, n. d. 8vo.

SIDI KHALIL: *Précis de jurisprudence musulmane suivant le rite Malekite*, Paris, 1857. 8vo., Arabic text.

'This rite is followed in nearly every part of Africa. The work in question was written by an Egyptian doctor in the fourteenth century.'—PLAYFAIR.

SIGONIUS, C. See SYLBURGIUS.

SILIUS ITALICUS, CAIUS: *Silii Italici Punicorum*, Roma, 1471. Fol. Several reprints.

—— *La Seconde Guerre punique*, pöeme traduit par Lefebvre de l'Illebrune, avec le texte latin*, Paris, 1781. 12mo., 3 vols.

—— *Les Puniques, traduction nouvelle par E.-F. Corpet et N.-A. Dubois*, Paris, 1837. 8vo., 2 vols., Latin 'en regard.'

There is a *Dissertation sur Silius Italicus* by Baron Chauduc de Crazannes, with a translation of some passages of his poem, in 'Mémoires de l'Athénée du Gers.'

SIMON, EUGÈNE: *Étude sur les Crustacés terrestres et fluviatiles recueillis en Tunisie en 1883, 1884 et 1885, par MM. A. Letourneux, M. Sédillot et Valery Mayet, membres de la Mission de l'Exploration scientifique de la Tunisie, par Eugène Simon, ancien Président des Sociétés entomologique et zoologique de France*, Paris, Imprimerie Nationale, 1885. 8vo., pp. 21, with illustrations in the text

—— *Étude sur les arachnides recueillis en Tunisie en 1883 et 1884* (as above), pp. 55.

SISSON, THIÉBAULT: *M. Emile Baswillwald, et les Monuments de Tunisie*, art. in 'Revue Alsacienne,' Dec. 1885.

SLANE, Baron de. See EL-BEKRI, IBN-HAUGAL, and IBN-KHALDOUN.

SMITH, PHILIP: *Carthago*, art. of 50 cols. with illustrations in 'Dictionary of Greek and Roman Geography,' W. Smith, LL.D. London, J. Murray, 1854.

Mr. Oscar Browning qualifies this art. as 'admirable.'

SMITH, R. BOSWORTH, M.A.: *Carthage and the Carthaginians*, London, Longmans, Green, & Co., 1879. 2nd edition, small 8vo., with maps and plans.

This is a standard work on the subject, carefully written and containing a mass of information little known to the student of Ancient History. No one should visit the site of Carthage without a previous acquaintance with this admirable book.

SMITH, Admiral Sir SIDNEY: *Mémoire sur la nécessité et les moyens de faire cesser les pirateries des États barbaresques. Reçu, considéré et adopté à Paris en septembre, à Turin le 14 octobre, 1814 ; à Vienne durant le Congrès*. See also 'Quart. Rev.,' xv., 139.

—— *Translation of Documents annexed to the Report of the President*

(*Sir Sidney Smith*) *of the Reunion of the Knights-Liberators of the White Slaves of Africa, assembled at Vienna on the 29th December,* 1814, Paris. 8vo., pp. 58.

SOMBRIM : *Notes sur la Tunisie, Souse et le Kef,* art. in 'Bulletin Société Géog.' Constantine, 1878, No. 10, 212-216.

SPANTIGATI, F.   See GALEOTTI.

SPRATT, Lieut., R.N.: *Remarks on the Lakes of Benzerta,* in 'Journal of the Geographical Society,' 1846, xvi., p. 251. Analysed in 'Bulletin de la Société de Géographie' of Paris, 1847, 3 série, vii.

STAFFORD, WILLIAM COOKE: *The World as it is, a new and comprehensive system of Modern Geography,* London, P. Jackson, (1853). 4to., double cols., 3 vols., maps, portraits, and views.

A short account of Tunis will be found in vol. iii. chap. 2, with engravings of Tunis and Carthage.

STANLEY, EDWARD: *Observations on the City of Tunis and the adjacent country, with a View of Cape Carthage, Tunis Bay, and the Goletta,* London, 1786. 8vo.

STEIN, H.: *Un Dessein français sur Alger et Tunis sous Louis XIII.,* art. in 'Revue de Géographie,' January, 1883.

STENNING, RALLI : *Tunis,* 3 arts. in 'Good Words,' London, Isbister & Co., vol. for 1881, p. 384 et seq., numerous illustrations.

STRABO: *Strabonis Rerum Geographicarum Libri xvii., cum notis Casauboni et aliorum, &c. Græc. et Lat.,* Amstelod., J. Wolters, 1707. 4to., 2 vols.

—— *Strabonis Rerum Geographicarum Libri xvii. Gr. et Lat. cum variorum Animadversionibus, Codicum MSS. Collationem, Annotationes et Tabulas geographicas adjecit T. Falconer ·*

*subjiciuntur Chrestomathiæ, Gr. et Lat.,* Oxon, 1807. Fol., 2 vols.

Literally translated into English by H. C. Hamilton and W. Falconer, with notes and index, 3 vols. of 'Bohn's Classical Library,' 1854-56-57. Into French by De La Porte, Du Theil, Coray, and Letronne, with notes and introduction by Grosselin, as :

STRABO: *Géographie de Strabon, traduite du Grec en Français,* Paris, Impé., An xiii.=1805-19. 4to., 5 vols. Carthage is described in vol. v., chapt. ii.

SUBTIL, E.: *Tripoli et Tunis. Considérations sur la possibilité d'une invasion des Turcs dans la Régence de Tunis par les frontières de Tripoli,* art. in 'Revue de l'Orient,' 1845, vii., 281.

SUMNER, CHARLES, LL.D.: *White Slavery in the Barbary States,* 1847. 8vo., published in the U. S. Also a new edition, in 12mo., same title, 1853.

SYLBURGIUS, F.: *Historiæ Romanæ Scriptores Latini,* Francofurti, 1588-1590. 4to., 2 vols.

A chronological history based on the writings of Latin authors. An account of the rise of Carthage and of the first Punic war, by L. Florus. Subjugation of Carthage in the Commentaries of Car. Sigonius, vol. i.

TARDIEU, AMBROISE, Historiographe de l'Auvergne : *Voyage archéologique en Italie et en Tunisie, &c. (avec vingt-cinq vues de villes et de monuments, dessins d'antiquités),* Chez l'Auteur, A. Herment (Puy-de-Dôme) MDCCCLXXXV. 4to., pp. 27, privately printed.

M. Tardieu was secretary of the expedition sent by Napoleon III. under the direction of the Comte d'Hérisson to explore Utica. Of these explorations he gives a short but interesting account, together with several 'photogravures' in the text of the objects discovered. Noticed in 'Il Bibliofilo,' June, 1885. See also HÉRISSON.

TARMINI, ALMERTÉ : *Voyage de S. M. la Reine d'Angleterre et de Baron Pergami (Bergami), en Allemagne, en Italie, en Grèce, et à Tunis, de* 1816 à 1820, Paris, 1820. 8vo. The author was attaché to the queen during her journeys.

TASSY, L. DE. See LAUGIER DE TASSY.

TAUXIER, H. : *Ethnographie de l'Afrique septentrionale au temps de Mahomet*, in 'Rev. Afr.,' 1863, vii., 453.

TCHIHATCHEFF, P. DE : *Espagne, Algérie et Tunisie. Lettres à M. Michel Chevalier*, Paris, Challamel, 1880. 8vo., pp. 596, map. There is a German translation, Leipzig, 1880. Noticed by M. R. Radau in ' Revue des Deux Mondes,' Oct. 1, 1880.

TEMPLE, Lieut.-Col. Sir GRENVILLE : *Excursions in the Mediterranean, Algiers and Tunis*, London, 1835. 8vo., 2 vols. Analysed in ' Nouvelles Annales des Voyages,' lxvii.

' An admirable and scholarly account of his journeyings in the two countries during 1832-33. The original drawings made during his expedition are numerous and of great interest. One of them was published in the work above quoted, and thirteen others in "The Shores and Islands of the Mediterranean," Rev. G. N. Wright. London, Fisher & Son, 1839. 4to. The originals are in the possession of Sir Lambert Playfair.'—PLAYFAIR.

V. Guérin remarks : ' Cet ouvrage est, avec celui de Shaw, le plus savant et le plus exact que nous ayons sur cette matière.'— *Voyage*, i., p. xii.
' Renferme des détails utiles à consulter sur l'amphithéâtre de Thysdrus.' —A. DEMARSY.

—— *On Phœnician Inscriptions, in a Letter addressed to the Royal Asiatic Society, with a Translation of the same by Sir William Betham*, London, 1834. 8vo., 2 plates.

TEMPLE, Lieut.-Col. Sir GRENVILLE, et Le Chev¹ʳ. FALBE : *Relation d'une Excursion de Bône à Guelma et à Constantine, &c. Accompagné d'un recueil d'inscriptions et de quatre planches représentant des monu-*

*ments antiques, des mosaïques et des peintures à fresque découverts à Carthage*, Paris, 1838. Published by Dureau de la Malle in ' Excursions dans l'Afrique Septentrionale par les Délégués de la Société établie à Paris pour l'Exploration de Carthage.' See also CHAUX, DUREAU DE LA MALLE, and FALBE.

TENANT DE LA TOUR, L. A.: *Voyage de S. A. le duc de Montpensier à Tunis, en Égypte, en Turquie et en Grèce*, Paris, 1847. 8vo., with an Album designed by Sinety.

TESTA. At p. 9 of his 'Essai de Bibliographie ' M. A. Demarsy notes :

' M. le baron de Testa a publié dans le *Recueil des traités de la Porte ottomane avec les puissances étrangères* (Bibliothèque diplomatique, Paris, 1864) une collection des traités de la France avec les régences de Tunis et de Tripoli depuis 1604 (appendice du tome 1ᵉʳ, pag. 320). Il doit dans les autres volumes de cette collection donner l'analyse des traités des autres puissances avec ces régences.'

THOU, J. A. DE : *History of his own time. Translated from the Geneva edition of* 1620 *by Bernard Wilson, A.M.*, London, 1729. Folio, 2 vols., pp. 699 and 568.

Written originally in Latin : *Historia sui temporis, &c.* Books vii. and xx. give an account of the affairs of Africa—Fez, Morocco, Tremezen, and Tunis, and descent of the Turks on Africa, at Tripoli, in the 53rd year of that century (sixteenth).

TIRASEL, Dr. See REBATEL.

TISSOT, CHARLES, ancien Ambassadeur, Membre de l'Institut : *La Tunisie*, art. in ' Revue Africaine,' 1866, No. 58.

—— *Des Routes romaines du sud de la Byzacène*, Idem, i., 184.

—— *Archéologie tunisienne*, Idem, v., 286.

—— *Inscriptions de l'Amphithéâtre d'El-Djem*, Idem, 1856, with plate. These inscriptions had already been pointed out by Dr. Barth (see that name).

TISSOT, CHARLES : *Notice sur Thuburbo Majus*, Idem, i., 424.

—— *La voie romaine de Carthage à Theveste*, art. in 'Comptes rendus des Séances de l'Académie des Inscriptions et Belles-Lettres,' 1879, vii.

—— *Exploration scientifique de la Tunisie*, Paris, 1884. 4to., pp. viii. and 697, in course of publication, one volume only having as yet appeared. Noticed in 'Le Livre,' February, 1885, p. 74.

—— *Sur une Inscription du VII^e siècle récemment trouvée à Carthage*, art. in 'Revue Archéologique,' July, 1880.

—— *Rapport sur les Missions archéologiques en Afrique*, art. in 'Bulletin de l'Académie des Inscriptions et Belles-Lettres,' 1884.

—— *Géographie comparée de la Province romaine d'Afrique*, art. in 'Revue Critique d'Histoire et de Littérature,' Nov. 10, 1884.

—— *Quatrième Rapport sur les Missions archéologiques en Afrique*, in 'Archives des Missions Scientifiques et Littéraires,' 1885, xi., 254 to 269, with plate of Inscription of Makter. See also vol. x.

—— *Le Bassin du Bagrada et la Voie romaine de Carthage à Hippone par Bulla Regia*, Paris, Imp. Nat., 1881. 4to., pp. 116, maps, plans. Extracted from the 'Mémoires présentés par divers savants à l'Académie des Inscriptions et Belles-Lettres.'

'This treatise, like its predecessor, *Mauritanie Tingitaine*, is a combination of historical geography and archæology. It contains the results of the author's rapid exploration of the valley of the Medjerda, along which the line is to run that is to unite Tunis with the Algerian railway system, now in course of construction, and of which the necessary engineering operations are destroying the last vestiges of many Roman cities. M. Tissot has succeeded in fixing certain positions hitherto unknown, and in preserving memorials of various monuments of which all traces would soon have been lost. There are two maps of the Medjerda and plans of the ruins of Bulla Regia (Hamman Darradji) and Utica, with coloured views of Simittu and Trajan's bridge there, Bulla Regia, Tiberius' bridge, and Vespasian's camp between Picus and Vicus Augusti.'—*Extr. from 'Catalogue of Royal Geogr. Soc.'*

TISSOT, JACQUES: *La Tunisie*, art. in 'La France Coloniale,' par A. Rambaud, Paris, A. Colin et C^e, 1886. 8vo., 12 maps.

TOLLOT, JEAN BAPTISTE: *Voyage fait au Levant, ès années 1731 et 1732, contenant la description d'Alger, Tunis, Tripoli, Alexandrie, Terre-Sainte, etc.*, Paris, 1742. 12mo., pp. vi. and 354.

TORRES, ANTONIO DE: *Letteratura dei Numidi, Memoria dell' Abb. A. de Torres*, Venezia, 1789. 4to.

The Jesuit, A. de Torres, traces the origin of the Numidians, and gives a genealogy of the principal rulers, notes many indications of culture among those people, their literature up to the first century, their connexion with the Carthaginians, and adds a general biography of the principal literary men and philosophers whom that country produced.

TOUR, A. L. T. DE LA. See TENANT DE LA TOUR.

TOURNAFOND: *La Régence de Tunis*, art. in 'Exploration,' April 21, 1881.

—— *L'Ile Tabarka*, Idem, April 28, 1881.

TRÉMAUX, PIERRE: *Voyage au Soudan oriental, &c., exécuté de 1847 à 1854, comprenant une exploration dans l'Algérie, la Régence de Tunis, &c., avec un atlas de vues pittoresques, scènes de mœurs, types de végétaux, &c.*, Paris, 1852, &c. 8vo., with maps and 61 plates. Also Paris, 1863–64. 8vo., 3 vols., with atlas of 61 plates.

—— *Parallèles des édifices anciens et modernes du continent africain, dessinés et relevés, de 1847 à 1854, dans l'Algérie, les Régences de Tunis et de Tripoli, &c.*, Paris, 1858.

In-f° en livraisons, avec 89 pl. en noir et en couleur.

TRISTRAM, Rev. H. B., subsequently Canon : *The Great Sahara : Wandering south of the Atlas Mountains,* London, 1860. 8vo., pp. 435.

An interesting record of travel in a region then little known ; not without historical errors. The appendices contain physical geography, geological system, history, mammals, birds, reptiles, mollusca.—PLAYFAIR.

—— *On the Ornithology of Northern Africa, The Ibis.* 1860, pp. 74. See also GÜNTHER.

TULIN, CHARLES, Swedish Consul at Tunis : *Le Royaume tunisien et les représentants des puissances étrangères à Tunis,* 1864.

TURNER, Rev. J. M.: *Carthage,* art. of 38 cols. in 'David Brewster's Edinburgh Encyclopædia,' Edinburgh, W. Blackwood, 1830.

URVILLE, J. D. D'. See DUMONT D'URVILLE.

VALBERT, G.: *Les Origines du Protectorat en Tunisie,* art. in 'Revue des Deux Mondes,' Nov. 1, 1886.

VARIOT, M.: *L'Hôpital arabe de Tunis,* art. in 'Revue Scientifique,' 1881.

VAUDONCOURT, G. DE: *Annibal,* art. of 3 cols. in 'Dictionnaire de la Conversation,' M. W. Duckett, Paris, Michel Levy, 1852.

VAYNES VAN BRAKEL, H. J. L. T. DE : *Zestien Zeereizen,* Amsterdam, 1870. 8vo. Hoofst. xi. en xxvi. Tunis, Algiers en Alexandrië.

VÉLAIN, M.: *L'Algérie dans le pays des Kroumirs,* with a view of the island Tabarca and Fort Djedid, art. in 'Revue Scientifique,' 1881.

VENOSTA, F. : *I Francesi a Tunisi,* Milano, 1881. 8vo., pp. 127.

VENTURE DE PARADIS. See PARADIS.

VERCOUTRE, Dr. : *Sur la céramique romaine de Sousse,* pp. 12, art. in 'Revue Archéologique de Constantine,' 1884, 3 série, iii.

VERGERS, NOËL DES. See IBN-KHALDOUN.

VICTOR, Tunnunensis, Saint, Bishop of Vita or Utica : *Chronicon,* in Scaliger's 'Thesaurus Temporum,' and in 'Gallandi Bibl.,' pp. viii., 321, &c.

—— *The Memorable and Tragical History of the persecutions in Africke, under Genserieke and Hunericke, Arrian Kings of the Vandals,* London, 1605. 18mo.

—— *Historia persecutionis Africæ provinciæ, tempore Genserici et Hunerici regum Vandalorum,* 1874. 16mo. See Hurter (H. von), 'Sanctorum patrum opuscula selecta,' vol. xxii. 16mo.

—— *Vies de plusieurs Saints, &c., avec l'Histoire des Martyrs de l'Église d'Afrique, persécutée par les Vandales, trad. du latin de Saint Victor, Évêque d'Utique, par Robert Arnauld d'Andilly,* Paris, 1664.

VIDENS : *Les Français en Tunisie,* Londres, 1881. 8vo., pp. 19.

VIEUSSEUX : *I Barbareschi e i Christiani,* Ginevra, 1822. 8vo., pp. 64, of which 37 pages are notes.

Relates principally to the conduct of the Bey of Tunis since 1815. There is a 'contrefaçon' under the title of *Cenni Storici sui Barbareschi.*

VIGNON, LOUIS : *La France dans l'Afrique du nord. Algérie et Tunisie.* Paris, Guillaumin & Cie, 1887. 8vo., map. Noticed in 'Le Livre,' Sept., 1887.

VILLAIN, G. : *Étude sur l'Histoire de la Tunisie depuis la Conquête arabe,* art. in 'Bulletin de l'Association Scientifique de France,' 1882.

E

VILLOT, Commandant du 125ᵉ de ligne : *Description géographique de Tunis et de la Régence, avec notes historiques, ethnographiques, et archéologiques*, Paris, Challamel, 1881. 8vo., pp. 45, map.

—— *Mœurs, Coutumes et Institutions des Indigènes de l'Algérie*, Constantine, L. Arnolet, 1871. 8vo., pp. 438.
Many of the superstitions and customs described in this carefully compiled volume are also prevalent in Tunisia.

VILLOTTE, le Père JACQUE : *Voyage d'un Missionaire de la Compagnie de Jésus en Turquie, en Perse, en Arménie, en Arabie et en Barbarie*, Paris, 1730. 12mo., pp. 647.
'The writer finished his voyages by proceeding along the coast of Africa from the Syrtes to Bône, whence he proceeded to Marseilles.'—PLAYFAIR.

VINCHON, Baron de : *Histoire de l'Algérie et des autres états barbaresques*, Paris, 1839. 8vo.

VIRGIL : *Æneid*. In Book I. the foundation and building of Carthage are described, as well as the appearance of the city and the occupations of its inhabitants. See also MARTVN.

VISDELOU, C. See HERBELOT.

VIVIEN DE SAINT-MARTIN, LOUIS : *Le Nord de l'Afrique dans l'antiquité grecque et romaine*, Étude historique et géographique, Impr. Impériale, 1863. Large 8vo., pp. xix. and 519, 4 maps.

VOGEL, CH. : *Tunis*, art. of 8 cols. in 'Encyclopédie des Gens du Monde,' Paris, 1844.

VOISINS, Mme. de (PIERRE-CŒUR) : *Excursions d'une Française dans la Régence de Tunis*, Paris, M. Dreyfous, 1884. 8vo., pp. viii. and 273.

VOLTAIRE : *Essai sur les Mœurs*, chap. vi. and vii. Remarque ix.
—— *Fragmens sur l'Histoire*, art. xxvi.
—— *Dict. philosophique*, arts. 'Alcoran, Arabes, Mahométans.'

VRIES, S. DE. See DAN.

WAILLE, MARIAL, Rédacteur du 'Petit Algérien :' *La France d'Afrique et ses destinées*, Paris, A. Ghio, 1883. 8vo. Noticed in ' Le Livre,' January 1885, p. 27.

WALCKENAER, Baron : *Hannon*, art. of 4 cols., giving the various editions and translations of the *Periplus* in 'Encyclopédie des Gens du Monde,' Paris, 1840. See also HANNO.
—— *Barbarie*, excellent art. of 15 cols. Idem.

WALLACE, B. J. : *Carthage and Phœnicia*, art. in 'American Presbyterian Review,' x., 291.

WARR, Earl DE LA. See DE LA WARR.

WARTEGG, E. VON H. See HESSE-WARTEGG.

WATSON, C. : *The Hystories of . . . Polybius; discoursing of the betwixt the Romans and Carthaginenses, &c.,* London, 1568. 8vo. See also POLYBIUS.

WESTON, S. : *A Phœnician Coin*, art. in 'Archæologia,' xiv., 132.

WHEDON, D. A. : *Carthage and her Remains*, art. in 'Methodist Quarterly,' xxii., 429.

WILMANNS, GUSTAV : *Inscriptiones Africæ Latinæ*, ed. T. Mommsen, Berlin, 1863. 4to.
—— *Die Römische Lagerstadt Afrikas Commentationes philologæ*, Berlin, 1877. 4to.

WILSON, JAMES. See JAMESON.

WINDHAM, W. G. : *Up among the Arabs in 1860; or, Jottings in Algeria and Tunis, Descriptive and Sporting*, London, 1860. 12mo., pp. 96, with several poor illustrations.
' A work of no merit.'—PLAYFAIR.

WINGFIELD, Hon. LEWIS : *Under the Palms in Algeria and Tunis*. In 2 vols. London, Hurst and Blackett, 1868. 8vo. Two rough woodcut frontispieces and two title-vignettes.
The work is written more for amusement than instruction, and 'contains

a good deal of interesting reading.'—
*Saturday Review,* Sept. 12, 1868.

WINKLER, Lieut. A. : *Notes sur les
ruines de Bulla Regia,* with plan,
art. in ' Bulletin des Antiquités Africaines,' 1885, iii., 112.

—— *Description of the Ruins of Bulla
Regia,* art. in ' Revue Africaine,' No.
172, pp. 304 to 320.

WOLTERS : *Le lac Triton et la Mer
intérieure,* art. in ' Bulletin Soc.
Géog.' Constantine, 1883, No. 4,
82-112.

WOODBURY, A. : *Carthage and Tunis,*
art. in ' Christian Examiner,' lxxxvi.,
279.

WORTLEY MONTAGU, Lady MARY :
*Letters descriptive of her Travels,
&c.,* Edinburgh, 1865. 8vo.
A letter to the Abbé . . . . dated
Tunis, July 31, O.S. 1718, gives a short
description of Tunis and a visit to the
site of Carthage.

WRIGHT, JOHN, Chairman of the South-
Western Railway : *Project for Con-
structing Railways in Algeria, &c.,*
London, 1852. 8vo.

—— *Projet de Chemin de fer à établir
entre l'Algérie, l'Égypte et l'Inde,*
1854. 8vo.

YANOSKI, JEAN, Professeur d'Histoire
à Paris : *L'Afrique chrétienne et la
Domination des Vandales en Afrique,*
pp. 102, in ' L'Univers Pittoresque,'
Paris, 1844. See also DUREAU DE
LA MALLE.

YONGE, C. D. : *The History of the
British Navy from the earliest period
to the present time,* London, 1863.
8vo., 2 vols., pp. 716 and 800.
' At vol. i. p. 51, is an account of
Sir R. Mansel's war on Algiers in 1620–
21 ; at p. 76 a narration of Blake's
operations at Tunis and Algiers ; at
p. 83 Lord Sandwich's bombardment ;
and in vol. ii. p. 418, an account of Lord
Exmouth's battle in 1816.'—PLAYFAIR.

YVON-VILLARCEAU ET F. . : *Rapport sur les travaux géodésiques et
topographiques exécutés en Algérie
par M. Roudaire et sur un projet de
mer intérieure à exécuter au sud de
l'Algérie et de la Tunisie, présenté
par M. Roudaire* (see that name).
' Comptes rend. Acad. Sc.,' 7th,
12th, and 28th May, 1877.

ZACCONE, C., Capitaine détaché aux
affaires arabes : *Notes sur la Régence
de Tunis,* Paris, 1875. 8vo., map.

ZANDER, C. LUDWIG ENOCK : *Der
Heerzug Hannibals über die Alpen,*
Göttingen, 1828. 8vo., map.

ZIELINSKI, T. : *Die letzten Jahre des
zweiten Punischen Krieges,* Leipzig,
1880. 8vo., pp. 174.

ZITTEL, C. A. : *Ueber den geologischen
Bau der libyschen Wüste,* München,
1880. 4to., pp. 47.

ZOTEMBERG, HERMANN : *Inscription
phénicienne de Carthage,* art. in
' Revue Archéologique,' 1866.

# ANONYMOUS.

## CARTHAGE, UTICA, &c.

*Corpus Inscriptionum Semiticarum ab Academia Inscriptionum et Litterarum Humaniorum conditum atque digestum*, Parisiis, 1881. Fol. In the session of the 'Académie des Inscriptions et Belles-Lettres' of April 17, 1868, it was decided to undertake this publication, under the auspices of MM. Renan, Longpérier, Mohl, de Saulcy, de Rougé, de Slane, &c. Its object is to form a complete collection of Phœnician, Punic, and Neo-Punic inscriptions. It is still in progress.

*Bulletin de Correspondance africaine. Antiquités libyques, puniques, grecques et romaines (École Sup. des Lettres d'Alger)*, Alger, 8vo.
'The first number was published in Jan., 1882, by Emile Masqueray, "Le Directeur de l'École." '—PLAYFAIR.

*Exempla Scripturæ Epigraphicæ Latinæ a Cæsaris dictatoris morte ad ætatem Justiniani. Edidit Æmilius Hübner. Auctorium Corporis Inscriptionum Latinarum*. Berolini, 1885. 4to.
'This contains many inscriptions from various parts of Algeria and Tunis.'—PLAYFAIR.

*L'Afrique septentrionale après le partage du monde romain en empire d'orient et empire d'occident.* l. c., p. 81. 1856.

*L'Afrique romaine*, art. in 'Revue des Questions Historiques.' July, 1881.

*Guerres puniques*, art. of 4 cols. in 'Encyclopédie des Gens du Monde.' Paris, 1844.

*Guerres puniques*, art. of 4 cols. in 'Dictionnaire Général de Biographie et d'Histoire,' par Ch. Dezobry et Th. Bachelet, Paris, Delagrave, 1883.

*Annibal*, art. of 6 cols. in 'Encyclopédie des Gens du Monde,' Paris, 1833.

*Autobiographie d'un laboureur tunisien* (époque romaine), art. in 'Magasin Pittoresque,' June 15, 1887.

*Excursions dans l'Afrique septentrionale, par les délégués de la Société établie à Paris pour l'exploration de Carthage: ouvrage accompagné d'inscriptions et de planches en noir et en couleur. Publié par la Société*, Paris, 1838. 8vo., pp. xx. + 108 + [35].

*Histoire ancienne des Egyptiens . . . des Carthaginois, avec Cartes, à l'usage des maisons d'éducation* (religieuses), Lyon, 1869. 18mo., pp. 232.

*Carthaginians and Phœnicians*, art. in 'Foreign Quarterly Review,' xiv., 197.

*History of the Carthaginians*, London, Religious Tract Society, 1840.

*Carthage and Tunis*, art. in 'Fraser's Magazine,' lxx., 109.

*The Parallel between England and Carthage, and between France and Rome, examined, by a Citizen of Dublin*, London, Murray, 1803. 8vo.

*Carthage and the Carthaginians*, art. in 'National Quarterly Review,' iii., 331.

*History of Carthage*, art. in 'Christian Remembrancer,' xix., 373.

*Recent Discoveries at Carthage*, art. in 'Dublin Review,' xlix., 383.

*Remains of Carthage*, art. in 'Black-wood's Magazine,' lxxxix., 149.

*Ruins of Carthage* (16 pp.), in 'Modern Traveller,' edited by Conder, London, J. Duncan, 1829. 30 vols., maps and illustrations.

*Les Ruines de Carthage d'après les écrivains musulmans*, art. in 'Magasin Pittoresque,' 1866.

*Les Comptoirs carthaginois des Syrtes*, art. in 'Instruction Publique,' April 18, 1885.

*Carthage*, art. of 31 cols. in 'Encyclopædia Perthensis,' Edinburgh, J. Brown, 1816.

*Carthage*, art. of 17 cols. in the 'London Encyclopædia,' London, Thos. Tegg, 1829.

*Carthage* and *Carthaginians*, arts. of 6 and 37 cols. in Dr. A. Rees's 'Cyclopædia,' London, Longman, 1819.

*Carthage*, art. of 8 cols. in the 'Penny Cyclopædia,' London, Charles Knight, 1836.

*Carthage*, art. of 47 cols. in Burrowes's 'Modern Encyclopædia.'

*Carthage*, art. of 13 cols. in 'The Oxford Encyclopædia,' Oxford, 1828.

*Carthage*, art. of 35 cols., with portrait of Hannibal, in 'Encyclopædia Londinensis,' by John Wilkes, London, 1810.

*Carthage*, art. of 2 cols. in 'Dictionnaire Général de Biographie et d'Histoire,' par Ch. Dezobry et Th. Bachelet, Paris, Delagrave, 1833.

*Carthage*, art. in 'Edinburgh Review,' cxiv., 65.

*Carthago*, art. of 18 pages in Pauly's 'Real-Encyclopädie,' Stuttgart, 1862.

*Carthage*, art. of 17 cols. in 'Grand Dictionnaire Universel,' par Pierre Larousse, Paris, 1867.

*Karthago*, art. of 4 cols. in Pierer's 'Universal-Conversations-Lexikon,' Oberhausen, 1877.

*Karthago*, art. of 8 cols. in Meyer's 'Konversations-Lexikon,' Leipzig, 1876.

*Karthago*, art. of 3 cols. in Brockhaus' 'Conversations-Lexikon,' Leipzig, 1885.

*The Ruins of Carthage*, notice with woodcut in 'Ill. London News, 1881, lxxviii., 488.

*Notice sur la construction et la dédicace de la Chapelle de St.-Louis, érigée par Louis-Philippe Ier, sur les ruines de l'ancienne Carthage, &c.*, Paris, 1841. 4to., illustrations and maps.

*La Chapelle Saint-Louis à Tunis*, Paris, 1874. 9 plates.

*Les Ruines d'Utique*, arts. in 'Dix-neuvième Siècle,' Oct. 30 and 31, 1881.

*Les Fouilles d'Utique*, art. in 'Revue Britannique,' October, 1881.

## BARBARY STATES, &c.

*Globus. Illustrirte Zeitschrift für Länder- und Völkerkunde*, &c., herausgegeben von (originally) Karl Andree, (now) Dr. Richard Kiepert, (published formerly at) Hildburghausen, (now) Braunschweig, F. Vieweg & Sohn. Vol. l. bears date 1862. 4to. Scattered through the 49 vols. of this excellent publication, still in progress, will be found arts.,

notices of books, and various notes concerning Tunisia.

*L'Afrique explorée et civilisée*, journal mensuel, fondé (en 1879) et dirigé par M. G. Maynier, parait le premier lundi de chaque mois, par livraisons in-8 de 20 à 30 p. chacune, avec cartes.

*Revue algérienne et tunisienne de législation et de jurisprudence publiée par l'école de droit d'Alger*, 1885.

*Grand Annuaire, industriel, adminis-
tratif, agricole et vinicole de l'Algérie et de la Tunisie*, Paris, 1886.
8vo., in progress.
*Annuaire algérien - tunisien. Ad-
ministration, bâtiments, travaux
publics, arts industriels, agriculture
et commerce*, Alger, 1886. 8vo.
*Turcici Imperii Status; accedit de
Regno Algeriano atque Tunetano
Commentarius*, Lugduni Batavorum,
Elzevir, 1634. 8vo.
*Schauplatz barbarischer Sclaverey oder
von Algier, Tripoli, Tunis und Sale*,
Hamburg, 1694. 8vo.
*État des Royaumes de Barbarie, Tri-
poly, Tunis et Alger, contenant
l'histoire naturelle et politique de
ces pays*, La Haye, 1704. Also
Rouen, 1703 and 1731. 12mo.
*A Complete History of the Pyratical
States of Barbary*, London, 1750.
8vo. Said to be based upon the
works of Laugier de Tassy and
Saint-Gervais (see those names).
Translated into German : *Die
Staaten der Seeräuber*, &c. Rostock, 1753. 8vo., with a map and
plan of Algiers. Also into Italian,
Venice, 1754.
*Histoire des États barbaresques qui
exercent la piraterie, contenant l'origine, les révolutions et l'état présent
des Royaumes d'Alger, de Tunis, de
Tripoli et du Maroc, avec leurs
forces, leurs revenus, leur politique
et leur commerce*, Paris, 1757. 12mo.
*Historical Memoirs of Barbary and
its Maritime Power, as connected
with the Plunder of the Seas; including a Sketch of Algiers, Tripoli,
and Tunis, an account of the various
attacks made upon them by several
States of Europe, considerations of
their present means of defence, and
the original treaties entered into
with them by K. Charles II.*, London, 1816.

*Statistisch-geographische Beschreibung
der Afrikanischen Seeräuber-Staaten
Algier, Tunis, Tripolis, und der
Reiche Fetz und Marocco, mit einer
kurzen Geschichte ihrer Entstehung
und der bisher von Europäischen
Mächten gegen sie unternommenen
Kriege, etc., aus besten Quellen*,
Stuttgart, J. F. Steinkopf, 1816. 8vo.,
2 parts, 1 map.
*Neue Beschreibung der barbarischen
Staaten Ma okko, Algier, Tunis und
Tripolis, mit 1 Karte und Ansichten
der 6 grossen Häfen der Seeräuber :
Tunis, Tanger, Oran, Tripolis, Anger
und Salee*, Leipzig, 1817. Fol.
*Rapports sur les recherches géogra-
phiques, historiques, archéologiques à
entreprendre dans l'Afrique septentrionale*. Paris, 1838. 4to., pp. 85.
*Résumé de l'histoire ancienne de
l'Algérie, de la Régence de Tunis et
du Maroc avant la conquête musulmane*, Paris, Impr. Imp. 1864. 12mo.,
(en français et en arabe).
*Die Wehrkraft des osmanischen Reiches
und seiner Vasallen-Staaten, Egypten, Tunis und Tripoli*, 1871. 8vo.
*Istoria degli stati di Algeri, Tunisi, Tri-
poli e Marocco. Trasportata fedel-
mente dalla lingua Inglese nell' Italiana*, in Londra, 1754. 12mo., pp. 376.
*État des places que les princes maho-
métans possèdent sur les côtes de
la mer Méditerranée*. MS., Supplément français, n" 19.
*Anzug etlicher Meilendischen und
Genuesischen frischen Schreiben der
kayserlichen und christlichen Armata Anzug und Kriegsrüstung in
Africa betreffend*, 1535. 4to.
*Das ist der erst Kriegszug und
wahrhaftige Geschicht so auf dem
Barbareyschen Kayserlichen Zug
gehandelt und geschehen ist*, Nürnberg, S. Hammer, 1536. 4to.
*Rerum a Carolo V. Cæsare Augusto
in Africa Gestarum Commentarii*

&c., Antverpiæ, apud J. Bellerum, 1555. 8vo.

*Relazione del Viaggio e della Presa di Bona en Berberia fatta delle Galere della Religione di S. Stefano il 16 Settembre, 1607, sotto il commando di Salvio Piccolomini,* Firenze, Martelli, 1607. 8vo.

*Famosa y admirable Relacion de la gran Victoria que el Señor Marques de Santa-Cruz a tenido contra las Galeras de Viserta y Argel,* Sevilla, Cabrera, 1624. Fol.

*Relacion Verdadera de la gran Victoria que el Sr. D. Antonio de Zúñiga y de la Cueua Marques de Flores de Avila del Consejo de Guerra de su Majestad, su Governador y Capitan General de Oran, Reinos de Tremecen y Túnez, tuvo con los Moros Venerajes distantes de Oran veinte y quatro leguas, a los 7 de Octobre de* 1632. Reprinted in 'Coleccion de Libros Españoles Raros et Curiosos,' Madrid, 1881. tomo 15.

*Relacion verdadera de la Presa que las Galeras de Venecia han alcançado de las de Tunez y Argel,* Madrid, J. Sanchez, 1638. 4to.

*A Relation of the whole proceedings concerning the Redemption of the Captives in Argier and Tunis,* London, 1647. 4to.

*Instructie van de Staten Generael voor I. B. van Mortaigne, consul op de kust van Barbaryen, en G. de Vianen, fiscaal over's lantsvloot naar Algiers en Tunis,* 1664. 4to.

*Remarques d'un voyageur sur la Hollande, l'Allemagne, l'Italie, l'Espagne, le Portugal, l'Afrique et quelques isles de la Méditerranée,* La Haye, 1728. 12mo. Tripoli, Tunis, Alger, Oran, Ceuta, Tanger, &c., are noticed.

*Reis naar Africa. Tunis en Algiers, beschreven door een liefhebber op de vloot derwaarts uit Holland gezonden om de Christen Slaven te verlossen in't Jaar* 1625, Hague, 1630. 4to.

*A Book of the Continuation of Foreign Passages. That is . . . from General Blake's Fleet.* 'The Turks in Algiers do consent to deliver all the English slaves, and desire a firm peace,' London, 1657. 4to., pp. 61.

'This pamphlet contains many interesting documents, amongst others an account of General Blake's "battering Tunnis" and "the submission of the Turks in Algiers."'—PLAYFAIR.

*Voyage dans les États barbaresques du Maroc, Alger, Tunis et Tripoly, ou Lettres d'un des Captifs qui viennent d'être rachetés, par MM les Chanoines réguliers de la Sainte-Trinité,* Paris, 1785. 12mo. Translated into German, Lubeck, 1780. 8vo. 'Un tissu d'absurdités,' Jean Gay, 'Bibliographie,' art. 483.

*Leaves from a Lady's Diary of her Travels in Barbary.* In two vols. London, H. Colburn, 1850. 8vo. The greater part of vol. ii. is occupied by descriptions of Carthage, and of Tunis, and its inhabitants.

*Blätter aus dem afrikanischen Reise-Tagebuch einer Dame.* Braunschweig, Vieweg und Sohn, 1849. 8vo. Two parts. i. Algerien. ii. Tunis.

*Reise eines französischen Offiziers nach Tunis, Tripolis, Algier, &c.* Mit 1 Karte. Forms Part ii. of Vol. vii. of Steger's 'Bibliothek älterer Reisen,' Leipzig, 1856

*Tunis and Algeria in* 1845, art. in 'Dublin University Magazine,' xxviii. 285.

*Tunis, Algeria, and Morocco,* art. in 'North British Review,' xlix., 141.

*American Diplomacy with the Barbary Powers; their piracies and aggressions,* 'American Whig Rev.,' 1851, vol. xiii., pp. 27 33.

*Les Colonies nécessaires : Tunisie, Tonkin, Madagascar, par un Marin,* Paris, P. Ollendorf, 1885. 12mo. Noticed in ' Le Livre,' October 1885, p. 527.

*Le Commerce de la Tunisie et de l'Algérie,* art. in ' Revue Géographique Internationale,' March, 1887.

*De l'urgence d'assimiler les produits tunisiens aux produits algériens à l'entrée en France,* art. in 'Économiste Français,' July 17, 1886.

*La Colonisation française et les voies ferrées dans l'Afrique du nord,* art. in 'Économiste Français,' March 8, 1884.

*La Tunisie et les chemins de fer algériens, avec une carte des chemins de fer algériens et tunisiens,* Paris, (1877). 8vo., pp. 31.

*Tunis and Egypt in Bankruptcy,* art. in 'Bankers' Magazine' (N. Y.), xxxiii., 513.

*Histoire des dernières révolutions du Royaume de Tunis et des mouvements du Royaume d'Alger,* Paris, 1689. 12mo. Reprinted, Paris, 1713. 12mo.

*La Curée de l'Afrique; la Dissémination des Propriétés, l'Alfa et l'Industrie française,* art. in ' Économiste Français,' February 28, 1885.

*La Curée de l'Afrique, la Responsabilité et la Solidarité,* Idem, March 7, 1885.

*L'Inondation du Sahara, la Mer algérienne, &c.,* art. in 'Revue Britannique,' Dec. 25, 1879.

*Mer intérieure. Rapport présenté au Président de la République par le Ministre des affaires étrangères sur les travaux de la commission instituée pour l'examen du projet de mer intérieure dans le sud de l'Algérie et de la Tunisie et sur les conclusions de cette commission,* 'Journ. Off.,' 4th August, 1882, pp. 4213-4216.

*Conseil de Guerre de la Province de Constantine. L'Affaire de l'Oued Mahouine,* Paris, 1870. Large 8vo., pp. 94. Massacre of a caravan composed of Hammams, a tribe of Tunisia.

*L'Avenir de la France dans l'Afrique du nord,* art. in 'Economiste Français,' July 2, 1887.

## TUNISIA.

*La Revue tunisienne, publication bimensuelle littéraire, artistique, historique et archéologique. Directeur-Administrateur-Gérant : M. Albert Duvau, Rédacteur-en-chef: M. Ferdinand Huard. Bureaux: Rue de Carthage,* 3, *à Tunis.* Started in 1886. In course of publication.

*Indicateur tunisien pour 1886, guide de l'administration, du commerce, de l'industrie et de l'agriculture. Annuaire de la Régence,* Tunis, 1886. 8vo.

*Società Lessicografica Tunisiana. Statuti. Cagliari,* (1871), pp. 8.

*Copie de Lettere mandate de Tunisi al molto magnifico messer Sebastiano Gandolfo, con il disegnio del paese di Tunisi,* 1536. 4to.

*La Régence de Tunis. Géographie physique et politique. Description générale, gouvernement, etc.,* Alger. 8vo.

*Tunis et son historien El-Kairouani, par un sous-lieutenant attaché aux affaires arabes.* Marseille, (1871). 8vo. pp. 39. See EL-RAÏNI.

*Tunis,* art. of 2 cols. in 'Encyclopédie de Diderot et D'Alembert,' 1765.

*Tunis,* art. of 4 cols. in 'Encyclopédie Méthodique,' Paris, Panckoucke, 1788.

*Tunis,* art. of 4 cols. in Dr. A. Rees's 'Cyclopædia,' London, Longman, 1819.

*Tunis,* pp. 20, *Tunis to Bizerta,* pp. 12, *Tunis to Jerba,* pp. 22, three arts. in 'Modern Traveller,' London, J. Duncan, 1829. 30 vols., maps and illustrations.

*Tunis,* art. of 19 cols. in 'Penny Cyclopædia,' London, Charles Knight, 1843.

*Une Promenade à Tunis en* 1842, *par le Capitaine * * *, un ancien officier suisse,* Paris, 1844. 8vo., pp. 225.

*La Tunisie,* art. in 'Revue de l'Orient,' 1847, 1 série, i., 1 to 19.

*La Regenza di Tunis nell'* 1869, Alger, 1870. 4to., pp. 68.

*La Régence de Tunis,* art. in 'Nouvelles Annales de Voyages de Malte-Brun,' 1870.

*Tunis,* and *Tunisie,* arts. of 3 and 6 cols. in 'Grand Dictionnaire par M. Pierre Larousse,' Paris, 1876.

*Tunis,* art. of 4 cols. in 'Meyer's Konversations - Lexikon,' Leipzig, 1878.

*L'Insigne de la Plume dans la Régence de Tunis,* art. in 'Magasin Pittoresque,' Oct. 1881.

*Tunis,* and *Tunisie,* arts. of 2 and 2½ cols. in 'Dictionnaire Général de Biographie et d'Histoire, par Ch. Dezobry et Th. Bachelet,' Paris, Delagrave, 1883.

*La Tunisie, ses progrès et son organisation,* art. in 'Économiste Français,' Dec. 20, 1884.

*Documents diplomatiques relatifs aux affaires de Tunisie, avec une Carte de la Régence,* Paris, Imp. Nationale, 1886. 4to., pp. 312.

*Tunis,* art. of 7 cols., with map, in

'Brockhaus' Conversations-Lexikon,' Leipzig, 1886.

*Tunis,* art. in 'Blackwood's Magazine,' cxxx., 128. Same art. in 'Living Age,' cl., 308.

*Letters from Tunis,* art. in 'Good Words,' iv., 699.

*Sketches of Tunis,* art. in 'Penny Magazine,' viii., 413.

*Sketches in Tunis,* arts. with woodcuts in 'Ill. London News,' 1882, lxxxi., 473 ; 1883, lxxxii., 231, 450.

*Tale of Tunis,* art. in 'Chambers' Journal,' lviii., 235.

*Il Maraviglioso honore fatto dal vicete e signori Napolitani al re de Tunisi per la sua venuta a Napoli,* &c., Venetia, 1534.

*Zweyrley newe Zeitung vom Bapst Clements Absterbung . . . und dem Königreych Tunisi,* (1534). 4to.

*Newe Zeytung von Kayserlicher Majestät Kriegsrüstung wider den Barbarossa gegen der Stadt Thunis, in Africa zu schicken, aus Neapolis und andern Orten geschrieben,* 1535. 4to. Without place of publication. Also Nürnberg, 1535.

*Verteutscht Schreiben v. Kayserlicher Majestät wunderbarlicher Eroberung der Königlichen Stadt Tunis, in Africa, den xxiii. July,* 1535, Nürnberg, 1535. 4to.

*Römischer Keyserlicher Maiestät Christenlichste Kriegs Rüstung wider die Unglaubigen . . . . in Africa und Eroberung des Ports zu Thunisie im Monat Junio, anno* 1535, *aus Teutschen, Italianischen und Frantzösichen Schriften.* 4to.

*Capitoli del apontamiento fatto tra Ceserea Maesta dello Imperatore e il Re de Tunisi,* 1535.

*Copia d'una Littera in la quale se contiene la Presa della Goletta, con tutte le sue particolarita,* (1535).

*S'ensuit la Coppie des Lettres envoitée par l'Impériale Majesté à monseig-*

neur de Linkerke, ambassadeur en
France, touchant la Prinse de la
Goulette et la Défaite de l'Exercite
de Barberousse, et Prinse de Tunis,
Imprimé à Anvers par Guillaume
Vostreman et Nicolas de Graue,
1535. 4to.

*Kurtze Verzeigniss wie Kayser Karl
der V. in Africa, dem König von
Tunis so von dem Barbarossen ver-
trieben mit Kriegsrüstung zu Hülfe
kompt und was sich zugetragen, etc.,*
1535. Fol., illustrations.

*Kayserlicher Majestät Eroberung des
Königreichs Tunisi,* Nürnberg, 1535.
4to.

*Wahrhaftige neue Zeitung des Kayser-
lichen Sigs zu Goletta und Thunis
geschehen,* 1535. 4to. With a woodcut on the title giving the plan of
Tunis.

*Vertragsartickel römischer Keis. Ma.
und des restituirten Königs von
Tunisi. Sampt irer Majestet An-
kunfft in Italien und ettlichen andern
frischen Zeytungen,* (1535). 4to.

*Sendtbrief so die R. K. und H. Ma-
jestat ihres erlangten Sygs gegen dem
Barbarossa im Königreich Thunis,
auss Africa zugeschrieben hat,* (1535).
8vo.

*La copia de la littera venuta da Tunesi
cò li ordini a provisione fatte dal
Barbarossa, in la prefata citta et la
gionta de la Maesta Cesarea con la
Preda fatta de la sua potentissima
Armata,* (1535). 4to.

*Newe Zeitung wie die Romisch Kay-
serlich Mayestät von Tunis, auss
Africa, in Messina und Napoles
ankommen, etc.* 1536.

*Diarium Expeditionis Tuniceæ a
Carlo V.,* 1535, suscepta, Joanne
Etrobio interprete, Lovanii, 1547.
4to.

*Relation de la Conquête de Tunis par
Charles-Quint,* art. in 'Archives du
Nord de la France,' &c. iv., 54 to 60.

*Traslado de la Capitulacion assentada
entre el poderoso Rey de Tunez,
Muley-Hamet, y el illustre y muy
magnifico señor D. Alonzo de la
Cueva y de Benavides, capitan ge-
neral, alcayde y gobernador de la
Goleta de Tunez por su Majestad.*
Baeça, 1551. 4to.

*Il vero Aviso della Presa di Tunesi,*
Roma, 1573. 4to.

*Ragguaglio del Acquisto de Tunisi ed
altere particolarità,* Roma, 1573.

*Il vero Ragguaglio della Presa di
Biserta con l'ultimo avviso del Suc-
ceso di Tunisi,* 1573.

*La Nouvelle Conqueste de Tunis et de
Biserte faite sur les Turcqs et Mores,
par le Seigneur don Jouan d'Austrie,
au mois d'Octobre dernier,* Paris,
J. Dallier, 1573. 8vo.

*Discorso della Goleta e del Forte di
Tunisi,* Macerata, S. Martellini,
1574. 4to.

*La Victoire obtenue par les Galions de
Malthe sur les Vaisseaux turcs de
Tunis, avec la prise d'un vaisseau
turc par les galères du même ordre,*
Paris, J. Jacquin, 1621. 8vo.

*Relazione della presa di due Bertoni
di Tunisia, fatta in Corsica, da
quattro Galere di Toscana quest'
anno,* 1617, li 23 di Nos., Florence (?),
1617. 4to.

*La Deffaicte de cinq cents hommes et
de quatre vaisseaux de guerre* (de
Tunis) *par le sieur de Beaulieu,
capitaine d'une des galères du roi,*
Paris, N. Alexandre, 1621. 8vo.

*Relazione del Viaggio e Pressa de due
Galere Tunesine, fatte dalle Galere
di Malta, al oltimo de 1628,* (1628).

*Relazione della Presa di due Galere
de guerra di Biserta, fatta il di
3 d'Ottobre, 1628, dalle Galere della
religione di S. Stephano,* Firenze,
1628. 4to.

*Relation véritable du Combat et Prise
de deux Galères du Roi de Tunis,*

*par les Gallions de Malthe, com-mandés par M. de Cremeaux,* Lyon, J. Roussin, 1629. 8vo. The same work, Paris, J. de Bordeaux, 1829.

*Voyage et Prise de quatre Gallions de Tunis,* Paris, 1629.

*Relation du voyage et prinse de quatre galions du Roy de Tunis en Barbarie, faite par les galères de Malte, &c. Traduit de l'Italien,* Paris, 1629. 4to.

*Traité de Paix entre le Roi, la Ville et le Royaume de Tunis, fait à la baie de la Goulette, le 28 juin, 1672, par le Marquis de Martel, &c.* 4to.

*Copie des articles conclus au nom de Sa Majesté Impériale et Catholique par les Commissaires impériaux avec la Régence de Tunis, à l'interven-tion et médiation des Commissaires ottomans sur la libre Naviga-tion, abstractivement de tout Com-merce, à Tunis le 23 Septembre,* 1725, Bruxelles, 1726.

*Relacion de la redempcion de cautivos . . . en la Ciudad de Tunez,* (1726). 4to.

*Traité de Paix entre Frédéric Roi de Danemark et Ali-pacha du Royaume de Tunis,* 8 déc. 1751. Published also in separate form in Danish and in German. Also to be found in the collections of Wenck, iii. 1.

*Treaty of Peace and Commerce between Great Britain and the State of Tunis,* concluded . . . January 22, 1762.

*Tratado de Paz . . . ajustado entre el Rey nuestro Señor y el Bey y la Re-gencia de Tunez, aceptado y firmado por S. M. el 19 Julio de 1791-1791.* 4to.

*L'Expédition de Tunisie,* art. in 'Revue Scientifique,' 1881.

*Conférence sur l'Expédition de Tunisie,* arts. in 'Bulletin de la Réunion des Officiers,' July 30, 1881 ; Dec. 22, 1883 ; Feb. 23, 1884.

*A propos de la Guerre d'Afrique,* art.

in 'Bulletin de la Réunion des Officiers,' Sept. 17, 1881.

*Caractères de la Guerre d'Afrique,* art. in ' Revue Scientifique,' Sept. 24, 1881.

*Itinéraires en Tunisie,* 1881-82, Paris, Ministère de la Guerre, 1882. 4to., maps.

*L'Expédition française en Tunisie,* art. in 'Spectateur Militaire,' January, 1883.

*The French Expedition to Tunis,* illus-trated notices in ' Ill. London News,' 1881, lxxviii., 445, 448, 449, 496, 512.

*The French in Tunis,* Ibid., 1881, lxxix., 92, 305, 352, 614.

*The War in Tunis, French Column on the march,* Idem, 1882, lxxx., 152.

*The French Expedition to Tunis,* illus-trated notices in 'Graphic,' 1881 xxiii., xxiv.

*The French Occupation of Tunis,* Idem, 1882, xxv.

*Mémoire sur la question des finances tunisiennes,* Florence, 1869. 4to.

*Mémoire portant plusieurs avertisse-ments présentez au roi par le capi-taine Foucques, &c., avec une de-scription des grandes cruautés et prise des chrestiens par les pyrates Turcs de la Ville de Thunes, &c.,* Paris, Guillaume Marretto, 1609. 8vo. Reprinted by the same pub-lisher in 1612.

*Relation véritable de tout ce qui s'est fait et passé dans l'accommodement de Tunis et de plusieurs esclaves catholiques, &c.* (le 17 juin-8 juillet, 1728), (Paris). 4to.

*Lettre d'un comédien à un de ses amis, touchant sa captivité et celle de vingt-six de ses camarades, chez les corsaires de Tunis, &c.,* Paris, 1741. 8vo.

*Relazione della Conversione alla Santa Fede del primogenito del Re di Tunisi, Mamet Celebi, vulgi detto D. Felippe Dai,* Roma, 1644. 4to. The same work, Firenze, 1644.

*Relazione della venuta alla Cristianita ed in Palermo di Mamet figliulo primogenito di Amat Dey, Re di Tunisi*, Palermo, 1646. 8vo.

*La Tunisie chrétienne*, Lyon, 1878. 8vo. Published by the 'Société des Missions Catholiques.'

*Des rapports de la Tunisie avec l'Europe, par un Cosmopolite*, Paris, 1865. 8vo.

*La Questione Tunisiana*, Firenze, 1868. 8vo.

*Tunisian Question, Duplicity or Diplomacy: the last phase of the Tunisian question*, London, 1881. 8vo., pp. 9.

*Le Protectorat de la France en Tunisie*, art. in 'Revue Britanique,' June, 1881.

*Tunis en France. Questions politiques contemporaines, par un Diplomate*, 1882. 8vo.

*La France en Tunisie*, art. in 'Revue des Deux Mondes,' Feb. 15, 1887.

*A Brief Remonstrance of Injuries and Indignities from the Dey of Tunis*, London, 1653.

*Le Bey de Tunis par D. et H.*, art. in 'Revue de l'Orient,' 1844, iv., 83

'Polémique à propos de diverses questions politiques.'—A. DEMARSY.

*Un nouveau danger de notre politique coloniale: les Intrigues à Tunis*, art. in 'Économiste Français,' July 11, 1885.

*Mémoire sur la question des finances tunisiennes*, Florence, 1869. 4to.

*Grandeur et Décadence de la Dette tunisienne,&c.*, Paris,(1871). 16mo., pp. 25.

*Loi sur la propriété foncière en Tunisie*, Tunis, 1885. 8vo. pp. 110. This is a new law, simplifying the termination of real property, based on the Australian 'Torrens Act.'

*Tunis and the Enfida Estate*, art. in 'All the Year Round,' xlvii., 5, 250.

*La Question de l'Eau en Tunisie*, Idem, 1882.

*Les Oasis tunisiennes*, art. in 'Nature,' March 27, 1886.

*L'Ile de Djerba*, art. in 'Exploration,' August 4, 1881.

*Observations on the City of Tunis*, London, 1786. 4to.

*Le nom punique d'Hadrumète*, art. in 'Revue critique d'Histoire et de Littérature,' April 26, 1880.

*Kairouan*, art. of 21 pp., with 15 illustrations, in 'Harper's Magazine,' May, 1884.

*The Holy City of Kairouan*, art. in 'All the Year Round,' xlvii., 277.

*Mosque of Okhba at Kairouan*, art. in 'American Architect,' x., 291.

*Découverte d'une nécropole chrétienne à Sfax*, art. in 'Bulletin de l'Académie des Inscriptions et Belles-Lettres,' January, 1887.

## MAPS.

THE BARBARY STATES.

*Carte de Peutinger*, made by Konrad Peutinger from an ancient map found at Spire in 1500, now in the library at Vienna. 1500

*Partie de la Coste de Barbarie, où sont les Royaumes de Tunis et Tripoli, par Sanson.* 1655

*Mapa general que comprehende los Reynos de Marruecos, Fez, Alger, y Tunez.* 1775

*Generalkarte der Königreiche Marokko, Fez, Algier und Tunis, nach den besten Karten und neuesten Nachrichten verfasst von Don Lopez y Vargas.* Massstab 1·2,800,000. Imp. Fol., Wien, 1789, F. A. Schraembl. 1789

*Karte von Algier, Tunis und Tripoli,*
*von Kr. Mannert.* Kupferstich und
color.   Roy. Fol., Nürnberg, 1799,
Schneider und Weigel.          1799
*Karte der Nordküste Afrikas, oder der*
*Staaten Morokko, Fez, Algier, Tu-*
*nis, Tripoli, und Aegypten, von J.*
*C. M. Reinecke.* Kpfrst. und color.
Imp. Fol., Weimar, 1802 (Landes-
Industrie - Comptoir) ;  also  1804.
Massstab 1·6,000,000.          1802-4
*Karte von Algier und Tunis mit der*
*südlichen Küste von Frankreich und*
*einem Plan von der Bay Algiers.*
Lithogr. von E. Zinck.  Gr. Fol.,
Offenbach, 1830, (Frankfurt, Schae-
fer).                            1830
*Carte de la Colonie française d'Alger,*
*de la Régence de Tunisie, &c.*   1836
*Carte comparée des Régences d'Alger*
*et de Tunisie.*                 1838
*Carte des Régences d'Alger, de Tunis,*
*et de Tripoli.*                  1840
*Carte des Côtes de Sicile et de la Ré-*
*gence de Tunis.*               1840-56
*Karte der Regentschafften Algier, Tunis,*
*und Tripolis.*                   1844
*Karte von Marocco, Algier, und Tunis,*
*nach der Carte de l'Algérie, dressée*
*au dépôt général de la guerre sous*
*la direction de M. le Lieut.-Général*
*Pelet und nach J. Arrowsmith von*
*Albr. Platt.*  Lith. und color.  Imp.
Fol., Magdeburg, 1846, Kaeglemann.
                                 1846
*Carte des Régences d'Alger, de Tunis,*
*et de Tripoli, avec l'Empire du*
*Maroc par Hérisson,* Paris, 1847, one
sheet.                           1847
*Côtes de Sicile et de la Régence de*
*Tunis.*                          1874
*Algérien und Tunisien . . .* Von H.
Kiepert.  Maasstäbe in 1·2,000,000.
                                 1881

TUNISIA, including CARTHAGE.

*Terra di Tunizi.*  [By] A[gostino]
V[eneziano], Florence (?.).       1535

*Carte de la Régence de Tunis, dressée*
*au dépôt général de la guerre, sous*
*la direction de M. le Lieut.-Gén.*
*Baron Pelet.*  Echelle, 1·400,000,
2 sheets, Paris.                  1842
*Carte de la Régence de Tunis,* gravée
sur pierre, au 400,000°, 1857.  2
feuilles.                         1857
*Carte de la Régence de Tunis,* du
dépôt de la guerre, publiée en 1843,
d'après les matériaux fournis par
MM. Falbe, capitaine de vaisseau
danois, et Pricot de Sainte-Marie,
capitaine français.              1843
*Carte de la Régence de Tunis, dressée*
*au Dépôt de la Guerre, d'après les*
*Observations . . . de M. Falbe,* capitaine de vaisseau danois, de M.
Pricot Ste Marie.  Echelle, 1·400,000,
2 sheets, Paris.               1857-82
*Carte de la Tunisie ancienne,* dressée
d'après les recherches de M. E. de
Sainte Marie, par Ph. Caillat.  Missions Catholiques, Lyon.         1876
*Carte de la Régence de Tunis, par*
*Peliissier,* membre de la Com-
mission scientifique de l'Algérie,
au 800,000°.
*Carte de la Tunisie, par M. Périer,* à
l'échelle de 1·200,000.
*Carte de la Régence de Tunis, dressée*
*. . . par H. Kiepert.*  Echelle de
1·800,000, Berlin.               1881
*Il vero disegno della città di Tunisi e*
*Biserta,* [Venice, 1571 (?)]     1571
*The Coast of Tunis from Africa City*
*to the Fratelli Rocks.* By Captain
W. H. Smyth, assisted by Messrs.
Elson and Slater (Admiralty Chart),
London.                          1827
*Côte de Tunis,* Paris.           1864
*Tunis: Soussa to Mehediah, with the*
*Kuriat Islands.*  Surveyed . . .
under the direction of Commander
G. R. Wilkinson, 1864 (Admiralty
Chart), London.                  1866
*Tunis: Fratelli Rocks to Mehediah ;*
*Cape Carthage to Mehediah.*  By Com-

mander Wilkinson and the Officers of H.M.S. *Firefly*, London. 1867

*Tunis: Mehediah to Ras Makhabez; Mehediah to Tafalmah.* By Commander Wilkinson and the Officers of H.M.S. *Firefly* (Admiralty Chart), London. 1867

*View of Cape Carthage, Tunis Bay, and the Goletta.* By E. Stanley (with Observations). 1786

*Plan des environs de Tunis et du mouillage de la Goulette.* Levé et dressé en 1849, par M. C. B-Rivière, Paris. 1850

*Piano del Golfo di Tunisi*, Genoa (?). 1855 (?)

*Carte générale de la mer Méditerranée*, 1re Feuille. Baie de Tunis. 1860

*Bay of Tunis surveyed* . . . . under the direction of Commander G. R. Wilkinson (Admiralty Chart), London. 1865

*Baie de Tunis.* Partie comprise entre le Cap Carthage et la Côte Sud, levée en 1876, Paris. 1878

*Environs de Tunis et de Carthage.* Levés exécutés par MM. les Capitaines Derrien, Koszutski . . . en 1878. Dépôt de la Guerre. Echelle de 1·40,000, Paris. 1883

*N.W. of the City and Lake of Tunis.* By C. Tulin, 1777; engraved by Green and Jukes. W. A. Barron. 1783

*Tunis Harbour.* By Captain W. H. Smyth, 1882 (Admiralty Chart), London. 1838

*Land- und Seekarte des Mittelländischen Meeres* . . . *Hafen von Tunis. Nach W. H. Smith* (sic), 1871

*Karte des Kriegsschauplatzes in Tunesien*, nach den Franz. Generalstabskarten bearbeitet. Maasstab 1·800,000. J. Wurster and Co., Zürich, Winterthur (printed). 1881.

*Carte des Itinéraires de la Régence de*

*Tunis*, au 1·400,000e, gravure sur pierre. 1882, 2 feuilles. 1882

*Carte de la Tunisie*, photozincographié et imprimé au Dépôt de la Guerre. Echelle 1·200000. Tirage Janvier, 1885. Édition provisoire. 18 feuilles. Paris.

*Carte des Itinéraires de la Tunisie*, au 800,000e, Paris, Challamel aîné, 1887, in 3 colours. 1887

*Carte de la Tunisie centrale, par Dr. Rouire.*

*Carte de la Région des Chotts, par M. Roudaire.*

*Carte de la Mer intérieure africaine, par M. Roudaire.*

*L'ultimo disegno dove si dimostra il vero sito di Tunisi et la Goletta*, con il novo forte hora dal esercito del Turco assediate dove si vede il modo che tengono nell' assedio quest' anno 1574, alli 14 d'Agosto, [Venice (?)]. 1574

*La vera descrittione del sito della Città de Tunisi et della Goletta*, sua fortezza, con il novo forte fatto dalli Turchi nell' assedie di essa mese d'Agosto, 1754, [Rome (?), 1600 (?)]. 1754

*Statt und Schloss von Tunis*, G. Bodenehr excudit. Aug[ustæ] Vind [elicorum, 1740 (?)]. 1740

*Thunes en Affricque*, [Venice, (?) 1536 (?)]. 1536

*Città di Tunisi.* . . . Ex æneis fortis B. Zaltezij, Venetiis. 1566

*Vue gravée de la ville de Tunis*, prise de la mer, 0·55 sur 0·40 c., vers 1572

*Vue gravée de la ville de Tunis*, prise de l'intérieur, 0·55 sur 0·40 c., vers 1572

*Thunis inn Africa.* Warhaffte unnd aigentliche Contrafactur der gewaltigen unnd Königlichenn Statt Thunÿss. [By] B. Jenichen, [Nuremberg]. 1573

*The City of Tunis.* [By J. Seller (?), London, 1680 (?)]. 1680

P. *Schenkii Hecatompolis. Tunis, &c.*
1702

*Karte der Umgegend von Tunis.*
Lithogr. Fol., Leipzig, 1832, W.
Vogel. 1832

*Pianta del nuovo forte di Tunesi.* [By
G. F. Camotti, Venice. 1571 (?)]

*A Plan of the Citadel of Tunis.* 1574

*Vue gravée de la ville d'Africa (olim
Aphrodisium)*, prise de l'intérieur,
0·55 sur 0·40 c., vers 1572

*Plan restauré de Carthage, par De-
dreux*, architecte, Paris. 1839

See also p. 4, *ante.*

VIEWS.

*Prise du Port, par Charles-Quint*, en
1535, G. Brun. 1535

*Reprise de Tunis aux Espagnols, par
Occhiali*, 1574. Fol., engraved by
Georges Bruin. 1574

*Tunis, par Merian.*

PICTURES.

*The Foundation of Carthage.* By
Turner.

*The Fall of Carthage.* By Turner.

*The Sack of Carthage.* By Giulio Ro-
mano, engraved by Penez.

# SECOND PART.

AA, PIERRE VAN DER : *La Galerie
agréable du Monde*, &c. Leide. No
date, Fol., 66 vols. In vol. xxvii.
will be found a short account of
Tunis, illustrated with two views of
the city and one double plate of
costumes and funeral customs.

ACKERMANN, HERMANN : *Untersu-
chung zur Geschichte der Barciden*,
&c. Rostock, C. Boldt, 1876. 8vo.

ADDISON, J.: *Cato*, Tragœdia, omissis
amatoriis scenis, latino carmine
versa, Londini, R. Balfe, 1764. 8vo.
pp. 4 and 167, English text 'en regard.' See also p. 7 ante, and the
following names : BOYER, CHERON,
CHEVILLY, CUPPIS, DAMPMARTIN,
DESCHAMPS, DU BOURG, GERÈS,
GOLT, GOTTSCHED, GUILLEMARD,
LA PLACE, MENNECHET, OZELL,
PANKOUCKE, RICCOBONI, SALVINI.

AFFOUX, JULES : *Histoires tunisiennes*,
précédées d'une lettre-préface par
R. BARLET, Paris, L. Vanier, 1887.
16mo.

ALIX, E. : *Notice sur les principaux
Animaux domestiques du littoral et
du sud de la Tunisie*, Paris, L. Baudouin, 1883. 16mo. Publication de
la réunion des officiers. See also
p. 7 ante.

ALY HAÏDER BEY, Attaché à l'Ambas-
sade impériale de Turquie : *Histoire
abrégée de Tunis* jusqu'à la conquête
des Turcs, Paris, Imp. de H. Plon,
1857. 8vo.

ANDERSON, ADAM : *An Historical
and Chronological Deduction of the
Origin of Commerce*. London, 1764.
2 vol., folio. 'This gives an account
of the establishment of Consuls, of
whom John Tipton of Algiers, Tunis,
and Tripoli, was one of the first ever
appointed.' Playfair.

ANGLEY, B., Vice Console alla Goletta :
*Statistica marittima e commerciale
del Porto della Goletta*, in ' Bollettino
Consolare,' 1874, vol. x., fas. x., p.
467.

ANTICHAN, P. H. : *Le Pays des Kroumirs*, Paris, Delagrave, 1883. 8vo.
Illustrated. See also p. 8 ante.

ARCHIBALD, C. D. : *Observations on
some ancient Pieces of Ordnance*, in
'Archæologia,' xxviii., 384, contains
notice of the Siege of Tunis in 1390.

ARMIEUX, DR. : *L'Inscription de Kas-
rine, en Tunisie*, Toulouse, A. Chauvin et fils (1883). 4to.

AUGÉ DE LASSUS, LUCIEN : *Chez le
Bey de Tunis*, Versailles, L. Bernard,
1881. 8vo. Illustrated.

AUGER, JACQUES : *La Mort de Caton,
ou l'illustre désespéré.* Tragédie,
Rouen et Paris, Cardin Besongne,
1648. 12mo., pp. 4 and 79, 5 acts,
verse, engraved title.

B., DOROTHEA : *Erinnerungen an
Gustav Nachtigal*, in 'Deutsche
Rundschau,' 1885, xlv. 51 to 58, 406
to 420, xlvi. 385 to 400, xlvii. 410 to

F

**433**, xlviii. 24 to 39. Contains letters, &c., from Tunis. See also NACHTIGAL.

BABELON, ERNEST, Bibliothécaire au département des médailles et antiques de la Bibliothèque nationale : *Manuel d'Archéologie orientale*, Paris, Quantin, 1889. 8vo., illustrated. Includes Phœnicia and Carthage.

BARABAN, LÉOPOLD : *A travers la Tunisie*, études sur les oasis, les dunes, les forêts, la flore et la géologie, Paris, J. Rothschild, 1887. 8vo.

BARRY, Lieutenant : *Renseignements sur le territoire entre Mateur et Béja*, in ' Bulletin Archéo. du Comité des Travaux Hist. et Scient.,' 1887, No. 4, pp. 481 to 495.

BARTHÉLEMY, Abbé : *Lettre à M. le Marquis Olivieri au sujet de quelques Monuments phéniciens*, Paris, 1766. 4to., with a plate.

BARTOLINI, ANTONIO : *Gl' Italiani all' espugnazione di Tunisi*, Racconto storico, Firenze, C. Ademollo e C., 1886. 8vo., pp. 217.

BARVILLE, LÉON DE LIVET, Marquis de, Inspecteur des Forêts en retraite : *La Tunisie*—ses Eaux et ses Forêts, Paris, Imp. Tolmer et Cie., 1880. 8vo., pp. ii. and 42.

BAYER, FRANCISCO PEREZ : *Del Alfabeto y Lengua de los Fenices y de sus colonias. Para ilustraçion de un lugar de Salustio, en que hablando de la Ciudad de Septis, dice :* ' *Eius civitatis lingua modo conversa connubis Numidarum.*' Iugurth. lxxvii. Printed at the end of ' La Conjuracion de Catilina y le Guerra de Jugurta [by el Infante D. Gabriel de Borbon] Madrid, Ibarra, 1772.' Fol., pp. 335 to 378, illustrated with numerous engravings of coins, &c.

BECKINGHAM, CHARLES : *Scipio Africanus*, a Tragedy, 1718. 12mo.

BELENET, Lieutenant : *Notes sur*

*l'Enfida et la Vallée de l'Oued Marouf*, in ' Bulletin Archéo. du Comité des Travaux Hist. et Scient.,' 1886, No. 2, pp. 196 to 214.

BELLOT DES MINIÈRES, Avocat : *Annibal*, Tragédie, Bordeaux, P. Coudert, 1832. 5 acts, verse.

BENAÏAD, le Général MAHMOUD : *Notice sur le Général Benaïad, sa famille et son administration à Tunis*, Paris, Imp. de Cosson, 1853. 8vo. Also Paris, Imp. de Dupont, 1875 and 1876. 8vo.

—— *Note réfutative du général Mahmoud Benaïad sur le mémoire lithographié des agents du gouvernement tunisien*, intitulé ' Réponse aux réclamations de M. Benaïad,' Paris, Imp. de C. Lahure, Septembre, 1854. Signed Le Général Mahmoud Benaïad, Paris, 20 Septembre, 1854. Pièces justicatives à la suite.

—— *Réplique à la note réfutative de M. Benaïad*, Paris, Imp. de N. Chaix et Cie. (1854). 4to.

—— *Extraits des Mémoires du général Benaïad relatifs au mandat au porteur de cinq millions sur la ferme des cuirs tunisien souscrit par le gouvernement tunisien et négocié à MM. Périer frères*, Paris, Imp. de C. Lahure, Septembre 1854. 4to.

—— *État des questions entre le général Benaïad et le gouvernement tunisien* après la note explicative en date du 12 Septembre 1854, et la note supplémentaire en date du 2 Novembre 1854, produites par les agents de ce gouvernement, Paris, Imp. de C. Lahure, Décembre 1854. 4to. Pièces justicatives à la suite.

—— *Réponse sur les réclamations de M. Benaïad contre le gouvernement tunisien*, Paris, Imp. de N. Chaix et Cie. (1855). 4to. La couverture imprimée sert de titre.

—— *Le Gouvernement tunisien et le général Mahmoud Benaïad, les questions de la commission et les réponses du général Mahmoud Benaïad*, Paris, H. Plon, 1855. 4to.

—— *Le gouvernement tunisien et le général Mahmoud Benaïad, Le dernier mot sur les comptes de blé du général Benaïad et le prétendu compte de Bahram*, Paris, H. Plon, 1855. 4to. Signed Le Général Mahmoud Benaïad, Paris le 29 Septembre 1855. Pièces justicatives à la suite.

—— *Index des pièces et mémoires contenus dans le volume relié et distribué au comité par le général Benaïad*, Paris, Imp. de Plon (1856). 4to.

—— *Réponse aux questions du grand conseil, touchant les répétitions exercées par le gouvernement de Tunis contre Mahmoud-ben-Aïad* (Paris), Litho. N. Chaix et Cie. (1856). 4to.

—— *Note du général Benaïad sur la sixième communication des agents tunisiens (Céréales)*, Paris, Imp. de H. Plon (1856). 4to.

—— *Le général Benaïad sur la onzième communication tunisienne (Teskérés de sortie d'huile)*, Paris, Imp. de H. Plon (1856). 4to. La couverture imprimée sert de titre.

—— *Explications du général Benaïad aux dernières questions du comité sur les réclamations personelles*, Paris, Imp. de H. Plon. 4to., no date (1856).

—— *Le gouvernement tunisien et le général Mahmoud Benaïad, La Banque, Émissions frauduleuses de billets au porteur par le Kasnadar (ministre des finances) causes véritables de la suspension des payements de la banque de Tunis*, Paris, Imp. de H. Plon (1856). 4to.

—— *Détail des pièces produites par M. Benaïad et communiquées au général Khérédine par la sous-direction des contentieux le 26 novembre 1855, Mars 1856*, Paris Imp. de

N. Chaix et Cie. (1856). 4to. La couverture imprimée sert de titre.

—— *État des pièces justicatives classées par chapitres avec les explications qui en déterminent la signification et la valeur*, Paris, Imp. de N. Chaix & Cie. (1855). 4to. Signed Le Général Khérédine, 10 Octobre 1855. Concerns the affair Benaïad.

—— *Observations du général Khérédine sur les pièces présentées par M. Benaïad à l'appui de ses réclamations*, Paris, Imp. de N. Chaix et Cie. 4to., no date, la dernière date mentionnée est du 27 mai 1856.

—— *Réfutations des allégations contenues aux pages 33, 34, 35, 36, 37, 38, 39 et 40 d'un des mémoires du général Kereddin*, communiquées au général Benaïad par le sous-directeur du contentieux, selon sa lettre du 12 juin 1856, Paris, Imp. de H. Plon (1856). 4to. La couverture imprimée sert de titre.

—— *Réponse du général Khérédine aux observations de M. Benaïad sur la onzième communication tunisienne (Teskérés de sortie d'huile).* [15 juillet 1856], Paris, Imp. de N. Chaix & Cie. (1856). 4to. La couverture imprimée sert de titre.

—— *Sentence arbitrale rendue par sa majesté l'empereur des Français sur les réclamations réciproques de son altesse le bey de Tunis et le général Benaïad* (30 novembre 1856), Paris, Imp. de H. Plon, 1857. 4to. Also 1857, Imp. de E. Penard. 4to.

—— *Tanbi'at* [sentence arbitrale de l'Empereur des Français dans le différend de S. A. le bey de Tunis et du général Ben-Ayyâd], (Paris, Lithog Chaix et Cie., 1273 de l'hégire (1856). 4to. (En arabe.)

—— *Résumé des comptes dressés pour l'exécution de la sentence arbitrale rendue le 30 novembre 1856, par Sa

Majesté l'Empereur Napoléon III., entre son altesse le bey de Tunis et le général Mahmoud Benaïad, Paris, Imp. de H. Plon (1857). Fol.

—— *Lettre adressée le 2 mars 1857 à Son Altesse le bey de Tunis par le général Mahmoud Benaïad,* Paris, Imp. de Dubois et Vert. 4to. No date. Pour demander l'exécution de la sentence arbitrale rendue par l'empereur, ut supra.

—— *Kitâbou oursila* [Lettre écrite en langue française à son Excellence le Bey de Tunis par le colonel Mahmoud ibn'Iyad, le 2 mars 1857], Imp. de Nicolas, à Meulan. Suivi d'une Seconde lettre du même au même, du 30 du mois Adar 1857. Both in Arabic.

—— *Lettre adressée le 30 mars 1857 à Son Altesse le Bey de Tunis par le général Mahmoud Benaïad,* Paris, Imp. de H. Plon (1857). 4to. Demande par le général de la levée du séquestre apposée sur ses biens, en vertu d'une sentence du 30 novembre 1856.

—— *Note rectificative présentée par le général Mahmoud Benaïad,* en réponse au second mémoire des héritiers du caïd Nessim Samama, Paris, Imp. de Dupont, 1875. 4to.

—— *Lettre du général Mahmoud Benaïad adressée au directeur du journal L'Italie,* Paris, Imp. de Dupont, 1875. 8vo. La couverture imprimée sert de titre.

—— *Lettre adressée à son exc. le général Hussein par le général Mahmoud Benaïad,* Paris, Imp. de Dupont, 1875. 8vo.

—— *Réplique pour le général Benaïad aux accusations de M. Heussein,* Paris, Imp. de Dupont (1876). 8vo. La couverture imprimée sert de titre.

—— *Réponse du général Mahmoud Benaïad à la lettre du général Heus-*
*sein,* ministre du bey de Tunis, Paris, Imp. de Dupont, 1875. 8vo. La couverture imprimée sert de titre.

—— *Seconde lettre adressée par son exc. le général Mahmoud Benaïad au général Hussein,* Paris, Imp. de Dupont, 1875. 8vo. See also p. 11 ante.

BERGER, PH.: *Les Ex-voto du Temple de Tanit à Carthage.* Lettre à M. Fr. Lenormant sur les représentations figurées des stèles puniques de la Bibliothèque nationale, Paris, Maisonneuve & Cie., 1877 4to.

—— *La Trinité carthaginoise. Mémoire sur un Bandeau trouvé dans les environs de Batna.* Paris, Maisonneuve & Cie., 1880. 4to. 2 plates. From 'Gazette Archéologique.'

—— *Note sur les Inscriptions puniques rapportées d'Utique par M. le Comte d'Hérisson* (see p. 34 ante), Paris, Imprimerie nationale, 1882. 8vo.

—— *Rapport sur les Inscriptions puniques récemment découvertes à Carthage,* Paris, Imp. Nationale, 1877. 8vo. Extrait des 'Archives des Missions Scient. et Littéraires,' 3e série, vol. iv., April 15, 1876.

—— *Tanit Pene Baal,* Paris, Imp. Nat., 1877. 8vo. Extrait du 'Journal Asiatique.'

—— *Note sur trois cents nouveaux Ex-voto de Carthage* (Paris), Imp. Nat., 1887. 8vo. Same as art. at p. 11 ante.

—— *Note sur la grande Inscription néo-punique et sur une autre Inscription d'Altiburos,* Paris, Imp. Nat., 1887. 8vo. Extrait du 'Journal Asiatique.'

BERGER, PH.; LE BLANT, EDMOND; MOWAT, R.; CAGNAT, R.: *L'Exposition de la Cour Caulaincourt au Louvre,* Paris, Didier & Cie., 1881.

8vo. From 'Revue Archéologique.' See also p. 11 ante.

BERIO, B., Console generale a Tunisi : *Navigazione delle varie bandiere della Reggenza negli anni* 1884–85, 1885–86, 1886–87, in 'Bollettino del Ministero degli Affari Esteri,' 1889, p. 377.

BERNARD, S. : *L'Antiquité des Orgues*, art. in 'Cosmos,' Oct. 26, 1885, No. 39, p. 339, with two illustrations of an 'orgue en terre cuite du 11º siècle trouvé à Carthage.'

BERTHOLON, L. : *Notice sur l'Industrie mégalithique en Tunisie*, in 'Matériaux pour l'Histoire Primitive et Naturelle de l'Homme,' Sept. and Oct. 1888.

BERTHOLON ; et LACASSAGNE : *Quelques Renseignements sur les Habitants de la Kroumirie*, art. in 'Bull. Soc. Anthrop. de Lyon,' 1887, vi., 71–80.

BÈZE, THÉODORE DE : *Caton le censeur*, tragédie, 1553.

BIALLE, GIRARD DE : *Allées couvertes d'Ellez*, Tunisie, art. in 'Bull. Soc. d'Anthropologie de Paris,' 3ᵐᵉ série, vii., 366 371.

BIECHY, AMAND : *Saint Augustin, ou l'Afrique au vᵉ siècle*, Limoges, 1845. 8vo.

BILLARDON DE SAUVIGNY, L. E. : *Scipion l'Africain*, Tragédie, 1797. 8vo., 1 act, verse.

BLANCHÈRE, M. RENÉ DE LA, Directeur du Service beylical des Antiquités et des Arts à Tunis : *La Mosaïque de Neptune à Sousse*, art. in 'Bull. Archéologique du Comité des Travaux Hist. et Scientifiques,' 1888, No. 1, p. 163, with plate (vi.) of the Mosaic.

—— *Tombeaux puniques découverts à Sousse*, with woodcuts in the text. Idem, p. 151.

BLUMEREAU, J. TH. : *La Viticulture en Tunisie*. Projet d'Exploitation

en Tunisie de 200 hectares de vignes à planter dans un domaine de 400 hectares, Paris, Oudin, 1885. 8vo.

BOLLAND, G. : *Géologie de la région du lac Kelbia et du littoral de la Tunisie centrale*, avec carte et profils, Paris, 1888.

BOMPARD, MAURICE, ancien secrétaire général du gouvernement tunisien : *Législation de la Tunisie*. Recueils des lois, décrets et règlements en vigueur dans la régence de Tunis. Large 8º.

BONNET, ED. ; et FINOT, AD. : *Catalogue raisonné des Orthoptères de la Régence de Tunis*, Montpellier, Boehm et fils, 1885. 8vo. Mission scientifique de Tunisie, 1883 1884. Extrait de la 'Revue des Sciences Naturelles,' 3ᵉ série, iv., 193 to 232, and 333 to 367.

BORDIER, Capt. : *Découvertes archéologiques faites par M. le capitaine Bordier entre Hammamet et Souk-el-Kmis*, art. signed R. Cagnat, in 'Bulletin Archéo. du Comité des Travaux Hist. et Scient.,' 1885, No. 1, pp. 152 to 164.

—— *Note sur des Ruines romaines découvertes à Henchir-Lakal* près Zaghouan, Idem, 1887, No. 2, pp. 224 to 228. See also CAGNAT.

BORDIER, D. : *Création d'un service régulier de caravanes entre Djerba et le centre de l'Afrique*, Paris, Challamel, 1881. 8vo.

BORT, LÉON TEISSERENC DE : *Premières Cartes magnétiques de l'Algérie, de la Tunisie et du Sahara algérien*, art. in 'Nature,' August 11 1888.

BOSSIÈRE, GUSTAVE, Inspecteur d'Académie : *Esquisse d'une Histoire de la Conquête et de l'Administration romaines dans le Nord d'Afrique, et particulièrement dans la Province de Numidie*, Paris, 1878. 8vo, pp. 436.

BOU-SAÏD, Capitaine : *Scènes de la vie musulmane. Le Marabout de Sidi-Fatallah,* épisode de l'insurrection tunisienne en 1881, Paris, 1884. 12mo.

BOURDELLES : *Ministère des Travaux publics. Ponts et Chaussées. Commission des Phares. Éclairage des Côtes de la Tunisie,* l'aris, Imp. nationale, 1887. Fol.

BOURGEOT, Dr. : *Commentaire sur le récit de la guerre que fit en Afrique Jules César à Scipion et aux autres chefs du parti de Pompée par Hirtuis Pansa,* art. in ' Bull.Acad. Hippone,' No. 3, 1865, p. 53, with map.

BOURIN, E. : *Ténès (Cartennæ),* arts. in ' Revue de l'Afrique Française,' Oct. 1887, No. 30, pp. 307 to 326, with views of Ténès ; No. 31, pp. 341 to 362.

BOVET, FÉLIX : *Egypt, Palestine, and Phœnicia.* A visit to sacred lands, Translated by W. H. Lyttleton, with a biographical sketch of the author by F. Godet, London, Hodder & Stoughton, 1882. 8vo., pp. x. and 416.

BOYÉ, Lieutenant : *Ruines romaines du Nord de la Tunisie* (Rapport de M. Cagnat sur une communication de M. le lieutenant Boyé) in ' Bulletin Archéo. du Comité des Travaux Hist. et Scient.,' 1886, No. 2, pp. 238 to 240.

BOYER, M. A. : *Caton,* Tragédie par M. Addison, traduite de l'anglais, Amsterdam, Jacques Desbordes, 1713. 12mo., pp. xi. and 80, prose. See p. 7 ante.

BRIDGES, THOMAS : *Dido,* a Comic Opera. 1771. 8vo.

BROADLEY, A. M. : His work on Tunis, noted at p. 14 ante, will be found noticed in 'Athenæum,' 1882, ii., 167; ' Blackwood's Mag.,' cxxxii., 415 ; by J. A. Blaikie 'Academy,' xxii., 113.

BROGLIE, Duc de : *Discours prononcé dans le séance du* 10 *décembre,* 1881. *Discussion d'un projet de loi portant l'ouverture de crédits pour l'expédition de Tunisie.* Paris, Imp. du ' Journal Officiel,' 1881, 8vo. Extrait du ' Journal Officiel' du 11 décembre, 1881.

—— *Discours* (on same subject) *prononcé, séance du* 1 *avril,* 1882. *Sénat.* Extrait du ' Journal Officiel,' 2 avril, 1882.

—— *Discours prononcé, séance du* 8 *avril,* 1884, *Sénat. Discussion du projet de loi portant approbation de la convention avec S. A. le Bey de Tunis.* Paris, Imp. du ' Journal Officiel,' 1884, 8vo. Extrait du ' Journal Officiel,' April 9, 1884.

BROUSSET, PIERRE : *L'Administration et le Commerce français en Tunisie,* art. in ' Revue Géog. Internationale,' June, 1888.

BRULAT, PAUL : *Bizerte, son importance stratégique,* in ' Revue de l'Afrique Française,' April, 1887, No. 24, pp. 123 to 126.

BRUNON, Général : *Itinéraire de Soukaras (Thagaste) à Tunis par le Kef (Sicca Veneria),* Montpellier, Boehm et fils, 1882, 8vo. Extrait du ' Bulletin de la Société Languedocienne de Géographie,' March, 1882.

—— *Recherches sur le Champ de bataille de Zama* (6 mars 1886), Montpellier, Imp. de C. Boehm, 1887. 8vo. Extrait du ' Bulletin de la Société Languedocienne de Géographie,' vol. x., 1887.

BURDEAU, A. : *La Conversion de la Dette tunisienne,* art. in ' Le Globe,' January 4, 1889.


C., R.: *Death of Dido.* A Masque, by R.C., 1621. Noted by J. O. Halliwell.

CABARET, JEAN, d'Orronville : *Histoire de la Vie de Louis, Duc troisième de Bourbon,* in ' Choix de

Chroniques et Mémoires sur l'Histoire de France, par J.-A.-C. Buchon, Paris, Aug. Desrez, 1839.' Chapts. lxxiv. to lxxix. contain account of the Duke's expedition against the city of Africa.

CAGNAT, R. : *Sur trois Inscriptions inédites de Tunisie*, Vienne, Imp. de Savigné, 1882. 8vo. Extrait du ' Bulletin Épigraphique de la Gaule,' Mars-avril, 1882.

—— *Rapport sur une Mission en Tunisie*, in 'Archives des Missions Scient. et Littér.,' '1882, ix., 61 to 169.

—— *Estampages pris aux environs de Souk-Ahras*, in ' Bulletin Archéo. du Comité des Travaux Hist. et Scient.,' 1887, No. 4, pp. 456 to 465.

—— *Rapport sur trois Inscriptions communiquées par M. le capitaine Duval*, discovered at Béja, Aïn-Zaga and Ksar Mezouar, Idem, 1885, No. 2, pp. 325, 326.

—— *Rapport sur diverses Inscriptions romaines recueillies en Tunisie, par M. le capitaine Winkler*, Idem, 1887, No. 2, pp. 229 to 232.

—— *Notes sur les Ruines romaines de la Kroumirie, par M. le capitaine Winkler*, Idem, p. 232.

—— *Rapport sur des Découvertes récemment faites à Macteur d'après une communication de M. Bordier*, Idem, 1888, No. 1, pp. 142 to 150. See also BORDIER.

—— *Rapport sur des Inscriptions romaines, recueillies par M. le capitaine Winkler*, existant dans les vallées de l'Oued-Rhezela et de l'Oued-Gourgourat, Idem, pp. 194 to 196. See also p. 14 ante.

CAGNAT, R.; ET REINACH, S.: *Exploration de la Vallée supérieure de l'Oued Tin*, in ' Bulletin Archéo. du Comité des Travaux Hist. et Scient., 1886, No. 1, pp. 99 to 120, with illustration.

CAGNAT, R.; ET REINACH, S. : *Découverte de villes nouvelles en Tunisie*, Paris, Imp. Nat., 1886. Same as p. 14 ante.

—— *Exploration de la vallée supérieure de l'Oued Tin* (Paris), Imp. Nat. 1886. 8vo. Extrait du ' Bulletin Archéo. du Comité des Travaux Hist. et Scient.,' année 1886.

CAGNAT, R.; ET SALADIN, H.: *Voyage en Tunisie*, in 'Tour du Monde, August 18, Sept. 8, 1888. See also p. 15 ante.

CAHU, THÉODORE : *Au Pays des Mauresques, par Théo.-Critt*. Paris, C. Marpou et E. Flamarion (1887). 18mo. Campagne de Tunisie.

CALLIGARIS, C⁰. Chargé d'Affaires ad interim à Tunis : At p. xxviii. of the Table to ' Recueil Consulaire Belge,' Vol. I. a Report, dated Sept. 1850, is mentioned, but not included in the vol.

CALVETE DE ESTRELLA, JUAN CRISTOFORO: *De Aphrodisio expugnato, quod vulgo Africam vocant, anno 1550, commentarius*, Antw., 1551. 8vo. Also Salamanca, 1566, with Notes by Bartholomæus Barrientos. Translated into Spanish by DID GRACION, as *Conquista de la ciudad de Africa*, Salamanca, 1558.

CARDONA, ANTONIO FOLCH DE: *Dido y Eneas*, Comedy, MS.

CARON, E. : *Letter concerning the Redemption of the Captifs at Algier and Tunis*, London, 1622. Again 1647.

CARON : *Le Monopole des Tabacs en Tunisie* au 1er janvier 1883, Nancy, Imp. de Berger-Levrault 1885'. 8vo.

CARVALLO V MOURA, E. J. DE : *Dido*, Opera, translated from METASTASIO (see that name).

CASTRO Y BELLVIS, G. DE : *Los Amores de Dido y Eneas*. Comedy in 'Parte segunda de las Comedias de G. de Castro, &c., Valencia, M. Sorolla, 1625.'

CATO, MARCUS, the Elder, or Censor: concerning his expression 'Delenda est Carthago,' see 'L'Intermédiaire,' xxii., 90.

CHABRELY, FRANÇOIS: Une Excursion à Carthage, Paris, l'aîné, 1885. 12mo.

CHALON, J.: Un Mois en Tunisie, Liège, Gilon, 1880. 12mo.

CHAMBRIER, ALFRED DE: Die Rolle der phönizischen Rasse in der alten Welt, 1878, pp. 31, in 'Oeffentliche Vorträge gehalten in der Schweiz, &c., Basel.' 8vo., vol. v.

CHAMPAGNE, J. V.: Caton, Tragédie, Paris, Laurens aîné, an iii. 5 acts, verse.

CHARLES, Mrs.: Une Famille chrétienne à Carthage au iiie Siècle, Toulouse, Lagarde, 1880. 12mo. Translated from the English, see p. 16 ante.

CHAUCER, GEOFFREY: The Legend of Dido, Queene of Carthage.

CHAULMER: Le Tableau de l'Afrique, où sont représentez les royaumes, les républiques, principautés, isles, presqu'isles, forts et autres places considérables de cette seconde partie du monde, avec quelques relations succinctes des progrez que font les RR. PP. de la compagnie de Jésus en la conversion des infidèles et l'avancement de notre S. Foy catholique dans les terres les plus éloignées, par le sieur Chaulmer. A Paris, Louis Chamboubry, 1654. 12mo., p. 359.

(CHÉRON DE LA BRUÈRE): Caton d'Utique, Tragédie en 3 actes et en vers, imitée d'ADDISSON (sic), par M. Ch . . . de la B . . . , Paris, Théophile Barrois le jeune, 1789. 8vo. See p. 7 ante.

CHESTER, Rev. G. J.: Account of Ancient Remains found on the site of Carthage, in 'Archæological Journal,' xxiii., 149, 270.

CHEVARRIER, M.: Voyage de Gabès au Zaghouan, par El-Hamma les plaines de Ségui, Paris, Imp. Nat., 1878. 8vo. Extrait des 'Archives des Missions Scient. et Littéraires,' 3e série, vol. v.

CHEVILLY, M.: Caton, Tragédie, Genève, 1780. 5 acts, prose. Imitated from ADDISON. See p. 7 ante.

CHRISTIAN, P.: Histoire des Pirates et Corsaires de l'Océan et de la Méditerranée depuis leur origine jusqu'à nos jours, Paris, Cavaillès, 1846. 4 tomes, 8vo., illustrated.

CHURCH, A. J.; and GILMAN, ARTHUR: Their Story of Carthage (p. 18 ante) was reviewed in 'Spectator,' lix., 1662.

CLARKE, CHARLES: Observations on Episcopal Chairs and Stone Seats, &c., in 'Archæologia,' xi., 321, contains note on the Council of Carthage, A.D. 398.

CLERMONT-GANNEAU, CH.: L'Imagerie phénicienne et la Mythologie iconologique chez les Grecs, 1re partie La Coupe phénicienne de Palestrina avec huit planches, Paris, Ernest Leroux, 1880. 8vo., pp. xxxix. and 156.

—— Sceaux et Cachets israélites, phéniciens et syriens, suivis d'Epigraphes phéniciennes inédites, &c., Avec deux planches, Extrait du 'Journal Asiatique,' Paris, Imp. Nat., 1883.

COLBERT-LAPLACE, Cte. de: Discours prononcé à la Chambre des députés. Première délibération sur le projet de loi portant approbation d'une convention conclue avec le Bey de Tunis. Séance du 31 mars 1884. Paris, Imp. du 'Journal Officiel' (1884), 4to. Extract du 'Journal Officiel,' April 1, 1884.

COLLIGNON, Dr. R. : *Hachette en bronze trouvée dans un tombeau protopunique à Carthage*, art. in 'Bull. Soc. Anthrop.,' 1885, 3ᵐᵉ Série, viii., 512–515.

—— *Note sur un cas de sépulture par incarcération chez les Libyphéniciens d'Hadrumète* (Sousse, Tunisie), Idem, 1886, 3ᵐᵉ Série, ix., 417–474.

—— *Ethnologie de la Tunisie.* Idem, 620–622.

—— *Étude sur l'Ethnographie générale de la Tunisie*, 'Comité des Trav. Hist. et Scient.—Bull. de Géog. Hist. et Descript.' 1887, i., 181 353, et pl. vi.–xiii.

—— *Répartition de la Couleur des Yeux et des Cheveux chez les Tunisiens sédentaires*, art. in 'Revue d'Anthrop.,' 1886, pp. 1-8, map.

—— *Les Ages de la pierre en Tunisie*, Lyon, Imp. de Pitrat ainé, 1887. 8vo. Same as art. at p. 18 ante.

COLONIA, Le Père DOMINIQUE : *Annibal*, tragédie, Lyon, Jacques Guerrier, 1697. 12mo., 5 acts, verse.

CONS, H.: *La Tunisie, Esquisse géographique*, Montpellier, Boehm et fils. No date, 8vo. Extrait du 'Bulletin de la Société Languedocienne de Géographie,' année 1883.

CONTEJEAN, CH.: *Tunis à Carthage.* Notes de Voyage, Poitiers, Marcireau. (1886), 8vo. Signed Ch. Contejean, 31 août, 1885.

CONVERSANO, P.: Consular Report, in 'Berättelser om Handel och Sjöfart,' 1882, p. 47.

CORTAMBERT, RICHARD : *La Régence de Tunis* (Extrait de la 'Science pour Tous '), Paris, Imp. de W. Remquet, Goupil et Cie (1863). 8vo. See also p. 18 ante.

CORY, ISAAC PRESTON : *The Ancient Fragments;* containing what remains of the writings of Sanchoniatho (see that name), &c., also the

Periplus of Hanno (see that name), London, W. Pickering, 1828. 8vo. Again by same publisher 1832 ; and a new and enlarged edition by E. Richmond Hodges, London, Reeves & Turner, 1876. Also in 'The Phenix ; a collection of old and rare Fragments,' New York, W. Gowan, 1835. 8vo.

COSSON, E. : *Compendium Floræ Atlanticæ, seu Expositio methodica plantarum omnium in Algeria necnon in regno Tunetano et imperio Moroccano hucusque notarum ; ou Flore des États Barbaresques, Algérie, Tunisie et Maroc.* Vol. ii. Supplément à la partie historique et Flore des États Barbaresques. Renonculacées — Crucifères. Paris, Imp. Nationale, 1883–1887. 8vo., pp. cviii. and 367.

—— *Exploration scientifique de la Tunisie. Note sur la Flore de la Kroumirie centrale, explorée en 1883, par la mission botanique.* Paris, Imprimeries réunies, 1885. 8vo.

—— *Forêts, Bois et Broussailles des principales localités du nord de la Tunisie, explorées en 1883 par la mission botanique*, Paris, Imp. nationale, 1884. 8vo. See also p. 19 ante.

COURTIER DE TROCY, J.: *La Mort de Caton*, Tragédie, an vii. 3 acts, verse.

COUVERT, J., ancient Agent de change : *Étude sur la Tunisie au point de vue financier et commercial*, Paris, Imp. Dupont, 1875. 4to., pp. 42.

CRÉMIEUX, AD.: *Souscription en faveur des Israélites de la Tunisie*, Paris, Imp. de A. Wittersheim. 8vo. No date, signed Le Président Ad. Crémieux.

CRÉTIN, M. E., Agent consulaire de France à Mehdia : *Situation économique de Mehdia*, in 'Bulletin Consulaire Français,' 1884, p. 665.

CUBISOL, CH.: *Traduction de la Loi publiée dernièrement à Tunis concernant les réformes apportées dans l'administration du pays*, in ' Recueil Consulaire Belge,' 1856, ii., 786–791.

—— *Renseignments sur le Commerce de Tunis avec l'Europe*, Idem, 1858, iv., 52, 53.

—— Report on *Défaut de communications directes*, Idem, 1860, vi., 429–431.

—— Extract of a letter on sending samples of Belgian manufactures to Tunis, Idem, 1860, vi., 816.

—— *Tableaux du Mouvement des Importations et des Exportations du Port de la Goulette*, pendant les années 1861 et 1862, Idem, 1863, ix., 676.

—— *Rapport sur le Commerce du Port de Tunis pendant l'année* 1863, Idem, 1864, x., 129, 130.

—— *Tableau du Mouvement commercial du Port de la Goulette, pendant les deux dernières années*, Idem, 1866, xii., 479–480. See also p. 19 ante.

CUBISOL, J.: *Tableaux statistiques du Mouvement commercial du Port de Tunis* (par la Goulette) pendant l'année 1868, in ' Recueil Consulaire Belge,' 1870, xvi., 32–35.

—— The same for 1869, Idem, pp. 606–608.

—— The same for 1870, Idem, 1871, xvii., 324–332.

—— The same for 1871, Idem, 1872, xviii., 471–487.

—— The same for 1872, Idem, 1872–3, xix., 681–689.

—— The same for 1873, Idem, 1874, xx., 269–279.

—— The same for 1874, Idem, 1875, xxi., 719–730.

—— The same for 1875, Idem, 1876, xxii., 356–362.

—— The same for 1877, Idem, 1878, xxiv., 615–622.

CUBISOL, J.: The same for 1879, Idem, 1880, xxx., 429–458.

—— The same for 1881, Idem, 1881, xxxviii., 441–446.

(CUPPIS, MANNON): *Caton*, Tragédie angloise de M. ADDISSON (sic) traduite en françois, 4to., pp. 213, prose, MS. At the end is written ' Ecrit par moi, Mannon Cuppis, le 20 mai 1749.' See p. 7 ante.

CUTTS, Rev. EDWARD L. : *Scenes and Characters of the Middle Ages*, with 182 illustrations, London, Virtue & Co., 1872. Part of a chapt. is devoted to *Ancient British Commerce with the Phœnicians and Carthaginians*.

DAHDAH, Cte ROCHAÏD : *Les Colonies étrangères en Algérie-Tunisie*, in ' Revue de l'Afrique Française,' 1886, iv., 340–342.

(DAMPMARTIN) *La Mort de Caton*, Tragédie, traduite de l'anglais, précédée de quelques réflections sur l'art dramatique (Paris, Roland et Jacob, 1786), 8vo. See also pp. 7 and 20 ante.

DE GOYZUETA, ALESSANDRO, de' marchesi di Toverena, Regio Vice Console alla Goletta : *Cenni sulla Goletta commercio e navigazione nella sua rada*, in ' Bollettino Consolare,' 1867, vol. iii., fas. xi., p. 1248.

—— *Movimento della Navigazione e del Commercio nazionale alla Goletta*, Ibid., 1869, vol. v., fas. vi., p. 591.

D'EGREMONT, Consul général à Tunis: At p. xxviii. of the Table of ' Recueil Consulaire Belge,' vol. i., the following Rapports are mentioned, but not included in the vol., viz.: Dec. 25, 1840 ; Dec. 27, 1844 ; Dec. 27, 1846.

DEGUBERNATIS, ENRICO, Vice Console a Susa : *Descrizione geografico-*

*agricola-commerciale del Sahel*, in
'Bollettino Consolare,' vol. ii., fas.
xii., p. 1053, and vol. iii., fas. iv.,
p. 434.
—— *Commercio di Susa e del Sähel
nel 1864*, Ibid., vol. iii., fas. iv.,
p. 443.
—— *Importanza Commerciale del
Porto di Susa nella Tunisia*, Ibid.,
vol. ii., p. 285.

DE LA CROIX, J. ERRINGTON : *La
Géologie du Cherichire* (Tunisie
centrale), in 'Comptes rendus des
Séances de l'Acad. des Sciences.'
Séance du 8 Août, 1887, Paris,
Gauthier Villars.

DE LA GRANGE, GUILLAUME: *Didon*,
Tragédie, Lyon, Benoist Rigaud,
1582. 16mo., 5 acts, verse. See
'Cat. Soleinne,' i., 815.

(DELAMOTTE, RAOUL) : *Lettre d'un
Français à Son Altesse Mohammed-
El-Sadok, bey de Tunis*, Paris, Imp.
Kugelmann, 1864. 8vo.

DELATTRE, LE P. ALFRED LOUIS :
*Carthage et la Tunisie au point de
vue archéologique*, Paris, Chez
l'auteur, 1883. 8vo.
—— *Inscriptions de Carthage*, Paris,
Chez l'auteur, 1884, 1885. 8vo., 2
parts. From 'Bulletin Épigraphique
de la Gaule.'
—— *Lampes chrétiennes de Carthage*,
Paris, 1880. 8vo.
—— *Marques de potier, relevées à
Carthage*, Ibid., 1884. 8vo. From
'Bulletin de l'Académie d'Hippone.'
—— *Le Tombeau punique de Byrsa.
Inscriptions chrétiennes de Carthage*,
Paris, 1885. 8vo. From 'Bulletin
des Antiquités Africaines.'
—— *Mosaïques chrétiennes de Ta-
barka*, art. with two illustrations in
Bulletin des Antiquités Africaines,'
1885, iii., 7 to 11.
—— *Sceaux de Bagues trouvés à
Carthage*, Idem, pp. 12 and 13.
—— *Le Tombeau punique de Byrsa et*

*son mobilier funéraire*, with illustrations, Idem, 241 to 246.
—— *Inscriptions chrétiennes trouvées
sur différents points de l'ancienne
ville de Carthage*, Idem, 247 to 251.
—— *Marques de Poteries trouvées à
Hadrumète*, Idem, 252 to 253.
—— *Fouilles du Cimetière chrétien
et de la Basilique de Damous-Karita*,
à *Carthage* (Rapport de M. Héron
de Villefosse sur une communication
du P. Delattre), with illustration,
in 'Bulletin Archéol. du Comité des
Travaux Hist. et Scient.,' 1886,
No. 2, p. 220.
—— *Notice sur une Basilique chrétienne découverte à Damous-Karita,
près Carthage*, with plan of basilica,
Idem, 224 to 237.
—— *Estampilles de Briques romaines
relatives à la gens Domitia*, trouvées
à Carthage par le R. P. Delattre,
note signed A. Héron de Villefosse,
Idem, 1885, No. 1, p. 119.
—— *Marques de Fabriques recueillies
à Carthage sur des Vases de poterie
romaine,grecque et punique*, in 'Bull.
Acad. Hippone,' 1882, No. 17, p. 77.
—— *Sur les Inscriptions de El-
Mahamdia et de Zaghouan*, Idem,
p. 81.
—— *Marques de potier relevées sur
des lampes trouvées à Carthage et
dans les environs*, Idem, No. 18,
p. 37.
—— *Poids antiques de bronze trouvés
à Carthage*, Idem, p. 53.
—— *Épigraphie chrétienne de
Carthage*, arts., illustrated, in 'Cos-
mos,' Jan. 14, 1888, No. 155, p. 184 ;
Jan. 28, No. 157, p. 241 ; Feb. 11,
No. 159, p. 294 ; March 24, No. 165,
p. 463 ; April 7, No. 167, p. 14.
—— *Fouilles dans un cimetière romain
à Carthage*, art. in 'Revue Archéologique,' Sept. 1888.
—— *Souvenirs de la Croisade de Saint-
Louis trouvés à Carthage*, Extrait

des 'Missions catholiques,' Lyon, Imp. de Mougin-Rusand, 1888. 8vo., pp. 13.
—— Archéologie chrétienne de Carthage, Fouilles de la basilique de Damous-el-Karita (1884), Lyon, Bureaux des Missions catholiques, 1886. 8vo. Extrait des 'Missions Catholiques.'
—— Notice sur les Plombs chrétiens trouvés à Carthage, Lyon, Imp. de Mougin-Rusand, 1887. 8vo. Extrait des 'Missions Catholiques.'
—— Inscriptions chrétiennes trouvées de 1884 à 1886 dans les fouilles d'une ancienne Basilique à Carthage, in 'Rec. de Not. et Mém. de la Soc. Arch. de Constantine,' 1888, vol. xxiv., pp. 37 to 68. See also p. 22 ante.

DEMANCHE, GEORGES: La Navigation en Tunisie et le Pavillon français, art. in 'Revue Française de l'Étranger et des Colonies,' 1888, viii., 411. Analysed in 'The Times,' Dec. 28, 1888. See also p. 22 ante.

DEMAY, CH.: Le Clergé français en Tunisie (see p. 22 ante) gave rise to an art. signed J. P. in 'Revue de l'Afrique Française,' 1886,iv.,401–406.

DENIS, JEAN FERDINAND: Expédition de Charles-Quint, &c., Paris, 1837. 8vo.

DENIS, LÉON: Tunis et l'île de Sardaigne (Souvenirs de Voyage), Tours, Imp. de E. Arrault. 16mo., no date.

DESBROCHERS DES LOGES: Insectes coléoptères du Nord de l'Afrique nouveaux ou peu connus—second memoir. The first one was published in 1881. 'Bull. Acad. Hipp.,' 1884, No. 19, pp. 71–171.

DESCHAMPS, F. M. C.: Caton d'Utique, Tragédie, Paris, Pierre Ribou, 1715. 12mo., 5 acts, verse. There is an English translation, Cato of Utica, 1716, other than the rendering of OZELL (see that name).

(DESCHAMPS): Caton, Tragédie, par M. ADDISSON (sic) traduite en vers par M. De *****, Utrecht, Etienne Neaulme, 1738. 8vo., pp. 4 and 86 See p. 7 ante.

DESMARETS: Scipion, Comédie, 1639. 5 acts.

(DESROIS): Le Dernier des Romains, Tragédie, par D. R., an VII. 5 acts, verse.

DE VILLEFOSSE: Inscriptions provenant du Maroc et de la Tunisie, art. in 'Revue Archéologique,' Nov., 1887.

DIDOT, FIRMIN: Annibal, Tragédie en cinq actes, Paris, F. Didot, 1817. 8vo., verse.

DILHAN, AUG.: Ethnographie de la Tunisie, Paris, Maisonneuve (1874). 8vo. 12e vol., 2e et dernière partie, 'Mémoires de la Société d'Ethnographie,' Session de 1873. La couverture imprimée sert de titre.

DODWELL, HENRY: A Discourse concerning Sanchoniathon's (see that name) Phœnician History, London, B. Tooke, 1681. 8vo., pp. 118 and eight unnumbered. Again in 1691. This Discourse forms appendix to 'Two Letters of Advice, &c.'

DOLCI, L.: Didone, Venetia, D. Farri, 1566. 8vo.

DONA, Prof. PIETRO: Tunisi, Padova, Tip. del Seminario, 1880. 8vo.

DORIA, ANDREA, Genoese Admiral, captured Tunis for Charles V. in 1535. Accounts of the siege, at more or less length, will be found in the numerous lives of Doria, for which consult Oettinger's 'Bibliographie Biographique,' &c.

DOUMET-ADANSON: Rapport sur une mission scientifique en Tunisie, Paris, Imp. Nat., 1878. 8vo. Extrait des 'Archives des Missions Scient. et Littéraires,' 3e série, vol. iv.

DRU, LÉON; et CHALMAS, MUNIER:

*Extraits de la Mission de M. le commandant Roudaire* (see that name) *dans les Chotts tunisiens,* 1878-1879. I. Hydrologie, géologie et paléontologie, par Leon Dru ; II. Paléontologie, description des espèces nouvelles, par Munier Chalmas, Paris, Imp. de G. Chamerot, 1881. 8vo.

DRUDE, DR. OSCAR : *Die floristische Erforschung Nord - Afrika's* von Marokko bis Barka. ' Petermann, Geogr. Mitth.' 1882, pp. 143-150.

DRYDEN, JOHN : *Dido to Æneas.* Epist. vii. from OVID (see that name).

(DU BOURG, Abbé): *Caton,* Tragédie par M. ADDISSON (sic), nouvellement traduite de l'anglois par M. L. D. B., La Haye, Jean Mart. Husson, 1745. 8vo., pp. 8 and 92, prose. See p .7 ante.

DUMONT, E.: *La Viticulture enTunisie.* arts. in ' Tunis-Journal,' April 17, 1884, No. 8; and Nos. 10, 11, 12, 15, 17, 20, 24, 34, 36, 40.

DU PATY DE CLAM : *Sfax, sa situation géographique, ses richesses, son importance,* art. in 'Tunis-Journal,' 13, vi., 88.

—— *Le Triton.* 8vo., 7 illustrations. An answer to 'La Découverte du Bassin hydrographiquede laTunisie,' by Dr. Rouire. See p. 56 ante.

DUPONT, GABRIEL : *Récit d'unVoyage de Tunis au Kef* exécuté en 1744, in ' Revue de l'Afrique Française,' Oct. 1, 1888.

DURAFFOURG, V.: *Béja et ses environs,* art. in ' Bull. Soc. Géog. de Lille,' vii., 214-240. Also in separate form, Lille, Imp. de L. Danel, 1886. 8vo.

DURANDO, ALESSANDRO, R. Vice Console alla Goletta : *Della Pesca del Pesce nella Reggenza di Tunisi,* report in ' Bollettino Consolare,' Sept. 1887, xxiii., pt. 2, pp. 255-265.

DUREAU DE LA MALLE : *Géographie*

*de l'Afrique,* Paris, 1837. 8vo. See also p. 24 ante.

DUTENS, M. L. : *Recherches sur le Temps le plus reculé de l'Usage des voûtes, chez les Anciens,* Deboffe, Londres, 1805. 4to., pp. 37. Contains description of the Aqueduct at Carthage.

DUVEYRIER, HENRI : *L'Afrique Nécrologique.* ' Bull. Soc. Géogr.' Paris, 1874, 6^me sér., t. viii., p. 560. ' This gives a short account of all who have fallen victims to their endeavours to advance geographical knowledge in Africa, including, of course, the Barbary States. A very instructive map is added, showing the reign in which each person travelled and the place of his death.'— PLAYFAIR.

—— *La Tunisie,* art. in ' Bull. Soc. Normande de Géographie,' 1881, iii., 145-171. See also p. 24 ante.

EEKHOUD, GEORGES : *La Nouvelle Carthage,* Bruxelles, H. Kistemaeckers, 1888. 8vo., pp. 326. Antwerp is the scene of this dull novel ; of the Phœnician capital, or its site, there is no question. This note may be of service in obviating the misapprehension which might be caused by the arbitrary use of the word *Carthage.*

EKERMAN, PETER : *Dissertatio de Mariano exilio adCarthaginis ruinas sat memorabili,* Upsal, 1764. 4to.

EL-EDRISI : *Description de l'Afrique et de l'Espagne,* par Edrisi. Texte arabe, publié pour la première fois d'après les manuscrits de Paris et d'Oxford, avec une traduction, des notes et un glossaire, par R. Dozy et M. J. de Goeje, Leyde, 1866. Large 8vo. See also p. 25 ante.

EL-HADJ HASSEN LAZOUGHLI : *Annuaire tunisien,* &c., Tunis. Imp. du Gouvernement tunisien. Commencing 1881.

ELLIATA, ROBERTO : *Descrizione del*

*Regno di Thunisi.* Codex cart. No. 988 of the xvii. century in the National Library of Parma. The MS. contains a description of Tunis, its fortresses, harbours, &c., and was sent, Aug. 12, 1615, by Captain Elliata to Cardinal Odordo Farnese.

EMMAN, D. : *Ecclesia Africana sub Primate Carthaginiensi per D. Emman,* A. Schelstrate, Paris, 1679.

ERDMANN, GOTTLOB, Zeibichii A. L. M. : *De Snfetibus svmmo Pœnorvm Magistratv Diatribe,* Vitembergæ, E. G. Eichsfeld, MDCCXLIV. 4to., pp. 25 and six unnumbered.

ERKMANN, JULES : *Tunisie e Naviga zione italiane nel Suza,* art. in 'Bull. Minst. Aff. Ext.' 345.

—— *Étude sur le Budget tunisien,* art. in ' La Tunisie,' 1888, iv., 28.

—— *Tunisie. Le Concours général,* art. in 'Journal Gén. Aff. Alg. et Tunis,' 1888, v., 7.

ESMEIN, A. : *Les Colons du Saltus Burunitanus:*—Mommsen : Decret des Commodus für den Saltus Burunitanus (Hermès, t. xv., pp. 385-411, 478-480.—Lettre de M. Ch. Tissot à M. E. Desjardins : Académie des inscriptions et belles-lettres. Comptes rendus des séances de l'année 1880 ; Bulletin de janvier-février-mars, pp. 80-85. 4to., pp. 20, half-title only, signed E. Esmein. Extrait des ' Journal des Savants,' Nov. 1880. See also MOMMSEN and TISSOT.

ESPÉRANDIEU, Lieut. : *Inscriptions du Kef,* in 'Bulletin des Antiquités Africaines,' 1882, i., 391.

—— *Note sur quelques Basiliques chrétiennes de Tunisie,* in 'Bulletin de Comité des Travaux Hist. et Scient.,' Paris, 1884, No. 2, pp. 158 to 160.

—— *Notes sur des Fouilles exécutées aux Citernes du Kef* (Tunisie),

Idem, 1886, No. 4, pp. 568 to 571. See also p. 26 ante.

ESTRUP, Dr. H. F. J. : *Historisk-kritiske Undersögelser angaaende Fragmenterne af Sanchoniathon* (see that name) *og Carthagos Stats-forfatning efter Aristoteles's* (see that name) Πολιτειῶν, i. ii. c. 11. &c. Kjöbenhavn, 1823. Trykt i det Schultziske Officin. 4to., pp. 38.

ETROBIUS, J. : *Commentarium seu potius diarium expeditionis Tunicea a Caralo V imperatore, semper augusto,* anno dominicæ incarnationis supra sesqui millesimum tricesimo quinto susceptæ, autore Joanne Etrobio. Lovanii, apud Petr. Phalesium, 1547. In-8 de 67 ff.

EUTING, JULIUS: *Sammlung der Carthagischen Inschriften* herausgegeben mit Unterstützung der K. Akademie der Wissenschaften zu Berlin, Band i. Tafeln 1-202 und Anhang, Tafeln 1-6. Strassburg, Karl J. Trübner, 1883. 4to., 1 page only of letterpress. See also p. 26 ante.

F., LUCIE F. : *Une Excursion en Afrique,* Lucie F. F., Librairie d'Art, Ludovic Baschet Editeur, Paris. 8vo., pp. 93, without date, (1888), dessins de G. CLAIRIN. Tunis and Algiers are the countries visited.

FARGES, Capt. ABEL : *Inscriptions latines relevées en Tunisie,* par M. Danjeau, Interprète à l'armée d'occupation, art. in 'Bull. Acad. Hipp.,' 1883, No. 18, p. 65.

FARRE, Général : *Discours, à la Chambre des Députés, séance du 7 novembre 1881, dans la discussion des interpellations sur les affaires de Tunisie,* Paris, Vve P. Larousse, 1881. 8vo. Extrait du ' Journal Officiel.'

FÉRAUD, L. CHARLES: *Notes sur un voyage en Tunisie et en Tripolitaine.* 'Rev. Afr.,' 1877, vol. xx., p. 490. See also p. 27 ante.

FEROÉ, TONY: *Le Clou et la Vis, souvenirs de Tunisie,* art. in 'Revue Générale,' July 15, 1888.

FERRERO, HERMANN: *La Marine militaire de l'Afrique romaine,* art., dated Turin, Janvier, 1884, in 'Bulletin des Antiquités Africaines,' ii., 157 to 181.

FISH, GEO. W., U.S. Consul at Tunis: *French Steam Communication with Africa,* note in 'Reports from the Consuls of the U. S.,' &c. Washington, Government Printing Office, 1881, p. 8.

—— *Introduction of American Goods into Tunis,* Idem, No. 8, p. 802 to 804.

FLAMINII, J. A.: *Belli recentis Africani Descriptio, Romæ,* 1536.

FONCIN, PIERRE: *Tunisie,* art. in 'Revue de l'Afrique Française,' January, 1887, No. 21, pp. 32 to 35.

—— *Chronique tunisienne,* Idem, Feby., 1887, No. 22, pp. 72 to 75; 1886, iv., 100 to 105, 34 to 37, 182 to 189.

—— *Choses et Livres de l'Afrique française,* art. in 'Revue Politique et Littéraire,' Nov. 10, 1888. See also p. 28 ante.

FORGEMOL DE BOSTQUÉNARD, Général: *Rapport sur les Opérations militaires en Tunisie* (d'avril à juillet, 1881), Constantine, A. Braham, 1882. 8vo.

FOUQUIER, ACHILLE: *Macédoine: En Tunisie,* anecdotes de voyage, observations, croquis, pensées, Paris, Libraire des bibliophiles, 1879, 8vo.

FOURMESTRAUX, E.: *Les Budgets de l'Algérie et de la Tunisie* (1883), Paris, P. Dupont, 1882. 8vo.

FOURNIER DE FLAIX, E.: *La Colonisation de la Tunisie,* art. in 'Nouvelle Revue,' June 1, 1888.

FRANCIOSI, CH. DE, fils: *Dans le Nord de la Tunisie,* Lille, L. Daniel, 1885. 8vo. Extrait du 'Bulletin de la Société de Géographie,' April, 1885.

FRANÇOIS, ALBERT: *Tunis et la Régence sous Mohammed-el-Sadak-Bey,* Paris, Imp. Jouaust, 1867. 8vo.

FRIEDLÄNDER, L.: *Das römische Afrika,* arts. in 'Deutsche Rundschau,' 1883, xxxiv., 44 to 62, and 241 to 254.

FRISCHLIN, NICOD.: *Dido.* In Latin. The argument is taken from the fourth book of the 'Æneid.'

FROISSART, J.: *Chroniques,* contains six chapters of the expedition against the town of Africa. In the edition of Thomas Johnes, Hafod Press, 1803, 4to., 4 vols., there is an engraving of *The Siege of Tunis.*

FUCHS, EDMOND: *L'Isthme de Ghabès et l'extrémité orientale de la dépression saharienne,* Paris, C. Delagrave, 1877. 8vo. Extrait du 'Bulletin de la Société de Géographie,' Sept., 1877.

FUENTES, DIEGO DE: *Conquista de Africa donde se hallaran agora nueuamente recopiladas por Diego de Fuentes muchas y muy notables hazañas de particulares caualleros, &c.,* in 'Historia del .... Marques de Pescara,' &c. (Çaragoça, 1572). Fol., Black letter. Contains *Muerte de Muley rey de Tunez,* &c. In the first edit. of 'Historia del Marques de Pescara,' Çaragoça, 1557, the *Conquista* of Fuentes is not included. It is comprised in those of Antwerp 1568, and 1570, both 12mo.

G., A. M.: *La France coloniale. Algérie, Tunisie,* &c. Tours, A. Mame et fils, 1886. 8vo.

GAFFAREL, PAUL, Professeur à la Faculté des Lettres de Dijon : *Histoire ancienne de l'Orient,* Paris, A. Lemerre, 1875. See also 'L'Explorateur,' May 13, 1875, where an extract concerning *Les Colonies phéniciennes* is given.

GAGER, WILLIAM : *Dido.* A Latin Tragedy, presented at Oxford, in 1583. Described by J. O. Halliwell.

GARSIN, IS. : *Adamo Smith e la Tunisia,* 1875-1876, quesiti economici proposti da Is. Garsin, Marsiglia, Imp. de Cayer, 1877. 8vo.

GASPARY, Consul à Tunis : At p. xxviii. of the Table to 'Recueil Consulaire Belge,' vol. i., the following Reports are mentioned, but not included in the vol., viz. : April, 1853 ; May 17, 1853 ; Sept. 11, 1853 ; Jany. 31, 1854.

GASSELIN, EDOUARD : *Petit Guide de l'Étranger à Tunis,* Constantine, Marle, 1869. 16mo. See also p. 29 ante.

GAUDRY, J. : *Les Pèlerinages en Algérie et en Tunisie,* rapport présenté à l'assemblée des Catholiques, le 25 mai, 1886, Paris, F. Levé (1886). 12mo.

GEOFFROY, L'Abbé : *La Mort de Caton,* Tragédie, précédée d'un coup d'œil sur toutes les tragédies de Caton, et publié par C. Palmezeaux, 1804. 8vo., 5 acts, verse.

GEOFFROY, AUGUSTE : *Chronique tunisienne et algérienne,* in 'Revue de l'Afrique Française,' July, 1887, No. 27, p. 231 ; No. 28, p. 260 ; No. 29, p. 292 ; No. 32, p. 405 ; Feby. 1888. No. 34, p. 50 ; No. 35, p. 76.

GERÈS CAMARSAC, Chevalier de : *La Mort de Caton,* Tragédie en 5 actes et en vers, d'après ADDISON, Bordeaux, Lawalle jeune, 1814. 8vo., pp. 2 and 89. See p. 7 ante.

GILBERT, Sous-lieutenant : *Fouilles d'El-Kantara en* 1882, in 'Bulletin Archéo. du Comité des Travaux Hist. et Scient.,' 1885, No. 1, pp. 119 to 124, with folding illustration.

GILLIES, JOHN, LL.D. : *The History of the World,* from the Reign of Alexander to that of Augustus, London, Caddell & Davies, 1807. 4to., 2 vols. The struggle between Rome and Carthage is described.

GILLOT DE SAINCTONGE (or XAINTONGE), Mme. : *Didon,* Tragédie lyrique, 5 acts and prologue, music by DESMARETS (see that name), acted at the Académie Royale de Musique, Paris, June 5, 1693 ; reacted 1704.

GIRARD, BENJ. : *Souvenirs de l'Expédition de Tunisie,* Paris, Berger-Levrault & Cie., 1883. 8vo. From 'Revue Maritime et Coloniale.'

GIRARD DE RIALLE : *Monuments mégalithiques de Tunisie,* Angers, Burdin, 1884. 8vo. Extrait du 'Bulletin des Antiquités Africaines,' fasc. ix., juillet, 1884.

GLADSTONE, Right Hon. WILLIAM EWART : *Juventus Mundi: The Gods and Men of the Heroic Age,* London, Macmillan and Co., 1869. Chap. v. is devoted to The Phœnicians and the Egyptians.

—— *Phœnician Affinities of Ithaca,* art. in 'Nineteenth Century,' August, 1889.

GOGUYER, A. : *Choix splendide de Préceptes cueillis dans la loi—Petit-Manuel de Droit immobilier suivant les deux rites musulmans orthodoxes de la régence de Tunis,* Traduit sur la première édition du texte arabe, Imprimé à Tunis en l'an de l'hégire 1301 et annoté par A. Goguyer, Paris, Maisonneuve et Leclerc, Tunis, V. Brun, 1885. 12mo., pp. 108 ex-titles.

(GOLT, L'Abate GAETANA) : *Il Catone in Utica* di Giuseppe ADDISSON (sic), tradotto dall' inglese in versi italiani

da Euridalco Corinteo P. A.,
Roma, il Casaletti (1776). 8vo., pp.
162, engraving by Carlo Antonini
after Agassito Vitti, 5 acts. See p.
7 ante.

Gorringe, H. H. : *Inland Sea, North
Africa*, art. in ' Nation,' xxvii., 236.
—— *A Cruise along the Northern
Coast of Africa*, ' Bull. Amer. Geogr.
Soc.,' 1881. No. 2, pp. 47–58. See
also p. 30 ante.

Gorringe, Lt.-Commander Henry
H. ; and Lieut. Seaton Schroeder,
U.S. Navy : *Coasts and Islands of
the Mediterranean Sea*, ' Bureau of
Navigation,' Hydrographic Office,
Washington, 1879. 8vo.

Gottsched, J. C. G. : *Sterbender
Cato*, 1732. Imitated from Addison.
See p. 7 ante.

Graham, Alexander ; and Ashbee,
H. S. : *Travels in Tunisia*, with a
Glossary, a Map, a Bibliography,
and Fifty Illustrations. London,
Dulau & Co., 1887. Large 8vo.
pp. viii. and 295.

' *Tunisia* is exactly what it should
be. . . . The two friends distinctly per-
ceived the requirements of the age. . . .
The exhaustive bibliography is truly valuable, and gives weight to the volume.'
—Sir Richard F. Burton, *Academy*,
June 16, 1888.

' A pleasant book of travels, composed in agreeable proportions of
general description of country, people
and manners, on the one hand, and of
architectural observations and research
on the other. . . . The account of
Kerouan, the sacred city, until lately
quite inaccessible to all but true Mos-
lems, is very interesting. So is the
account of the remains of the Roman
city of Sufetula.'—*American Architect*,
June 30, 1888.

' Modestly written and beautifully
illustrated. . . . It is, indeed, one of
the best of modern books. . . . What
they tell may be trusted as accurate,
while the excellent phototypes, woodcuts,
and the heliographic reproductions of
their architectural drawings, render their
volume of lasting value. There is . . .
a bibliography of works and papers on

Tunis . . . practically complete. . . .
As an archæological treatise their well-
written, well-illustrated, well-indexed,
and altogether most satisfactory volume
will continue to be valued '—*Athenæum*,
January 28, 1888.

' A book which contains much information, and a good many admirable
illustrations, especially of the Roman remains of the country. . . . The authors
have added to their book a very useful
bibliography . . . We may congratulate
them on the production of what is a very
pleasant and readable book in itself,
though its chief value and interest con-
sist in the description of the great Roman
remains that were visited, and in the
admirably executed and produced illustrations of these and of some of the
Moorish buildings. In a practical sense,
also, the book will be of use to any who
may wish to explore the same line of
country, in giving information as to the
means (or no means) of getting about,
and the various and apparently not slight
difficulties they will have to contend with.
—*Builder*, Dec. 10, 1887.

' The glossary of Arabic terms added
to this book will be of use to scholars,
and the bibliography is an excellent compilation. . . . The authors have given
an excellent representation of what remains of the noble Roman amphitheatre
at El Djem.'—*Catholic Press*, May 9, 1888.

' Mr. Alexander Graham and Mr.
H. S. Ashbee, in their *Travels in
Tunisia*, describe a ruined country in
lively, fascinating style. The work is
replete with valuable information, not
only on architectural and archæological
subjects, but on the every-day matters
of life and ordinary commerce. They
give also an excellent bibliography of
the country they describe, and their
book is a guide of great value to the
traveller in search not only of general
knowledge, but of a deeper acquaintance
with the remains of Roman civilisation
in an important part of Northern Africa
than falls to the lot of the ordinary
tourist.' Mr. Alfred Waterhouse,
R.A., President's Address, *Journal of
Proceedings of the Royal Institute of
British Architects*, Nov. 8, 1888, p. 24.

' Un fort beau volume édité avec
luxe. . . . L'ouvrage est complété par
un glossaire des mots et locutions arabica
employés dans la relation, et par un
très beau travail bibliographique . . .
Des figures photographiques ou des hé-
liogravures, dans lesquelles un emploi

G

discret de la couleur donne aux perspectives un fuyant et aux premiers plans un relief singulièrement appropriés aux objets représentés ; des restaurations et des mensurations d'anciens édifices ajoutent à la valeur des descriptions du texte toujours impuissantes, quelque fidèles et colorées qu'elles soient, à donner l'idée exacte de la configuration et de l'aspect des choses quand elles ne sont pas interprétées et éclairées par le dessin. Enfin de nombreux bois, exécutés avec une netteté et une entente architecturale dont on ne saurait trop faire l'éloge, achèvent de faire de ce livre, qui est une mine de renseignements précieux, un véritable ornement de bibliothèque. Je ne connais pas de publication française qui offre sur la Tunisie une lecture à la fois aussi attrayante et aussi instructive, et il est bien dommage que parmi les nombreuses personnes en France pour lesquelles ce pays a un intérêt de jour en jour plus grand si peu puissent en profiter.'— *Le Livre*, February, 1888.

'The authors decided at the outset that they would not write "what is popularly known as an entertaining volume of travel." . . . And it must be admitted that they have formed a much more acceptable idea of the functions of such a book than the majority of "travellers" so-called, who are for the most part tourists pure and simple. . . . A glossary and map add to the merits of this plain and unvarnished account of some of the chief objects of interest in a country little known as yet to the Western world. Of the illustrations, whether the tinted heliogravures or the phototypes, it would be difficult to speak too highly, and they are among the best specimens of the reproduction by "process" of original drawings and of photographs respectively that have been published. It can be said of few book pictures that they are works of art, but these, especially the prints of Mr. Graham's beautiful sketches, fully deserve such a description.'—*Morning Post*, January 25, 1888.

'It embodies the outcome of personal explorations, is, as the authors claim, free from padding of every kind, describes nothing the writers have not seen, and records no incident outside their direct experience. In this, as in other matters, accordingly, it is far in advance of books of its class. It is, moreover, written with great vivacity,

and makes appeal to two classes of readers. For the archæologist it has the recommendation of brimming over with illustrations of spots of antiquarian interest. . . . To the more general reader, meanwhile, it appeals by its pictures, no less vivid and striking, of the life of to-day. . . . We are yet far from the period when Tunisia will be a haunt of the British tourist. . . . It will be strange, however, if this work, equally bright and scholarly, does not send some adventurous spirits upon journeys of exploration. A feature of special value in the book is a bibliography of Tunisia, . . . admirably arranged.'—*Notes and Queries*, 7 S. V. 78.

'For a first trip to the Regency there could be no better preparation than a perusal of this interesting work, . . . while those who want more information may consult a bibliography extending over seventy-seven pages, and comprehensive enough to catalogue Addison's *Cato*.'—*St. James's Gazette*, March 24, 1888.

'Messrs. Graham and Ashbee have produced a careful and well-written account of journeys to Tunis, Kairwan, Sfax, Gabes, Carthage, and most other interesting places in the province, without any fine or gossipy writing, but with a record of careful observation and experience, and with half a hundred most admirable illustrations of all kinds. . . . Mr. Ashbee has added a very careful and elaborate bibliography, and the whole composes one of those books of travels which remain.' — *Saturday Review*, March 31, 1888, p. 392.

'Ce livre imprimé à Londres sur beau papier vélin est revêtu d'un cartonnage très élégant.'— M. EUGÈNE PAILLET, *Société des Amis des Livres (Paris) Annuaire*, 1888.

'One of the very best books on Tunis. . . . The authors confine themselves strictly to their own observations. The illustrations are accurate, beautiful, and numerous, executed with the faithfulness of the trained architect, with, at the same time, the delicate lines of the artist. While the authors deal mainly with the rich archæological and architectural features of the country, there is much useful topographical information. The authors succeeded in covering a very large extent of ground, going right into the heart of the country.'—*Times*, August 10, 1888.

GRANGE, GUILLAUME DE LA : *Didon,* tragédie, 1582.

GRAUX, CHARLES : *Note sur les Fortifications de Carthage,* à l'époque de la 3° guerre punique, Paris, Imp. Nat., 1878. 8vo. Extrait des 'Mélanges publiés par l'École des Hautes Études,' pp. 173-208.

GRAVELINGANUS, PETRUS LIGNEUS (VAN DEN HOUTE) : *Dido,* tragœdia ex libris Æneidos Virgilii, Antverpiæ, Joan. Withagius, 1559. 8vo.

GREATHEED, Rev. SAMUEL : *Inquiries respecting the Origin of the Inhabitants of the British Islands,* in 'Archæologia,' xvi., 119, contains notice on ancient Punic or Carthaginian Dialect.

GUÉRIN, V. : *Sfax; L'Île de Djerba; Sousa,* in 'L'Exploration,' xii., No. 234.

—— *Kairouan,* Paris, Imp. de L. Martinet (1861). 8vo. Le titre de départ porte en plus : Lecture faite à la séance générale de la Société de Géographie de Paris, le 21 décembre 1860. See also p. 31 ante.

GUERNSEY, A. H.: *Digging for Carthage,* art. illustrated, in 'Harper's New Monthly Magazine,' xxii., 766.

—— *Notes from the Barbary States,* Idem, v., 451.

GUILLEMARD, M. : *Caton d'Utique,* Tragédie de M. ADDISSON (sic , traduite de l'anglois par M. Guillemard, écrivain de la marine et des classes secrét. de l'intendance de marine en Bretagne, Brest, R. Malassis, 1767. 8vo., pp. v. and 57. 'Il n'y a que quelques scènes traduites en vers. Les autres ne sont qu'analysées.'— PAUL LACROIX. See p. 7 ante.

GUMPRECHT, T. E. : *Der Bezirk von Sfax in Tunesien,* art. in 'Zeitschrift fur allgemeine Erdkunde, Berlin, D. Reimer, 1853,' pp. 399 406.

GURICH, Dr. : *Ueberblick uber den geo-*

*logischen Bau des Afrikanischen Kontinents,* Mit Karte, 'Peterm. Geogr. Mitth., 1887.' p. 257.

GÜSZFELDT, PAUL : *Gedächtniszrede auf Gustav Nachtigal,* am 17 Mai, 1885, in 'Deutsche Rundschau,' 1885, xliv., 103 to 114. Dr. NACHTIGAL (see that name) started from Tunis on the journey in which he died.

HENNIQUE, P. A. : *Caboteurs et Pêcheurs de la côte de Tunisie en* 1882, Paris, Berger-Levrault, 1884. 8vo. Extrait de la 'Revue Maritime et Coloniale.'

HÉRON DE VILLEFOSSE, ANT. : *Notes d'Épigraphie africaine,* in 'Bulletin des Antiquités Africaines,' 1882, i., 19 to 30, 283 to 288 ; ii., 345 to 357 ; iii., 188 to 191, 201 to 240.

—— *Mosaïques récemment découvertes en Afrique,* at Soussa, Tabarca, inter alia, art. illustrated, in 'Revue de l'Afrique Française,' Dec., 1887, No. 32, pp. 371 to 400.

—— *Les Inscriptions latines de l'exposition des fouilles d'Utique,* Vienne, Imp. de E.-J. Savigné, 1882. 8vo. Extrait du 'Bulletin Epigraphique de la Gaule,' Nov.-Dec., 1881.

HESSE-WARTEGG, E. VON : *Tunis and its Bey,* art. in 'Century,' New York, i., 803. Arts. on Hesse-Wartegg's work on Tunis (p. 34 ante) will be found in 'Athenæum,' 1882, i., 184 ; and by Mr. COUTTS TROTTER in 'Academy,' Feby. 18, 1882, xxi., 112.

HIRSCHBERG, J.: *Eine Woche in Tunis,* Tagebuchblätter, Leipzig, Veit, 1885. 8vo.

HOARE, PRINCE: *Dido, Queen of Carthage,* an Opera, 1792. 8vo., music by STORACE, derived from METASTASIO, see that name.

HOOLE, JOHN : *Dido,* an Opera, 1800. 8vo. Translated from METASTASIO, see that name.

HORNSTEDT, N. W., U.S. Consul at Moscow: *Russian Kerosene in Africa and Spain*, from an article on Russian kerosene trade with Tunis and Spain in the 'Moscow Gazette,' June 13, 1888, report in 'Reports from the Consuls of the United States,' 1888, No. 95, p. 58.

HOUDAS, O.; et BASSET, R.: *Mission scientifique en Tunisie*, 2º partie, Bibliographie, in 'Bulletin de Correspondance Africaine,' Algér., P. Fontana, 1883-1885. 8vo., iii., 5, 97, 181. See also p. 34 ante.

HUBBARD, J. M.: *Tunis*, art. in 'Nation,' New York, xxxv., 491.

HUMBERT, Lieut. JEAN EMILE: A notice of his life and voyage to Tunis is given at p. 22 of 'Bibliografie van Nederlandsche Boeken, &c., over Afrika.' See also p. 34 ante.

ILLESCAS, GONZALO DE: *Jornada de Carlos V. á Tunez*. Madrid: Edicion estereotipica. 1804. 8vo., pp. 41, with 8 unnumbered including titles. Reprinted from 'Historia pontifical y catolica,' 1564, by same author.

JACASSY, A. F.: *Kairwan*, art. in 'Harper's New Monthly Magazine,' lxviii., 831, illustrated.

JACKSON, JOHN: *Reflections on the Commerce of the Mediterranean;* Deduced from actual experience during a Residence on both shores of the Mediterranean Sea, containing a particular account of the Traffic of the Kingdoms of Algiers, Tunis, Sardinia, Naples, and Sicily, the Morea, &c., &c., London, Clarke, 1805. 8vo., pp. 222. 'Full of details which have every appearance of accuracy, and are related without any affectation.' 'Edinburgh Review,' vi., 478.

JACQUINOT D'OISY, PAUL: *Autour du Rhamadan tunisien, mélanges de voyage et de musique*. Paris, Marpon et Flamarion, 1887. 12mo.

JIMÉNEZ, CARLOS: Consular Report dated Túnez, 24 de Mayo de 1887, in 'Memorias Comerciales,' 1888, xiii., 9 to 12.

JODELLE, ETIENNE: *Didon*; tragédie, 5 acts, verse.

JOINVILLE, SIRE DE: *Saint Louis, King of France*. Translated by JAMES HUTTON. London, Sampson Low & Co., 1868. 12mo. The King's death is recounted in Chapt. xv. See also p. 36 ante. For the numerous lives of Louis IX. consult 'Bibliographie Biographique,' of E. M. Oettinger.

JONA, GIULIO, Vice-Console a Tunisi: *Rapporto intorno alle condizioni economiche e commerciali della Tunisia duranti gli ultimi 5 anni*, Tunisi, 27 Maggio, 1886, in 'Bollettino Consolare,' vol. xxii., fas. vi., p. 713.

JULIEN, FÉLIX: *Tunis et Carthage*. Paris, Plon et Cie, 1881. 8vo. See also p. 37 ante.

JULLIAN, CAMILLE: *Notes sur l'Armée d'Afrique sous le Bas Empire*, in 'Bulletin des Antiquités Africaines,' 1884, ii., 269 to 276.

JUMELLE, ÉMILE: *Les Bouffons de Tunis*, poème satyrique, Paris, L. Michaud, 1883. 16mo.

JUNKER, P. S.: *Die Anschiffung Libyens durch die Phönizier*. Conitz, 1835. Also Leipzig, 1841.

KHÉRÉDINE, Général, ancien Ministre de la Marine à Tunis: *Réformes nécessaires aux états musulmans*, Essai formant la première partie de l'ouvrage politique et scientifique intitulé : La plus sûre direction pour connaître l'état des nations, Traduit de l'Arabe sous la direction de l'auteur, Paris, Imp. de P. Dupont, 1868. 8vo. See also BENAÏAD, p. 82 ante.

KLEIST, Dr. HUGO, Stabsartz d. L.; und ALBERT Freiherr von SCHRENCK VON NOTZING, Lieutenant im Kgl. Pr. 2. Garde-Feld-Artillerie Regiment : *Tunis und seine Umgebung,* Ethnographische Skizzen, Leipzig, Wilhelm Friedrich, 1888. 8vo., pp. 253.

KNAUSTIUS, HENRICUS : *Dido.* Tragœdia, de Fugâ et Hospitio Æneæ Trojani, apud Didonem Reginam Carthaginis, Franc., hæred. Chr. Egen, 1566. 8vo., pp. 24 and 56.

LA BLANCHÈRE, M. R. DE, Directeur du Service beylical des Antiquités et des Arts, Tunis : *Découvertes archéologiques à Carthage et dans la presqu'île du Cap Bon* (Extraits de la correspondance adressée par M. de la Blanchère au Ministère de l'instruction publique), in ' Bulletin Archéo. des Travaux Hist. et Scient.,' 1886, No. 2, p. 215 to 219.

—— *Découvertes archéologiques en Tunisie.* Extraits de la correspondance de M. de La Blanchère, May to Oct., 1887, Idem, 1887, No. 3, pp. 435 to 449.

—— *Tombeaux uniques découverts à Sousse,* illustrated, Idem, 1888, No. 1, pp. 151 to 155.

—— *La Mosaïque de Neptune à Sousse,* with folding illustration, Idem, pp. 163 to 176.

LA BOUILLE, ABBÉ : *Description des Basiliques du Kef,* in 'Bulletin du Comité des Travaux Hist. et Scient.,' 1884, 175, 176.

LACOMBE, M., Avocat : *Abrégé chronologique de l'Histoire ancienne des Empires et des Républiques qui ont paru avant Jésus-Christ, &c.,* Paris, chez Jean - Thomas Herissant, M.DCC.LVII. 8vo., pp. 551 and 10 unnumbered. Contains notices of Carthage and the Carthaginians.

LAFAURIE, PAUL DE : *Le 20e de ligne en Tunisie* (1881 1884), Montauban, Forestié, 1884. 16mo.

LALLEMAND, CHARLES : *Tunis et ses environs,* un vol. de luxe in-4e raisin, Texte et 150 Aquarelles par Charles Lallemand, Prix 35 Francs, En souscription pour paraître en Mai 1889. The above is the announcement of the publisher Quantin.

LAMARRE, C.; et FLINIAUX, CH.: *Les Pays étrangers et l'Exposition universelle de 1878. L'Egypte, la Tunisie, le Maroc,* Paris, Delagrave, 1878. 12mo.

LAMEY, AUGUST : *Cato's Tod,* ein Trauerspiel in einem Aufzuge Strassburg, Amand König, Jahr 7 1799. 8vo., verse.

—— *Marius zu Carthago,* ein Trauerspiel in einem Aufzuge, Paris, Amand Koenig, an vi. 8vo., verse.

LANESSAN, J. L. DE : *Le port de Bizerte et le port de Tabarka,* art. in ' Revue Géographique Internationale,' July, 1887. See also p. 38 ante.

LANGLOIS : *Discours à la Chambre des Députés, séance du 8 novembre 1881, dans la discussion des interpellations sur les affaires de Tunisie,* Paris, Vve P. Larousse, 1881. 8vo. Extrait du ' Journal Officiel.'

LANIER, L. : *L'Afrique. Choix de Lectures de Géographie* accompagnées de résumés, d'analyses, de notes, explications et bibliographies, Paris, Eugène Belin, 1884. 8vo., pp. x. and 920. Art. No. 109, pp. 341-344, refers to Tunisia.

LA PLACE : *Cato,* 1714. Translation of ADDISON. See p. 7 ante.

LATASTE, FERNAND : *Exploration scientifique de la Tunisie. Catalogue critique des Mammifères apélagiques sauvages de la Tunisie,* Paris, Imp. nationale, 1887. 8vo. See also p. 38 ante.

LAVOIGNAT, E. ; et POUYDRAGUIN, G. DE : *Notes sur les Ruines de Me-*

*dinet-el-Khedima* (Thelepte), with map, in ' Bulletin Archéo. du Comité des Travaux Hist. et Scient,' 1888, No. 1, pp. 177 to 193.

LAWRENCE, EUGENE : *Carthage*, art. in 'Harper's New Monthly Magazine,' xliii., 908.

LEBÈGUE : *Deux Inscriptions inédites de Thugga*, Toulouse, Imp. de A. Chauvin et fils, (1884). 4to.

LE CLERCQ, AUG. : *Bibliothèque ancienne et moderne de l'Algérie et des États Barbaresques*, avec des notices et des éclaircissements bibliographiques et historiques recueillis par M. Aug. Le Clercq, Paris, 1855. 2 vols. pet. in-fol. demi-rel. mar. vert. Travail important manuscript. No. 360 in Cat. of his sale, Paris, Labitte et Cie, 1889.

LE FRANC DE POMPIGNAN, J. J. : *Didon*, Tragédie, Paris, Chaubert, 1746. 8vo., 5 acts, verse.

LEGUEUX, M., Élève consul attaché au Consulat général de France à Tunis : *Commerce et Navigation de la Régence de Tunis pendant l'année 1878*, in 'Bulletin Consulaire Français,' 1880, p. 91.

LE METEL, FRANÇOIS, Sieur de BOISROBERT : *La Vraye Didon, ou la Didon chaste*. Tragédie, Paris, Toussaint Quinet, 1642. 4to., 5 acts, verse.

LEO AFRICANUS : *Turcici Imperii status acedit . . . de regno Algeriano atque Tunetano commentarius*, Lugduni Batavorum, 1634. 8vo. See also p. 40 ante.

LESSEPS, F. DE : *Algérie et Tunisie*, art. in 'Nouv. Revue,' 1881, xiii., 489-497. See also p. 41 ante.

LETOURNEUX, A., Ancien Vice-Président de la Cour Internationale d'Alexandrie : *Exploration scientifique de la Tunisie*, Rapport sur ne Mission botanique exécutée en 1884 dans le Nord, le Sud, et l'Ouest de la Tunisie, Paris, Imp. nationale, 1887. 8vo., pp. 93. See also p. 40 ante.

LETOURNEUX, A.; and BOURGUIGNAT, J. R. : *Exploration scientifique de la Tunisie. Prodrome de la Malacologie terrestre et fluviative de la Tunisie*, Paris, Imp. nationale, 1887. 8vo. See also p. 13 ante.

LEWAL, Général : *Étude sur la Frontière de Tunisie*. Lecture faite à la séance du 4 mai, Montauban, Forestié, 1881. 8vo. Extrait du 'Bulletin de la Société Archéologique de Tarn-et-Garonne.'

LINDINGER, JOHANN SIMEON, Rector des reformirten Gymnasü : *Die Carthaginienser*, Halle, gedruckt mit Eurtischen Christen, 1757. 4to., pp. 16.

LOBECK, C. A. : *De Sanchuniathonis* (see that name) *Theologia Punica Dissertatio*, &c., Regiomonti Borussorum, typis acad. Hartungianis, MDCCCXXIX. 4to., pp. 8.

LONGPÉRIER, ADRIEN DE : *Inscriptions phéniciennes de Carthage*, Paris, Imp. Impér. 1869. 8vo. Extrait No. 4 de l'année 1869 du 'Journal Asiatique.' See also p. 42 ante.

LOUIS-SALVADOR, Archduke : *Yacht-Reise in den Syrten*, 1873, Prag, 1874. 4to., pp. 400, with map, 30 illustrations, and 34 woodcuts in text.

'This, like all the distinguished author's numerous works, is got up magnificently, and is for private circulation only. His route lay from Alexandria along the North Coast of Africa to Tunis.'—PLAYFAIR.

M***. : *Notice historique sur la Tunisie*, Paris, L. Baudoin, 1886. 8vo. Extrait du 'Journal des Sciences Militaires,' année 1886.

M., A. : *La Tunisie*, Mascara (Algérie), Imp. de E. Ruet. 8vo., no date. Par A. M. La couverture imprimée sert de titre.

MACHIAVELLI, G. B., Vice-Console a Tunisi: *Cenni sul Commercio e sulla Navigazione dei principali Porti Tunisini nell' anno* 1869, in 'Bollettino Consolare,' 1870, vol. vi., fas. viii., p. 117.

—— *Sulle Colonie Europee nella Tunisia,* Ibid., 1871, vol. vii., fas. iv., p. 223.

MACHUEL, M.: *L'Exposition scolaire de Tunis,* extraits d'un rapport de M. Machuel, art. in 'Revue Pédagogique,' Nov. 15, 1888. See also p. 43 ante.

MACPHERSON, DAVID: *Annals of Commerce,* Manufactures, Fisheries, and Navigation,&c., from the earliest Accounts to the Meeting of the Union Parliament in January, 1801, &c., Edinburgh, Mundell & Son, 1805. 4to., 4 vols. An account is given, *inter alia,* of the great naval expedition of the Carthaginians about 500 years A.C.

MAIMBOURG, Le P. LOUIS: *Histoire des Croisades,* &c., Paris, Sebastien Mabre-Cramoisy, 1682. 12mo., 4 vols., second edit., frontispiece. Done into English by Dr. JOHN NALSON as *History of the Holy War,* &c. London, Arthur Jones, 1686, fol. Contains: 'Description of Tunis and Carthage. The taking of the Port, the Tower, and the Castle of Carthage.' Death of King Louis. 'The Treaty of Peace with the King of Tunis,' &c.

MALLAT DE BASSILAN: *Tunis et la Tunisie,* Tournai, Casterman, 1882. 8vo.

MARCELLI: *Aperçu historique sur la tribu des Kroumirs sous les Carthaginois, les Romains, les Vandales, les Arabes et les Turcs,* Paris, Imp. de Moquet, 1881. 8vo.

MARIANA, El Padre: *Historia de España,* Madrid, Gaspar y Roig, 1849. 8vo., 5 vols., illustrated.

The expedition of Charles V. is told in vol. iii., book iii., chapt. i., and a woodcut is added of the emperor in armour on horse-back as he entered Tunis. That against Aphrodisium is in vol. iii., book iv., chapt. xi., and has a portrait of Barbarossa.

MARIVAUX: *Annibal,* Tragédie, Paris, N.B. Duchesne, 1758. 12mo., 5 acts, verse.

MARMONTEL, J. F.: *Didon,* Tragédie lyrique, 3 acts, music by N. PICCINI, first acted at the Académie royale de musique, Paris, Dec. 1, 1783.

MAS' LATRIE, Le Comte: *L'Afrique sous la domination des Romains,* Paris, 1864. See also p. 44 ante.

MASSIGLIA, A. RAYBAUDI, Vice-Console a Tunisi: *Movimento della Navigazione dei bastimenti partiti ed arrivati, con bandiera italiana, nei diversi porti della Tunisia durante l'anno* 1881, in 'Bollettino Consolare,' xviii., part i., p. 549.

MATTEI, ANNIBAL, Agent consulaire de Belgique à Sfax: *Renseignements sur le Mouvement commercial et la Situation industrielle de Sfax en* 1872, in 'Recueil Consulaire Belge,' 1872-3, xix., 677 to 680.

—— The same for 1873, Idem, 1874, xx., 291 to 296.

—— The same for 1875, Idem, 1876, xxii., 362, 363.

MAX, GUSTAVE, Consul de Belgique à Alger: *Rapport commercial,* in 'Recueil Consulaire Belge,' 1870, xvi., 538 to 552.

MEDINA, M. GABRIEL, Chancelier du Consulat de Belgique à Tunis: *Rapport* (No. 58) *sur le Mouvement maritime et commercial de Tripoli,* in 'Recueil Consulaire Belge,' 1880, xxviii., 109 to 139. Contains much information concerning Tunis.

MELON, PAUL: *L'Alliance française et l'enseignement français en Tunisie*

*et en Tripolitaine*, Paris, Dentu, 1885.
8vo. See also p. 45 ante.
MENNECHET, ED.: *Caton d'Utique*,
Tragédie, imitée de l'anglais, Paris,
Delaunay, 1815. 3 acts, verse. See
p. 7 ante, ADDISON.
METASTASIO, PIETRO:*Catone in Utica*.
—— *Didone abbandonata*. Operas in
verse in 'Opere, Parigi, Vedova lléris-
sant, 1780-1782.' 8vo., 12 vols. See
also HOARE, HOOLE.
MEYER, E., Chef du cabinet du sous-
secrétaire d'État des Colonies : *Le
Protectorat en Tunisie*, art. in
'Annales de l'École des Sciences
Politiques,' January 1888.
MEYNERS D'ESTREY, HENRY : *Les
Progrès en Tunisie*, art. in 'An-
nales de l'Extrême-Orient et de
l'Afrique,' Dec. 1, 1888.
MICHAUD, J. F.: *Histoire des Croisades*. In Livre xvii. will be found
an account of the French expedition to Tunis and death of Louis
IX. Numerous editions. In that
of Paris, Furne & Cie., 1857, is
an engraving of the 'Derniers
Moments de St. Louis' from a
composition by NAPS. THOMAS, and
in that of 1877 by the same pub-
lishers, 'La Nuit du 25 Août 1270
(Mort de Saint Louis,' by GUSTAVE
DORÉ. Translated into English by
W. ROBSON, as *History of the Cru-
sades*, &c. London, G. Routledge
& Sons, 1881. To the French edi-
tion of L. G. Michaud, 1819, are
joined two vols., vi. and vii. of
*Bibliographie des Croisades*.
MINA, G. C., R. Vice-Console a Susa :
*Navigazione italiana nel Porto di
Susa durante l'anno* 1887, report in
'Bollettino del Ministero degli
Affari Esteri,' 1888, 7 pages.
MONCEAU, PAUL : *Apulée Roman et
Magie*. Paris, Quantin (1889). 8vo.
Describes very fully the relation
between Apuleius and the Car-

thaginians, and affords sketches of
the city and the manners and cus-
toms of its inhabitants.
MONIER, Capt. : *Note sur le Ksar-
Mezouar* (Tunisie), art. in 'Bull.
Acad. Hipp.,' 1883, No. 18, p. 59.
MONLEZUN, Capitaine : *Les Ruines de
Tacape* (Gabès), with a map, in
'Bulletin Archéo. du Comité des
Travaux Hist. et Scient.,' 1885,
No. 1, pp. 126 to 131.
MONTCHRESTIEN, ANT. DE : *La Car-
thaginoise, ou la Liberté*. Tragédie,
1596.
MONTFLEURY, ANTOINE JACOB DE :
*L'Ambigu comique, ou les Amours
de Didon et d'Æneé*, Tragédie,
Paris, H. Loyson, 1673. 3 acts.
MONTREU, NICOLAS DE : *Annibal*,
tragédie, 1595.
MORALES, CRISTÓBAL DE : *Amores
de Dido y Eneas*. MS. Biblioteca
de Osuna.
MOREAU, FRÉDÉRIC : *Notice sur des
Silex taillés recueillis en Tunisie*,
in 'Materiaux pour l'Histoire Primitive et Naturelle de l'Homme,' Sept.
and Oct., 1888. See p. 46 ante.
MOUCHEZ, Admiral E., Director of
the Observatory at Paris : *Explana-
tion des Golfes des deux Syrtes entre
Sfax et Benghasi*. 'Comptes-rendus
des séances de l'Acad. des Sc.,' 1877,
t. lxxxiv., pp. 49-55.
—— *Travaux hydrographiques de
M. Mouchez*, in Tunisia and Tripoli,
analysis of a discourse given by that
gentleman, Jany. 8, 1877, at the
Académie des Sciences, in 'L'Exploration,' 1877, 2e semaine de
Janvier, p. 77. See also p. 46 ante.
MULHALL, M. : *A Week in Tunis*,
1849, in 'Month,' xliv., 166.
(MÜNTER, F.): *Om Nogle i Karthago
vander Vandalernes Herredömme
slagne Mynter*, Imp. Enke & Co.
8vo. Without place or date. Attributed to Münter in a MS. note by

the abbé Grégoire. See also p. 46 ante.

NABBES, THOS. : *Hannibal and Scipio,* a Historical Tragedy, 1637. 4to. The scene of the third act plays at Utica, that of the fourth at Carthage.

NACHTIGAL, Dr. GUSTAV : *Tunis,* art. in ' Deutsche Rundschau,' 1881, xxvii., 439 to 453. At the end of the art. we read, ' Ein zweiter Artikel über Land und Leute von Tunis folgt.' This promised art. seems not to have been published, probably on account of Dr. Nachtigal's premature death.

NADAILLAC, Marquis de : *Silex taillés recueillis par M. F. MOREAU en Tunisie,* art. in ' Nature,' August 18, 1888.

NEY, NAPOLÉON : *Les Chemins de fer algériens et tunisiens,* art. in ' Génie Civil,' 1887, x., 22.

—— *Les Écoles indigènes en Tunisie,* art in ' Tunis-Journal,' 1887, x., 19.

—— *Vœux du Syndicat des Agriculteurs tunisiens,* Idem, 1887, xii., 10.

NICOLAS, MARIUS : *Archéologie phénicienne. Commentaire analytique de deux Inscriptions carthaginoises,* art. in ' Bull. Acad. Hipp.,' 1879, No. 14, p. 89.

NIJSSEN, C., Consulaat der Nederlanden te Tunis : *Rapport Annuel,* in ' Verzameling van Consulaire, &c., Berichten,' 1886, p. 106.

NIOX, Commandant : *Géographie militaire,* Paris, L. Baudoin, 1882, 18mo. Tunis with a map.

NOEL, O. ; et V. DE GIRARD DE CHARBONNIÈRE : *Du Progrès en Tunisie,* Paris, Tous les Libraires, 1867. 8vo.

NORDSTRÖM, J. A., Swedish Consul at Algiers : Reports headed *Alger* contain information concerning Tunis and Tunisian ports, in ' Berattelser om Handel och Sjöfart,' 1883,

p. 442 ; 1884, p. 508 ; 1885, p. 450 ; 1886, p. 410 ; 1887, p. 519 ; 1888, p. 784.

NOVERRE, JEAN GEORGES : *Les Amours d'Enée et de Didon.* Ballet, 1781.

NOYES, EDWARD F. : U. S. Minister at Paris : *Commerce of the East and of North Africa, and the share of the United States therein,* in ' Reports from Consuls of the U. S.,' Washington, Gov. Printing Office, 1881, pp. 24 to 31.

NUCULA, ORAZIO : *Commentariorum de Bello Aphrodisiensi anno 1550, gesto libri v.,* Roma, 1552. 8vo.

OBERHUMMER, E.: *Phönizier in Akarnanien,* München, 1882. 8vo., pp. 84.

OHGIM: *Vätterliches Schreiben Oügim, Königs zu Tunisi in Africa, an seinen Sohn Mahomet,* München, 1647.

OUALID, A. : *Principales Époques de la Tunisie,* documents pour servir à l'histoire de ce pays, Alger, Imp. d'Aillaud, 1874. 4to.

OUTREY, EDMOND : *Avenir financier de la Tunisie,* Paris Ghio, 1880. 16mo.

OVID : *Dido Aeneae,* Epist. vii. See also DRYDEN.

OZELL, J. : *Cato,* a Tragedy, 1716, 12mo. A translation from the French of DESCHAMPS (see that name), to which is added a parallel between that play and the *Cato* of ADDISON. See p. 7 ante.

PAGNI, G. : *Lettere a F. Redi in ragguaglio di quanto egli vidde et operò in Tunisi,* 1667. Also Firenze, 1829. 8vo.

PALADINI, LEONE : *La Ferrovia del Sahara, fra Gabes e il Sudan, e sua evidente correlazione cogli interessi commerciali d'Italia.* Cagliari, 1879. 8vo. pp. 64.

PALAT, Lieutenant : *Mémoire sur les Antiquités de Sousse et de Bir-Oum-*

*Ali* (Tunisie), in 'Bulletin Archéo. du Comité des Travaux Hist. et Scient.,' 1885, No. 1, pp. 149 to 152.

PALLERIN, TH. : *Les Biens de main morte* (Nabbons) *en Tunisie*. Tunis, 'Bibliothèque de Tunis-Journal.'

PALLU DE LESSERT, CLÉMENT : *Les Assemblées provinciales et le Culte provincial dans l'Afrique romaine*, in 'Bulletin des Antiquités Africaines,' 1884, ii., 5 to 67, 321 to 344.

—— *Les Provinces africaines*, chapitre extrait du T. V. de l' 'Histoire romaine de TH. MOMMSEN,' traduit par M. Cl. Pallu de Lessert, Idem, iii., 192 to 196, 269 to 278 ; iv., 16 to 90.

PALLU DE LESSERT ; et WALTER, L. : *Les Provinces africaines*, as above, in 'Revue de l'Afrique Française,' 1886, iv., 315 to 330, iv., 90 to 97, iv., 16 to 25.

PANKOUCKE, HENRI : *Le Mort de Caton*, Tragédie, Paris, Pankoucke, 1768. 8vo. pp. 62, 3 acts, verse. Imitated from ADDISON (see p. 7 ante).

'Celle pièce fut réimprimée en provence, sous la rubrique de *Paris, Delalain*, 1777, in-8, avec le nom de VOLTAIRE, qui prit fort mal cette plaisanterie.'—PAUL LACROIX.

PANNILINI GILLI, G. : *Viaggi in Algeri, Tunisio, Egitto ed Abissinia*. MS. of the year 1550 in possession of Count Giacomo Manzoni.

PAPIER, A. : *Notice historique sur deux Inscriptions romaines trouvées au Ksar-Mezouar*, Tunisie, en 1881-82, in 'Bull. Acad. Hipp.' 1883, No. 18, p. 91, with plate. Also in separate form, Bône, Imp. de E. Thomas, 1883. 8vo. Title on wrapper only.

—— *Inscriptions nouvelles de la Tunisie et de la province de Constantine*, communiquées à l'Académie d Hippone, du 1er juillet, 1885, au 31 mars, 1886, et . . . . (du mois d'avril au mois de décembre). 8vo.,

neither place nor date. Extrait du 'Bulletin,' No. 22, fasc. 1, 1886.

—— *Sur cinq Inscriptions nouvelles découvertes dans les environs de Béja (Tunisie), à Khenchela et dans le Djebel Nador (province de Constantine), par MM.* VINCENT, FARGES ET REBOUD, Bône, Imp. de E. Thomas, 1885. 8vo. Title on outer wrapper only. Extrait du 'Bulletin de l'Académie Hippone,' No. 20, fasc. 3.

PÉDOYA, Chef de bataillon : *Notice sur les Ruines de l'ancienne Ville romaine de Thélepte* auprès de Fériana (Tunisie), with plans in the text, in 'Bulletin Archéo. du Comité des Travaux Hist. et Scient.,' 1885, No. 1, pp. 131 to 149.

PELLERIN, TH. : *La Politique française et le Protectorat*, arts. in 'Tunis-Journal,' July 10, 1884, No. 21, and Nos. 23, 26, 28, and 32, August 17, 1884.

—— *Les Biens de Maine-Morte* (Habbons), Tunis, 1888. 12mo. pp. 31. Reprinted from the 'Tunis-Journal' Newspaper.

PERROT, GEORGES ; and CHIPIEZ, CHARLES : *Histoire de l'Art dans l'Antiquité*, Paris, Hachette & Cie. 1881-1884, illustrated, vol. iv. contains Phœnicia.

—— *History of Art in Phœnicia and its dependencies*, Illustrated, Translated and edited by W. Armstrong, London, Chapman and Hall, 1885. 8vo., 2 vols.

PERROUD, CL. : *De Syrticis Emporiis Thesim* Facultati Litterarum Parisiensi proponebat ad Doctoris Gradum promovendus Cl. Perroud, Parisiis, Hachette, MDCCCLXXXI. 8vo., pp. 226 and twelve unnumbered.

PERUZZI, UBALDINO : *Tunis et l'Italie*, Réponse aux réponses. Florence. Imp. de Le Monnier. 8vo., no date.

Extrait de la 'Revue Politique et Littéraire,' du 20 août, 1881.

PETAVIUS, DIONYSIUS (PETAU, DENIS): *Tragœdia Carthaginiensis,* Flexiæ, ap. Jacob. Rezé, 1614. 8vo., pp. 8 and 127, 5a., verse. Also in 'Opera Poetica,' Parisiis, S. Cramvisy, M.DC.XLII. 8vo. Narrates the capture of Carthage and the death of Asdrubal.

PETIT DE LA CROIX: *Relation universelle de l'Afrique ancienne et moderne.* Lyon, 1688, 4 vols., 8vo.; and 1713.

PHILEBERT, Colonel: *La Conquête pacifique de l'intérieur africain,* Paris, Leroux, 1888 (?) Noticed in 'Le Livre,' May, 1889, p. 246.

PICARDAT: *Construction du Chemin de fer Decauville de Sousse à Kairouan,* en 1881-82, art. in 'Revue du Génie Militaire,' Sept., 1888.

PILLEVRE, CHARLES: *Vice fondamental de l'organisation actuelle de l'armée. Nouvelle organisation. Causes réelles de la désorganisation des régiments lors de la guerre de Tunisie,* Lyon, Imp. moderne, 1883. 8vo.

PINCHIA, EMILIO: *Ricordi di Tunisia,* Con Disegni di ALFREDO MONTALTI, Torino, F. Casanova, 1881. 8vo.

PINNA, Console generale: *Quadri statistici, commerciali e marittimi sulla Reggenza di Tunisi,* in 'Bollettino Consolare,' 1867, vol. iii., fas. xii., p. 1289.

PLAUTUS, M. A.: *Pœnulus.* Translated by R. WARNER, see that name. There is a French translation, *Les Carthaginois,* analysed by A. F. Delandine at p. 130 of his 'Bibliographie Dramatique.'

PLAYFAIR, Sir R. LAMBERT: *Report on the Progress of Tunis since the date of the French Protectorate.* 'Reports on subjects of General and Commercial Interest.' No. 97, 1888.

PLAYFAIR, Sir R. LAMBERT: *On the Condition of Tunis since the French Protectorate,* paper read at Bath to the British Association, Sept. 10, reported in 'The Times' of Sept. 11, 1888. See also 'Proceedings of the Royal Geographical Society,' Nov. 1888, p. 719; also (in French) 'Revue de l'Afrique Française,' Nov. 1, 1888, p. 370. See also pp. 49 and 50 ante.

PLUTARCH: *Lives.* Contain lives of both Cato the Elder and the Younger. For other authorities on the former consult 'Bibliographie Biographique,' par E. M. Oettinger, Paris, 1866.

POINSINET DE SIVRY, LOUIS, *Caton d'Utique,* Tragédie, Paris, 1789. 8vo., 5 acts, verse.

POINSSOT, J. *Tunisie, Inscriptions inédites recueillies dans un voyage exécuté en 1882-1883,* par ordre de S. E. le Ministre de l'Instruction publique, in 'Bulletin des Antiquités Africaines,' 1882, i., 292 to 329, illustrations ; 1884, ii., 68 to 98, with map, 136 to 156, 225 to 259, 358 to 374 ; 1885, iii., 16 to 44, 89 to 111, 174 to 187, 265 to 268.

—— *Voyage archéologique en Tunisie,* in 'Revue de l'Afrique Française,' 1886, iv., 5 to 9, illustrated. See also p. 50 ante.

POLITI, L.: *Stato delle Nascite, dei Matrimoni e delle Morti nella Colonia Italiana di Tunisi dal 1866 al 1885 inclusivamente,* in 'Bollettino Consolare,' 1887, vol. xxiii., fas. i., p 141.

PONTOIS: *Rapport fait au nom de la sous-commission chargée d'examiner le projet de loi proposé par le gouvernement tunisien, relativement à la constitution de la propriété foncière et des droits réels immobiliers en Tunisie.* 4to., without place or date.

PORTMANS, le P. FR.: *En Tunisie et*

*au Maroc*, Paris, Librairie de vulgarisation, 1885. 8vo., 15 illustrations.
POUJOULAT : *Études africaines*, 1847.
8vo.
POUQUEVILLE : *Mémoire historique et
diplomatique sur le commerce et les
établissements français au Levant,
depuis l'an 500 de J. C. jusqu'à la fin
du XVII siècle.* ' Mém. de l'Inst. Roy.
de France—Acad. des Inscr. et Bell.
Lett.', 1833, x., p. 513.
' This gives an interesting account of the
origin of consulates, and amongst others
of that of Tripoli, Tunis, &c., in about
1647.'—PLAYFAIR.
PRADON, NICOLAS: *Scipion l'Africain*, Tragédie, Paris, Thomas Guil-
lain, 1697.  12mo., 5 acts, verse.
PROMPT, Dr.: *La Légende de Caton
d'Utique*, art. in ' Instruction Publique,' July 7, 1888.
PUGET DE LA SERRE, JEAN : *Le Sac
de Carthage*, Tragédie, Paris, Tous-
sainct Quinet, 1643.  4to., 5 acts,
prose, illustration.
PUTON, A.: *Exploration scientifique de
la Tunisie. Enumération des Hémi-
ptères recueillis en Tunisie en* 1883 *et*
1884, par MM. VALERY MAYET et
MAURICE SÉDILLOT, suivie de la
description des espèces nouvelles,
Paris, Imp. nationale, 1886. 8vo.

QUINEMANT, JULES : *Solution de la
Question de l'Algérie et de la Tunisie
au* 1er *août* 1881, pour faire suite aux
brochures de 1871 et 1876 réunies,
publiées sous le titre, 'La vérité sur
l'Algérie,' La Rochelle, Imp. de P.
Dubois et L. Mehaignery, 1881. 8vo.

R., L.: *Huit jours en Tunisie*, Alger,
Imp. de l'Association ouvrière, 1881.
8vo. Extrait du journal ' L'Akhbar,'
mai, 1881, signed L. R.
RAMEAU DE LA CHICA, CARLOS,
Spanish Consul-General :  Reports
from Tunis in 'Memorias Comer-
ciales,' vol. iii., 1878 ; v., 1880; ix.,
1884 ; x., 1885; xi., 1886; xiii. 1888.
RAMKINS, WILLIAM; and HATHWAYE,
RICHARD :  *Hannibal and Scipio.*
A Play acted in 1600, not printed.
RAWLINSON, GEORGE, Camden Pro-
fessor of Ancient History, Oxford :
*The Religions of the Ancient World*,
London, Religious Tract Society.
12mo., no date.  Chap. v., pp. 150
to 180, contains *The Religion of the
Phœnicians and Carthaginians*, with
illustrations.
—— *Phœnicia*, London, T. Fisher
Unwin, 1889.  8vo., map and nume-
rous illustrations. 'The Story of the
Nations ' Series.
RAYNOUARD, Fr. JUST-MARIE: *Caton
d'Utique*, Tragédie, Paris, Didot
jeune, An ii. 8vo., pp. 42, 3 acts,
verse, issue 25 or 40 copies.
REBOND, Dr. V.: *Notice sur la vallée
de l'Oued el-Arab et sa végétation.*
Souvenirs d'Expédition, mai 1872,
in 'Bull. Acad. Hipp.,' 1884, No. 19,
pp. 49-69.  This valley is between
Aïn-Beïda and Khenchla, in the
Aures Mountains.
REBORA, Capt. L.: *Tabarca (Thabraca)
Ruines, Mosaïques, Inscriptions in-
édites*, art. with plan and illustrations
in ' Bulletin des Antiquités Afri-
caines,' 1884, ii., 122 to 134. See also
p. 53 ante.
REED, JOSEPH : *Dido*, a Tragedy.
Acted at Drury Lane, 1767. 8vo.
Not published.  Revived in 1797 at
Drury Lane under the title of *The
Queen of Carthage.*
REGELSPERGER, GUSTAVE: *L'Anthro-
pologie de la Tunisie*, art. in ' Revue
de l'Afrique Française,' 1888, p. 258.
REINACH, JOSEPH ; et RICHET,
CHARLES : *Manuel franco-arabe.*
Texte arabe par M. O. HOUDAS.
Préface par M. VICTOR DURUY,
Paris, 1887. 8vo., pp. 188.  Noticed
in 'Le Livre,' Nov., 1887, p. 568.

REINACH, SALOMON : *Note sur une Inscription grecque de Tunisie*, in 'Bulletin des Antiquités Africaines,' 1884, ii., 103.
—— *An Archæologist in Tunis*, letter of 4 cols., dated Jerba, Feby. 14, 1884, in 'Nation,' New York, March 13, 1884, p. 228.
—— *Excavations at Carthage*, art. in 'Nation,' New York, xl., 10.
—— A letter to M. Georges Perrot, dated Carthage, 5 Mars, 1884, giving an account of the 'mission archéologique dans la partie orientale de la Tunisie,' accomplished by M. Reinach in company with M. ERNEST BABELON, in 'Revue Archéologique,' 1884. 3 série, iii., 185 to 191.
—— *Inscriptions recueillies par M. Letaille en Tunisie* (Notice de M. S. Reinach sur deux rapports de M. de la Blanchère), in 'Bulletin Archéo. du Comité des Travaux Hist. et Scient.,' 1886, No. 2, pp. 190 to 195.
—— *Fouilles de Gightis* (Henchir sidi Salem Bou-Ghrara), Idem, 1885, No. 1, pp. 124 to 126.
—— *Notice sur deux Briques estampées provenant de Kasrin* (Tunisie), with full-page illustration, Idem, 1885, No. 2, p. 327.
—— *Note sur quelques Lettres de M. Tissot relatives à une collection d'Antiquités puniques*, made at Tunis, Idem, p. 328. See also p. 53 ante.
REINACH, S.; et BABELON, E.: *Recherches archéologiques en Tunisie* (1883-1884), in 'Bulletin Archéo. du Comité des Travaux Hist. et Scient,' 1886, No. 1, pp.4 to 78, with numerous illustrations. Also separately, Paris, Imp. Nat., 1886. 8vo.
RENIER, L.: *Inscriptions inédites d'Afrique* extraites des papiers de L. Renier, and arranged by R Cagnat, in 'Bulletin Archéo. du Comité des Travaux Hist. et Scient.,'

1887, No. 1; pp. 50 to 59 are devoted to Tunisia.
REURE, Abbé: *Le Reliquaire de Saint-Louis de Carthage*, Lyon, Imp. de Mougin-Rusand, 1887. 8vo.
RÉVEILLAUD, E.: *Une excursion au Sahara algérien et tunisien*, angle du Nord-Est, Djebel-Chicar, Khanga-Sidi, Nadgi-Négrine de Djérid, &c.
REVERTÉGAT, J.: *Notice météorologique sur la Baie de Tunis* (Paris), Imp. nationale, 1883. 8vo. Extrait des 'Annales Hydrographiques,' 2ᵉ semestre, 1882. La couverture imprimée sert de titre.
REVEST, N., Vice-Console in Susa : *Relazione storica e commerciale sulla Città di Susa*, in 'Bollettino Consolare,' 1876, vol. xii., fas. viii., p. 137.
RIALLE, GIRARD DE: *Monuments mégalithiques de Tunisie*, illustrated art. in 'Bulletin des Antiquités Africaines,' 1884, ii., 260 to 268. See also p. 54 ante.
(RICCOBONI, LUIGI, detto LELIO comico): *Il Catone*, Tragedia tradotta dall' inglese, Venezia, Marino Rossetti, 1715. 8vo., pp. 88, 5 acts, verse, translation of ADDISON, see p. 7 ante.
RICHARD, JULES (A. MARA) : *Le Protectionnisme rationnel*, arts. in 'Tunis-Journal,' Nov. 2, 1884, No. 54; and Nos. 55, 57, 59, 60, Nov. 23, 1884.
RICHTER, J. G.: *Nova Numi, in colonia Karthagine Africana percussi, quem Cl. Mahudel illustrare conatus est, explicatio*, Rostoch, 1742. 8vo.
(RIGHTWISE, JOHN ; or HALLIWELL, EDWARD): *Dido*. A Latin Tragedy, acted before Queen Elizabeth at Cambridge, 1564, MS. Described by J. O. Halliwell.
RINGENSON, SAINTE DANIEL: *Dissertatio Academica De Colonia et*

*Lingua Carthaginensi*, quam præside Matth. Norberg, pro gradu subjicit Sainte Daniel Ringenson Somolandus, In Lyceo Carolino ad Diem XXII. Maji Ao MDCCLXXXVII., Lundæ, Typis Deklingianis. 4to., pp. 20.

RIVIÈRE, F.: *La Guerre des Kroumirs, Scènes intimes au palais du Bey de Tunis*, Comédie en 4 actes, Alger, P. Fontana, 1881. 8vo.

ROBERTSON, WILLIAM, D.D.: *The History of the Reign of the Emperor Charles V.* The expedition of Charles to Tunis, with the overthrow of Barbarossa and restoration of Muley-Hascen, is narrated in Book v. Robertson's work has been translated into the leading languages of Europe, for which, and for the numerous other lives of Charles-Quint, see 'Bibliographie Biographique,' E. M. Oettinger, Paris, 1866.

ROCHAÏD, ALPH.: *Les Chemins de fer de l'Algérie-Tunisie*, art. in 'Rev. Franç. de l'Étranger et des Colonies,' 1887, v., 300.

—— *Algérie-Tunisie, deux provinces et deux capitales*, Idem, v., 441.

ROCMONT, ROGER DE: *L'Exposition de Tunis*, art. in 'Bull. Soc. Géog. Con.,' 1887, x., 185 to 188.

RODET, LÉON: *Sur les Inscriptions phéniciennes de Carthage* qui figuraient à l'exposition universelle de 1867, Paris, Imp. Impériale, 1869. 8vo. Extrait No. 7 de l'année 1868 du 'Journal Asiatique.'

ROHLFS, GERHARD: *Quid novi ex Africa?* Cassel, 1886. 8vo., pp. vii. 288. A series of detached papers, one of which is, 'Is there any reason for believing that the town population of Morocco, Algeria, Tunis, and Tripoli are of a special character?' See also p. 55 ante.

RONDEAU, A.: *Le Cardinal Lavigerie*, arts. in 'Revue du Monde Latin,'

October and November, 1887. In 1888 Cardinal Lavigerie visited the principal cities of Europe to preach a crusade against the slave-trade in Africa. A report of his discourse at Prince's Hall, London, will be found in 'The Times' of Aug. 1, of that year. See also p. 39 ante.

ROSSONI, Agente Consolare d'Italia: *La Pesca delle Spugne sulle coste di Barberia*, art. in 'Esploratore,' Milano, 1880, p. 395.

ROUDAIRE: *Rapports sur les travaux géodésiques et topographiques exécutés par M. Roudaire, et sur un projet de mer intérieure à exécuter au sud de l'Algérie et de la Tunisie*, par M. Roudaire. (Académie des Sciences.) Paris, 1877. 4to. See also pp. 55 and 56 ante.

ROUIRE, L.: *Les Codes français-algériens comparés*, comprenant également la législation française en Tunisie. Code civil et Code de procédure civile. Paris, Marchal et Billard, 1886. 8vo.

ROUIRE, Dr.: *Exposition du système hydrographique et orographique de la province d'Afrique, d'après Ptolémée et concordance des données ptolémiennes avec les indications fournies par la topographie de la Tunisie actuelle*, Lyon, Imp. générale, 1886. 8vo. Société de Géographie de Lyon.

—— *Note sur les Dolmens de l'Enfida*, art. in 'Revue d'Ethn.,' 1886, v., 441-448.

—— *Les Dolmens de l'Enfida* (Tunisie). arts. in Matériaux pour l'Histoire Primitive et Naturelle de l'Homme,' June, July, and August, 1888.

—— *Une page de l'histoire des Guerres puniques:* Bataille entre Xantippe et Régulus, art. in 'Nouvelle Revue,' January, 1888. Also separately, Paris, 1888. 8vo.

—— *Situation géographique comparée*

*du lac Triton et des Syrtes,* Paris, Imp. Nat., 1884. 8vo. Extrait des ' Comptes rendus de l'Académie des Inscriptions et Belles-lettres.'

—— *La Découverte de la Mer intérieure africaine,* in ' Comptes Rendus de l'Académie des Sciences,' Paris, 1884, No 24.

—— *Observations sur les limites de l'ancienne Mer tritonienne et sur les nations astronomiques et les données géographiques du livre iv. de Ptolomée,* in 'Comptes Rendus de la Société Géographique,' Paris, 1885, No 3, p. 98. See also p. 56 ante.

ROUSSEAU, ALPHONSE : *Voyage du Scheikh Et-Tidjani dans la Régence de Tunis,* pendant les années 706, 707 et 708 de l'Hégire (1306-1309 de J. C.), Paris, Imp. Impér. 1853. 8vo., pp. 290. Extrait du ' Journal Asiatique.' See also p. 56 ante.

ROUVIE, Dr. : *La découverte de l'ancienne Mer intérieure africaine,* in ' Revue de la Société Géographique,' Tours, 1884, i., Nos. 1 and 2, with map.

ROY, Capt. B. : *Note sur une Borne militaire de la route de Gafsa à Gabès,* Communication de M. le Capitaine Roy, signed R. CAGNAT, in ' Bulletin Archéo. du Comité des Travaux Hist. et Scient.,' 1885, No. 2, p. 324.

—— *Inscriptions inédites du Pont romain et de la Région du Kef,* in ' Bulletin des Antiquités Africaines,' 1885, iii., 254 to 263.

—— *Marques d'appareillage recueillies sur l'aqueduc de Zaghouan à Carthage,* Idem, 264.

ROY, B. ; et POINSSOT, J.: *Inscriptions du Kef,* in ' Bulletin des Antiquités Africaines,' Paris, 1882, i., 289 to 291.

ROZWADOWSKI, Conte Avv. ANTONIO L., Vice-Console a Susa : *Statistica del Commercio di Susa nel 1885,* in

' Bollettino Consolare,' vol. xxii., fas. iv., p. 357.

—— *La Marina Nazionale in Susa dal 1861 al 1885,* Idem, vol. xxii., fas. viii., p. 279.

SAINTE-MARIE, E. de : *Les Ruines de Carthage,* with illustration, in ' L'Explorateur,' 1875, ii., 550.

—— *Recherches sur la Géographie de la Tunisie ancienne,* in ' Bull. Acad. Hippone,' 1879, No. 14, p. 55, with map.

—— *Bibliothèque illustrée des missions catholiques, La Tunisie chrétienne,* Lyon, Bureaux des Missions Catholiques, 1878. 8vo. See also p. 58 ante.

SALADIN, Henri : *Étude sur les Monuments antiques de la Régence de Tunis* (mission de 1882-1883), Paris, Chaix, 1888. Extrait du ' Bulletin de la Société centrale des Architectes,' année 1886-1887. Congrès des architectes de 1887. Also in separate form, Paris, Imp. de Chaix, 1888. 8vo. See also p. 58 ante.

SALAZAR, PEDRO de : *Hystoria de la Gverra y Presa de Africa :* con la destruycion de la villa de Manazter, y ysla del Gozo, y perdida de Tripol de Barberia : con otras muy buenas cosas. (Napoles, 1552.) Fol., black letter, double cols.

SALMON, Ph. : *Recensement des Monuments mégalithiques de l'Algérie et de la Tunisie,* art. in ' Bull. Soc. Anthrop. de Lyon,' 1887, vi., 202-204.

SALVIANUS, Massiliensis, Presbyter : *De Gubernatione Dei,* Libri viii. In ' Bibliothecæ Patrum,' 1609, ' Magna Bibliotheca,' 1654, ' Opera Omnia,' 1844, &c. ' Le farouche Salvien, dans son ouvrage *Sur le Gouvernement de Dieu,* s'attendrit en face de Carthage : "On y trouve," dit-il, "des écoles pour les arts libéraux, des laboratoires pour les études philosophiques" '—PAUL MONCEAU.

SALVINI, ANTON MARIA: *Il Catone*, Tragedia del Signore ADDISON tradotta da Anton Maria Salvini, gentiluomo fiorentino, Firenze, Michele Nestenus, 1725. 4to., pp. xvi. and 160, verse. See p. 7 ante.

SANCHONIATHO: *Sanchoniathonis Berthii quæ feruntur Fragmenta de Cosmogonia et Theologia Phœni, um Græce versa a Philone Byblio*, &c., illustravit Joh. Conradus Orellius, Lipsiæ, MDCCCXXVI., Sumptibus J. C. Hinrichsii. 8vo., pp. xx. and 51.

—— *Sanchuniathonis Historiarum Phœniciæ Libros Novem Græce versos a Philone Byblio*, edidit latinaque versione donavit F. Wagenfeld, Bremæ, MDCCCXXXVII., ex officina Caroli Schünemanni. 8vo., pp. 205.

—— *Sanchoniatho's Phœnician History*, Translated from the First Book of Eusebius De Præparatione Evangelica, with a Continuation of Sanchioniatho's History by Eratosthenes Cyrenæus's Canon, which Dicæarchus connects with the First Olympiad, &c. By the R^t Rev^d R. Cumberland, D.D., &c., London, R. Wilkin, MDCCXX. 8vo., pp, xxii. 488 and two unnumbered.

—— *Sanchuniathon's Urgeschichte der Phönizier*, &c., nebst Bemerkungen von Fr. Wagenfeld, &c., Hannover, Im Verlage der Hahn'schen Hofbuchhandlung, 1836. 8vo., pp. xxxii. 96 and one of Druckfehler.

SANDERVAL, M. OLIVIER DE: *Voyages circulaires de Tunis à Tripoli et à Malte*, art. in 'Revue Géog. Internationale,' June, 1888.

SANDWITH, T. B.: *Report for the year 1887 on the Trade of Tunis.* 'Diplomatic and Consular Reports on Trade and Finance,' No. 383, 1888. See also p. 59 ante.

SANSEVERINO, CARLO: *L'Annibale Cartaginese*, Tragedia ultimamente

composta e recitata in Bologna nel carnavale del anno MDCCIL (Bologna, Lelio dalla Volpe, 1750). 8vo., 5 acts, verse.

SARGNON, L.: *Un Mois en Tunisie et en Algérie*, Lyon, Association typographique, 1886. 8vo. Extrait des 'Annales de la Société Botanique de Lyon.' The printed wrapper serves as title.

SAURIN, G.: *Les Européens en Tunisie*, art. in 'Rev. de l'Afr. Franç.,' 1888, No. 45, p. 254, *et seq.*

SAURIN, JULES: *Les Européens en Tunisie*, art. in 'Rev. Afr.' Septième Année, 1^e Juin, 1888, p. 210.

SAV, LOUIS: *L'Afrique du Nord, et politique coloniale.* Notes et croquis d'un officier de marine. Paris, 1886. 4to., avec de nombreuses vignettes et cartes.

SAYCE, A. H.: *Letter from Tunis*, in 'Academy,' Dec. 30, 1882, xxii., 470.

SAYONS: *Essai sur l'histoire de la Religion romaine pendant les guerres puniques*, art. in 'Annales de la Faculté des Lettres de Bordeaux,' No. 2.

SCEPPER, CORNELIUS DUPLICIUS: *Rerum a Carlo V. in Africa Bello gestarum commentarii*, Antw., 1554. 8vo. Again 1555, 8vo.

SCHWEIGER-LERCHENFELD, A. VON.: *Der Orient*, Wein, 1882. 8vo., pp. cxlii., 808, copiously illustrated; p. 793 to the end of the volume is devoted to Tunis and Tripoli.

SCOTT, S. P.: *Carthage and Tunis*, arts. in 'Potter's American Monthly,' Philadelphia, xviii., 481, 601.

SCUDÉRY, GEORGES DE: *Didon*, Tragédie, Paris, A. Courbé, 1637. 4to., 5 acts, verse, illustration.

SEBAUT, A.: *Dictionnaire de la Législation tunisienne*, &c. Paris, Marchal et Billard, 1888. 8vo.

SEVESTRE, H.: *Il Alger à Tripoli; mission de l'aviso le Kléber*, mai et

*juin*, 1874, 'Rev. Mar. et Colon.,' Dec., 1874, pp. 685-782.
'The *Klêber* had to visit the coral fisheries and to "show the flag "in Tunis and Tripoli.'—PLAYFAIR.

SIMOND, CHARLES: *Tunis et la Tunisie*, Paris, H. Lecène et H. Oudin, 1886. 18mo.

(SIMONNE, PAUL ALBERT): *La Tunisie et la civilisation*, Paris, Imp. de Poitevin, 1867. 8vo.

SHIPPEN, E., Medical Director, U.S. Navy: *A forgotten General*, art. in 'The United Service ; a monthly review of military and naval affairs,' Philadelphia, 1881, vol. v., No. 1, p. 1.
'Gives an account of the filibustering expedition of William Eaton, the well-known American "General" in the Cyrenaica. He was named U.S. Consul at Tunis. After a short and troubled residence there he proceeded to Egypt, whence he marched with an ill-assorted and mutinous force to Derna, which he took, though he was speedily obliged to evacuate it.' PLAYFAIR.

SOLLER, CH. : *La Douane en Tunisie*, art. in ' Bull. Soc. Géog. Con.,' 1888, x., 329.
- — *Tunisie. La Loi sur la Propriété foncière*, art. in 'Journal Gen. Aff. Alg. et Tunis,' 1887, xiii., 30.
- — *Tunisie. Le Bilan de* 1887, art. in 'Tunis-Journal,' 1887, xii., 31.
- — *Tunisie. Schiffahrt und Handel in* 1886, art. in 'Jahr. Ber. der oest. ung. Consul. Beh.,' xv., 58 to 60.
- — *Tunisie. Le Protectorat*, art. in 'Ann. Ec. Sc. Pol.,' 1888, i., 18.

SORETIČ, FRANZ Ritter von, k. und k. Generalconsul: *Wirthschaftliche Verhältnisse von Tunis, Goletta, Monastir, Mehaïa und Sfax in Jahre* 1884, in 'Nachrichten uber Industrie,' &c., Wien, 1885, xxx., 716 to 720.

STIRLING-MAXWELL, Sir WILLIAM, Bart. : *Don John of Austria* or Passages from the History of the Sixteenth Century, MDXLVII.

MDLXXVIII. Illustrated with Plates and numerous Wood Engravings. In Two Vols., London, Longmans, &c., 1883. 4to. Descriptions are given of the expeditions to Tunis, Gouletta, Bizerta, &c., and at ii., 60, there is an illustration of the city of Tunis. Don John commanded the expedition against Tunis in 1573. For other lives of him consult Oettinger's ' Bibliographie Biographique,' &c.

STREIT : *La seconde Guerre punique*, art. in ' Revue Crit. d'Histoire et de Littérature,' Oct. 10, 1887.

SWINTON, J. : *L'Histoire des Carthaginois*, Paris, 1742.

T., CH. : *Fastes des Provinces africaines*, in ' Bulletin des Antiquités Africaines,' 1882, i., 77 to 128. To which add *Addition aux Fastes*, &c., signed L. DUCHESNE, Idem, 1884, ii., 107.

TABOURETO, JAC. : *Dido, sive amor insanus*, Tragœdia, Lutetiæ, ap. Fœl. Blanvillæum, 1609. 8vo., pp. 40, 5 acts, verse.

TALMA, P. A. : *Reistogtje langs en in eenige Havens aan de Spaansche, Fransche, Italiaansche en Barbarijsche Kusten met de Nederlandsche Korvet Dolfijn*, Amsterdam, 1835. 8vo. For Tunis see pp. 88 to 101.

TARDIEU-SAINT-MARCEL, A. PH. : *Caton d'Utique*, Tragédie, Paris, Barba, an. iv. 3 acts, verse.

TATE, N. : *Dido and Æneas*, an Opera, the music by HENRY PURCELL.

TAUSSERAT, A. : *Mission du Lieutenant Hamy dans le sud tunisien*, in ' Revue de l'Afrique Française,' Dec., 1887, No. 32, pp. 408 to 411.

TERTULLIANUS, Q. S. F., born at, afterwards Bishop of, Carthage : *Liber ad Scapulam*, in ' Patrologiæ Cursus Completus,' 1844, vol. i., &c. English translation in ' Ante-Nicene

H

Christian Library,' Edinburgh, 1869, vol. xi. A remonstrance to Scapula to cease persecuting the Christians of Utica, Carthage, &c.

TESTA, JHR. E., Consulaat-Generaal der Nederlanden te Tunis en Tripoli: *Jaarlijksch Verslag*, 30 *Maart*, 1883, in 'Verzameling van Consulaire en andere Verslagen en Berichten,' 1883, p. 427.

THÉDENAT, H.: *Encore les Inscriptions latines de l'exposition des fouilles d'Utique*, Vienne, E.-J. Savigné, 1882. 8vo. Extrait du 'Bulletin Épigraphique de la Gaule,' July-Aug. 1882.

THIL-LORRAIN: *Charles-Quint devant Tunis*, Bruxelles, C. Callewaert frères, 1881. 8vo.

THURLOE, JOHN: *A Collection of the State Papers* of John Thurloe, &c., from the year 1638 to the restoration of King Charles II., London, MDCCXLII. Fol., 7 vols. Vols. iii., vi. and vii. contain notices on Tunisian affairs.

TISSOT, C.: *Notice sur le Chott-el-Djérid*, with map, in 'Bulletin de la Société Géographique,' Paris, July 1879, pp. 5 to 26.

—— *Rapport sur la Mission Poinssot* (see that name) *en Tunisie*, in 'Arch. Miss. Scientif.,' 1883, pp. 319 to 331, with map.

TISSOT, CHARLES: *Fastes de la Province romaine d'Afrique.* Publiés d'après le manuscrit original et précédés d'une notice biographique de l'auteur par Salomon Reinach, Paris [Imp. nat.], C. Klincksieck, 1885. 8vo., with a portrait of the author.

—— *Géographie comparée de la Province romaine d'Afrique*, t. ii. ci atlas, 1888. Mr. S. Reinach has published the second volume of this valuable work. See also pp. 53 and 63 ante.

TISSOT, CHARLES: *Rapport sur la communication adressée à l'Académie par M. le lieutenant-colonel DE PUY-MORIN (Inscriptions de Tunisie), lu à la séance du 8 décembre 1882, Découverte de la Colonia Ucitana*, Paris, Imp. Nat., 1882. 8vo. Extrait des 'Archives des Missions Scient. et Littéraires,' 3ᵉ serie, vol. x.

—— *De Tritonide Lacu Theses* Divionensi litterarum facultati proponebat C. Tissot, Divione, Ex Typis J.-E. Rabulot, MDCCCLXIII. 8vo. pp. 39.

—— *Lettre à M. E. Desjardins sur la découverte d'un texte épigraphique, Table de Souk El-Khmis (Afrique)*, Paris, Imp. Nat., 1880. 8vo., pp. 8, with folding plate. Extrait de 'L'Académie des Inscriptions et Belles-Lettres.' Title on outer printed wrapper only.

—— *Deuxième Rapport adressé à l'Académie des Inscriptions, &c., sur l'Inscription de Sidi Amor Djedidi (Colonia Zamensis)*, Paris, Imp. Nat., 1883. 8vo. Extrait des 'Archives des Missions Scient. et Littéraires,' 3ᵉ série, vol. x., 30 mars, 1883.

—— *Troisième Rapport, Mission en Tunisie* de M. JULIEN POINSSOT (p. 50 ante), Paris, Imp. Nat., 1883. 8vo. Extrait des 'Archives des Missions Scient. et Littéraires,' 3° série, vol. x., 27 avril, 1883.

TORRES Y AGUILERA, HIERONYMO DE: *Chronica y Recopilacion de varios successos de guerra, qve ha acontescido en Italia y partes de Leuante y Berberia, desde que el Selin rompio con Venecianos y fue sobre la Isla de Chipre año de M.D.LXX. hasta que se perdio la Goleta y fuerte de Tunez en el de M.D.LXXIIII., &c. En Çaragoça, Impressa en casa de Jual Soler, Año del Señor de M.D.LXXIX. 8vo., pp.

123 numbered on right side only, and 16, including title, unnumbered.

TULIN DE LA TUNISIE : Consular Reports in 'Berättelser om Handel och Sjofart,' 1878, p. 52 ; 1879, p. 10 ; 1880, p. 1 ; 1881, p. 10.

TURBERVILE, GEORGE : *Of Dido and the Truth of her Death.* A poem of 4 stanzas, 5 lines each.

TURNER, SHARON : *An Inquiry respecting the early use of Rhime,* in 'Archæologia,' xiv., 200, contains a notice of Carthaginian Poetry.

ULEMA : *Francia e Italia a Tunisi,* Roma, Tip. di L. Perelli, 1882. 8vo.

VALBY, H. : *Le Vin 1° par le sucre, 2° par les raisins secs. La vigne en Tunisie et en Algérie,* 3° édition, Paris, Lavy, 1883. 8vo.

(VALLENCY, General CHARLES) : *An Essay on the Antiquity of the Irish Language, being a Collation of the Irish with the Punic Language,* &c. Dublin, S. Powell, M,DCC,LXXII. 8vo., pp. x., 63 and two unnumbered.

VERCOUTRE, Dr. : *La Nécropole de Sfax et les sépultures en jarres,* art. in 'Revue Archéologique,' July, 1887.

VERNAZ : *Notes sur les fouilles à Carthage* (1884-1885), art. in 'Revue Archéologique,' July, 1887.

VESTRIS,STEFANO : *Didon abandonnée,* 1811. Opera, 2 acts, music by PÄER.

VIGNON, LOUIS : *La France dans l'Afrique du Nord, Algérie et Tunisie,* Paris, Guillaumin, 1887. 8vo. Noticed in 'Le Livre,' May, 1889, p. 246.

VINCENT, Capt. : *Notice épigraphique sur Béja et ses environs,* in ' Bull. Acad. Hipp.,' 1884, No. 19, pp. 23 to 48.

VINCKE, L. VON : *Der zweite Punische Krieg,* Berlin, 1841. 8vo.

VOULZIE : *Chronique coloniale,* in ' Rev. Franç. de l'Étranger et des Colonies,' 1887, v., 389 ; vi., 71, 147.

WAHL, N. : *Gafsa et ses environs,* art. in 'Revue Afric. Française,' 1887, pp. 243-253, illustrated.

WALCKENAER, C. A. : *Recherches géographiques sur l'intérieur de l'Afrique septentrionale,* Paris, 1821. 8vo.

—— *Collection des relations de voyages par mer et par terre en différentes parties de l'Afrique depuis* 1400 jusqu'à nos jours, mise en ordre et publiée par C.-A. Walckenaer, à Paris, chez l'éditeur, 1842. 8vo., 14 vol.

WARNER, RICHARD : *The Carthaginian,* a Comedy, 1772, in 'familiar blank verse,' 8vo. Also in 'Comedies of Plautus,' London, T. Becket and P. A. de Dondt, 1769. 8vo., 5 vols. See also PLAUTUS.

WARNERY, M. HENRI : *Le Kef, fantaisie orientale,* in 'Nouvelle Revue,' Dec. 1, 1888.

WEINRICH, JO. MICH. : *Kurzer Versuch die alten Carthaginensischen Münzen zu erklären,* Meinungen, 1722. 4to.

WIENS, EBERHARD : *Unternehmung Kaiser Carl's V. gegen die Raubstaaten Tunis, Algier, und Mehedia,* Münster, 1832. 4to.

## ANONYMOUS.

*Carthage*, various notes, &c., on, in 'Monthly Review, New Series,' xxii., 542 ; xlii., 442 ; xlv., 405, 406 ; liii., 226, 385 ; lv., 480 ; lvi., 363.

*Une Excursion aux Ruines de Carthage*, Auch, Imp. de Foix, 1863. 8vo.

*Inscription punique de Carthage*, Extrait du Bulletin de l'Académie des Inscriptions et Belles-Lettres, Avril 1868, Paris, Imp. de Dounand (1868). 8vo.

*Inscribed Stone found at Carthage*, illustration, 'Archæological Journal,' xxiii., 273.

*Inscriptions at Carthage*, Ibid., xxiii., 274.

*Diagrams of Cisterns, &c., at Carthage*, Ibid., xxiii., 276.

*On a Slab from Carthage*, in 'Journal of the British Archæological Association,' xix., 50.

*Carthaginian Coins found at Liverpool*, Ibid., xxv., 259.

*Burning of Carthage*, art. in 'Harper's New Monthly Magazine,' xxviii., 395.

*Cape Carthage*, art., illustrated, in 'Harper's New Monthly Magazine,' xxii., 768.

*Afrikaansche Handelsartikelen bij de Carthagers*, art. in 'Tijdschrift voor Staathuishoudkunde en Statistick,' xx., 49.

*Die Stätten Carthago's*. Schluszcapitel einer italienischen Reise, in 'Deutsche Rundschau,' 1887, li., 197 to 226.

*Notice of Engraved Stone from Utica*, in 'Archæological Journal,' vii., 314.

*Carthage and Tunis*, art. in 'Edinburgh Review,' clv., 121. Same art. in 'Living Age,' Boston, clii., 451.

*Le Musée archéologique de Saint-Louis de Carthage*, art. with eleven illustrations in 'Cosmos,' Sept. 17, 1887, No. 138, p. 179.

*Le Vol du Musée de Saint-Louis.* Extrait du 'Cosmos.'

*New Privilege* granted by Ferdinand to the inhabitants of Catalonia to trade at Tunis, Algiers, Tripoli, and Bougie, 1512. Mas-Latrie, Traités, D pp. 341.

*A Treaty* between Henry IV. of France, and Sultan Mahomet III. of Turkey, dated 25th Feb., 1597, confirmed the privileges granted to ambassadors, consuls, and merchants in the Levant and Barbary, specifying Algiers, Tunis, and Tripoli, and conceded the Coral Fishery to France. See 'Tab. des Étab. Franç. en Algérie,' 1841, p. 416.

*Wahrhaffte Zeitung von dem Krieg in Barbaria zwischen Algier und Thunis*, 1628. 4 Bl. in the Hof-und Staatsbibliothek at Munich.

*Commentarii Rerum a Carolo V. in Africano Bello gestarum*, Antwerpiæ, 1554.

*De Voornaemste Steden der Werelts.* The Principall Citties of the World ; known as G. van Schagen's collection. Amsterdam, 1667. Oblong 4to.

*Allerneuster Zustand der afrikanischen Königreiche Tripoli, Tunis, und Algier*, von einem gelehrten Jesuiten. Aus dem Französischen. Hamburg, 1708. 8vo., pp. 124. Translation of *État des Royaumes*. &c., noted at p. 70 ante.

*Anecdotes Africaines depuis l'origine ou la découverte des différents royaumes qui composent l'Afrique jusqu'à nos jours*, A Paris, Chez Vincent, MDCCLXXV. 8vo., pp. 184. Contains a chapt. of *Anecdotes Tunisiennes*, 1532-1770.

*Narrative of a Ten Years' Residence at Tripoli, in Africa,* from the original correspondence, in the possession of the family of the late Richard Tully, Esq , the British Consul, &c., London, 1816. 4to. Contains mentions of Tunis, and a 'spirited and picturesque' description of the road between that place and Tripoli.

*Ministère de la Guerre.* Tableau de la Situation des Etablissements Français dans l'Algérie en 1840, Paris, 1841. 4to., pp. 452.

'In addition to much valuable information regarding Algeria before and after the Conquest, this volume contains a series of appendices of exceptional interest. The first three relate exclusively to Algeria. No. iv. is a " Précis analytique de l'histoire ancienne de l'Afrique Septentrionale " during the following periods : Carthaginian, Roman, Vandal, Byzantine ; including an account of the introduction of Greek civilisation into the Cyrenaica. No. v. " Division territoriale établie en Afrique parles Romains." No. vi. " Principaux traités de paix et de commerce conclus par la France avec les Régences Barbaresques." No. vii. " Bibliographie Algérienne." ' — PLAYFAIR.

A Treaty between France and Turkey, dated 6th July, 1581, renewed the capitulation with Sultan Amurat, therein styled Sovereign of Algiers, Tunis, and Tripoli. See 'Tab. des Étab. Franç. en Alg.,' 1841, p. 416.

*L'Univers.* Histoire et description de tous les peuples, Paris, Firmin Didot, 1844 1852, 3 vols. in-8 à 2 col. cartes, fig.

Afrique ancienne.—Afrique moderne: Maroc. — Afrique moderne : Algérie, Tripoli, Tunis.

*Considérations sur la possibilité d'une invasion des Turcs dans la Régence de Tunis par les frontières de Tripoli,* 'Revue de l'Orient,' 1845, vol. vii., pp. 281-286.

*Reisen und Forschungen in Grenzgebiete von Algier, Tunis, und Tripoli,* 1860 (Nebst einer Original-karte)

Peterm. Geogr. Mitth., 1861, p. 389, map 13.

*The Mediterranean Pilot.* Compiled from various sources. Published by order of the Lords Commissioners o the Admiralty, London, 1877. 8vo. Vol. ii., pp. 215 225, contains a description of the N. Coast of Africa from Jerbah (Djerba) Island to El-Arish.

*La Tunisie et les Chemins de fer algériens,* Paris, Rouvier & Logeat, 1877. 8vo., map.

*Les Français en Afrique. La Guerre en Tunisie,* ouvrage rédigé par des écrivains militaires, illustré de portraits, scènes, vues, cartes et plans, Paris, Duquesne, 1881. 4to.

*Cotton Goods Trade of Tripoli and Tunis,* note in 'Cotton Goods Trade of the World,' &c., Washington, Government Printing Office, 1881, No. 12, p. 6.

*Le Projet de la création en Algérie et en Tunisie d'une Mer dite intérieure* devant le congrès de Blois, Paris, au secrétariat de l'Association, 1885. 8vo. Extrait du 'Compte rendu de la 13ᵉ session de l'Association française pour l'Avancement des Sciences,' tenue à Blois en 1884. Notes présentées par MM. E. COSSON, DOÛMET-ADANSON, Dr. ROUIRE, G. ROLLAND, et A. LETOURNEUX.

*Association de l'Afrique du Nord,* in 'Revue de l'Afrique Française,' Feb., 1887, No. 22, pp. 80 to 82 ; No. 23, p. 114; No. 24, p. 146; No. 26, p. 210 ; No. 27, pp. 236 to 242 ; No. 28, pp. 270 to 274 ; No. 29, pp. 301 to 306.

*Scuole e Influenza francese in Africa,* note relating chiefly to Tunisia, signed B., in 'Esplorazione Commerciale,' Milano, Maggio, 1887, p. 143.

*Tunis.* Consular Reports, in 'Uddrag af Aarsberetninger,' 1881, p. 35 ; 1882, p. 284 ; 1883, p. 354 ; afterwards, under heading *Algier*, 1884, p. 378; 1885, p. 318; 1886, p. 313; 1887, p. 457; 1888, p. 438. The above are in the Danish language. The same reports in the Swedish tongue will be found in ' Berättelser om Handel och Sjöfart.'

*Da Tunisi*, a letter, dated 13 Maggio, 1888, taken from 'Giornale Marina e Commercio,' Idem, No. for June, 1888, p. 198.

Another letter, Idem, July, 1888, p. 235.

Another letter, dated 29 Giugno, 1888, Idem, Aug. 1888, p. 268.

*Colonies françaises et Protectorats*, art. in ' Expansion Coloniale,' Dec. 10, 1888.

*Le Régime douanier de la Tunisie et des Colonies*, art. in ' Journal du Lundi,' Nov. 26, 1888.

*Grand Annuaire commercial de l'Algérie et de la Tunisie*. 8vo.

*Sur la Côte des Syrtes. Voyage de la Goulette à Tripoli de Barbarie*, with illustrations, in ' Revue Française de l'Etranger et des Colonies,' 1886, i., 167.

*Comité de l'Afrique du Nord*, Idem, p. 554. Tunisia is included.

*Tunisie. Rapatriement des troupes françaises*, Idem, iii., 574.

*Tunisie. Une demande d'aman*, Idem, 1887, vi., 394.

*Tunis, Chapellerie française*, Idem, vi., 54.

*Tunisie, Douanes*. Sfax, Idem, 1888, vii., 71.

*Tunisie, Phosphates de chaux*, Idem, vii., 275.

*L'Algérie-Tunisie en cas de guerre*, Idem, vii., 458.

*Tunis*. Speech of M. BERIO, Italian Consul, Idem, vii., 462.

*Tunis. Musée Alaoui*, Idem, vii., 661.

*Tunisie-Kroumirie*, Idem, 1888, viii., 51.

*Tunis. Postes*, Idem, viii., 51.

*Tunisie. Budget*, extracted from ' Journal Officiel Tunisien,' 1888, Idem, viii., 497.

*Sendtbrieff, so die Römisch Keyserlich und Hispanisch Königlich Maiestat jres erlangte Sygs gegen dem Barbarossa im Königreich Thunis, &c.* Anno M.D.XXXV. Small 4to., black letter, pp. 8, unnumbered, woodcut of a battle on title-page, colophon reads, ' Getruck zu Straszburg bey Hans Preüssen.' Anno 1535.

*Auszug des vertrags so zwischen Key. Mai. vnnd dem Künig von Thunis, vnd Muley, Altzachen genannt, inn jr beyder gegenwürd, am VI. Augusti des* M.D.XXXV, &c. Small 4to., black letter, pp. 7 unnumbered, double eagle on title-page.

*La Copia de la Littera venuta da Tuneci con li ordini & prouisione fatte, dal Barbarossa in la prefatta citta. Et la gionta de la Maesta Cesarea con la Preda fatta da la sua potentissima Armata.* Colophon, ' Data in la Citta de Tuneci Alli xx. de Junio.* M.D.XXXV.' 4to., pp. 7 unnumbered with plan of Goletta.

*Tractaet tusschen Haer Hoegh Mog. de Heeren Staten Generael der vereenighde Nederlanden ende de Regeeringe van Tunes.* In 's Gravenhage, by Paulus Scheltus, &c., 1713. 4to.

*Relacion de la Redempcion, que por las Provincias de Castilla, y Andalucia, del Real, y Militar Orden de N Señora de la Merced, se ha executado este presente año de 1725 en la Ciudad de Tunez.* 4to., pp. 8.

*Relation veritable de tout ce qui s'est fait et passé dans l'accomodement de Tunis*, &c., Paris, 1728. Relates to ransom of captives.

*Tunis*, various references to, in ' Monthly Review, New Series,' lxviii., 283, 284, 285, 288 ; lxxiii., 44.

*Rapports de la Tunisie avec l'Europe,* par un Cosmopolite, Paris, Challamel, 1865. 8vo.

*Tunis et la Tunisie,* par un Ingénieur qui a voyagé et habité dans le pays pendant plus de vingt-cinq années, Paris, P. Schmidt, 1881. 8vo.

*Tunis,* art. in 'Living Age,' cliv., 626.

*Tunis,* art. in 'All the Year Round,' xlviii., 5.

*Tunis,* art. in 'Leisure Hour,' xxx., 440.

*Archæological Remains at Tunis,* art. in 'Antiquary,' new series, xiii., 263.

*The French in Tunis,* art. in 'Foster's Monthly Reference Lists,' Providence, i., 27.

*Tunis, last Punic War,* 'Blackwood's Mag.' cxxxii., 415.

*Tunis in* 1882, 'Spectator,' lv., 1050, 1371, 1380.

*Tunis,* short notices on, in 'Bolletino Consolare,' vol. xvii., part i., p. 259; vol. xvii., part ii., p. 781.

*Arrêté,* 18 *décembre* 1884, *instituant une Commission de publication des découvertes archéologiques faites en Tunisie,* in 'Bulletin Archéo. du Comité des Travaux Hist. et Scient.,' 1885, p. 1.

*Giornale di Tunis et Cartagine,* 21 Marzo, 1838, N. 1. 'Published by Mr. Richardson, of Malta, and Sir Grenville Temple, but after the first nº prohibited by the Bey.'—MS. note on copy in the British Museum.

*Le Progrès en Tunisie,* art. in 'L'Afrique Explorée et Civilisée,' ixᵉ année, No. 12.

*L'Italie et la Régence de Tunis,* extract from 'Giornale delle Colonie' of Rome, in 'L'Exploration,' Paris, 1878, p. 440.

*Ministère de l'Instruction publique et des beaux-arts. Direction du Secrétariat. Mission permanente du Caire.*

*(Institut d'Archéologie orientale.) Mission de Tunisie,* Paris, Imp. nationale, 1883. 4to.

*Tunis-Journal.* Journal Hebdomadaire, Politique, Littéraire, Scientifique, Agricole, et Commercial, Organe des Intérêts Français en Tunisie. Printed and published at Malta; the first No. appeared Feby. 28, 1884; in course of publication. Articles of special importance are noted separately.

*Tunisie,* various notes, in 'Revue de l'Afrique Française,' March, 1887, No. 23, pp. 103 to 109; No. 25, p. 175.

*Concours agricole et hippique,* Exposition scolaire, Exposition des Beaux-Arts, du Vendredi, 27 Avril, au Dimanche, 6 Mai, 1888 Catalogue des Animaux, Instruments et Produits agricoles, &c, Tunis. 8vo., pp. 215.

*Tunisie,* arts. in 'Bulletin de Statistique et de Législation,' &c., Dec., 1888.

*Pirates,* of Tunis, &c., extract of letter concerning expedition against, dated Nov. 12, 1619, in 'Analytical Index to the Series of Records known as Remembrancia preserved among the Archives of the City of London, London, E. J. Francis & Co., 1878.' 8vo., p. 329.

*Enamelled Tiles from Tunis,* in 'Archæological Journal,' viii., 427.

*Personal Ornaments from Tunis,* Ibid., ix., 90.

*Vases, &c., from Tunis,* Ibid., ix., 99.

*Arabs in Tunis,* art. in 'All the Year Round,' xlviii., 7, 250, 277.

*La Société de Tunis,* art. in 'Figaro,' Dec. 15, 1888.

*Tunisian Café, Paris,* 1867, art., illustrated, in 'Harper's New Monthly Magazine, xxxvi., 158.

*Itinéraires en Tunisie,* 1881-1882. Fol., neither place nor date, auto-

graphed, outer printed wrapper
serves for title.

*Note sur le rôle et les attributions
de la commission financière tunisienne relativement à l'établissement
de voies de communication dans la
Régence de Tunis* (Septembre 1875),
Paris, Imp. de Dupont, 1875. 4to.

*La Tunisie et les Chemins de fer
algériens* (Paris, Avril, 1877), Paris,
Rouvier et Logeat (1877). 8vo.

*Ministère de la Guerre. État-major
général. Service géographique. Notice descriptive et Itinéraires de la
Tunisie. Région sud.* 1884-1885.
Paris, Imp. nationale, 1886. 8vo.

*Ministère de la Guerre. Service géo-
graphique de l'armée. Itinéraires
en Tunisie,* 1881-1882, 2ᵉ partie,
Imp. de L. Baudoin, 1882. Fol.

*Itinéraires en Tunisie,* 1881 - 1882.
Fol., without place or date, autographed, the printed wrapper serves
as title.

*Chronique des Transports : le réseau
tunisien,* art. in 'Journal des Transports,' Dec. 15, 1888.

*La Navigation en Tunisie et le pavillon
français,* art. in ' Revue Française
de l'Étranger et des Colonies,' Oct. 1,
1888.

*Chemins de fer à construire en Tunisie,*
art. in 'Chronique Industrielle,' Jan.,
1889.

*Les Douanes tunisiennes,* art. in 'Travail National,' Dec. 23, 1888.

*Les Réformes douanières en Tunisie et
les droits des autres nations,* art. in
'Journal du Lundi,' Oct. 15, 1888.

*La Razzia des Oulad-Ayar, Épisode
de la Campagne de Tunisie,* art. in
'Revue de l'Afrique Française,' 1888,
No. 46, p. 271, *et seq.*

*Lettre des Délégués tunisiens au Pre-
mier Ministre du Bey de Tunis*
(20 Djoumad 1302), Paris, Imp. de
Vᵉ Renon et Maulde, 1885. 8vo.

Plaintes au sujet des dispositions

contenues dans le 'Raid' (Journal
Officiel) de la semaine.

*Marche d'une Batterie de 90 pendant
la première partie de la campagne
de 1881 en Tunisie,* Paris, Berger-
Levrault, 1883. 8vo. Extrait de la
' Revue d'Artillerie,' July, 1883.

*Tunisie. Budget de la Régence,* in
'Bull. de Statistique du Ministère
des Finances,' Oct., 1888.

*La Conversion tunisienne,* art. in
'Rentier,' Dec. 27, 1888.

*La Conversion de la Dette tunisienne,*
art. in 'Revue Économique et Financière,' Dec., 1888.

*La Conversion de la Dette tunisienne,*
art. in 'Finance Nouvelle,' Dec. 27,
1888.

*La Conversion tunisienne,* art. in
'Capitaliste,' Dec., 1888.

*Conversion de la Dette tunisienne,* art.
in 'Le Globe,' Dec. 28, 1888.

*La Dette générale tunisienne,* Étude
financière, Marseille, Imp. de Barlatier-Feissat, 1876. 8vo.

*A MM. les Sénateurs et Députés des
Bouches-du-Rhône* [27 Janvier 1880],
Marseille, Imp. de Barlatier-Feissat
père et fils (1880). 4to. Pétition de
porteurs de titres de la dette générale 5 °/₀ du gouvernement tunisien.

*Emprunt national de la Régence de
Tunis,* Marseille, Imp. de Barile,
(1860). 4to.

*Emprunt national de la Régence de
Tunis,* Exposé, Marseille, Imp. de
J. Barile (1860). 4to.
    These two pamphlets contain different
    matter.

*Comité des Porteurs d'Obligations tu-
nisiennes, Rapport aux obligataires,*
Paris, au Secrétariat général du
Comité. 1868. 8vo., pp. 48. Signed
'Les Membres du Comité.' Also
Paris, Imp. Balitout, Questroy et
Cie., 1868, 8vo. pp. 56.

*Procès verbaux des séances du Comité
des Obligataires français des Em-*

*prunts tunisiens* 1863-1865, Paris, Chaix, 1872. 8vo.

*Comité des Obligations des Emprunts tunisiens* 1863-1865, pièces à consulter, Paris, Imp. de Chaix, 1872. 8vo.

*Commission des Finances tunisiennes, Conversion en rente 6 °⁄₀ de la dette générale publique tunisienne comprenant les obligations émises en* 1863 *et en* 1865, Paris, Imp. de Poitevin (1868). 4to. La couverture imprimée sert de titre.

*Emprunt tunisien de* 1865. *Compte rendu de la réunion générale des porteurs d'obligations de cet emprunt,* séance du 6 Septembre 1867, Paris, Imp. de Poitevin, 1867. 4to.

*Tunisie. Recettes budgétaires de l'exercice,* 1887–88, and *La Production des Vins en* 1888, arts. in 'Bulletin de Statistique et de Législation Comparée du Ministère des Finances,' Dec., 1888.

*Les Éponges de Tunisie,* arts. in 'Tunis - Journal,' March 6, 1884, No. 2, and Nos. 3, 7.

*Sponge Gathering in Tunis,* note in 'Journal of the Society of Arts,' 1872, xx., 704.

*The Coral Fishery of Tunis,* Idem, 1872, xx., 756.

*The Resources and Productions of Tunis,* Idem, 1876, xxiv., 650.

*Esparto Grass Trade of Tunis,* Idem, 1878, xxvii., 465.

*Wells in Tunis,* Idem, 1887, xxxv., 970.

*The Forests of Tunis,* Idem, xxxv., 980.

*Dates in Tunis,* Idem, 1888, xxxvi., 1028.

*Qânoûn al-Medjlis al-Baldîy,* Tunis, 1302 (1885). 8vo. Règlements des conseils municipaux, en arabe.

A Report on the Commerce, Communications, Coinage, Population, &c., of Tunis, Goletta, Sfax, Susa, Monastier, and Mehdia in ' Nach-

richten über Industrie, Handel und Verkehr,' Wien, 1883, xxv., 554 to 572; 1885, xxx., 716 to 720.

A similar Report on Tunis only, Idem, 1884, xxvii., 360 to 364.

Manuscrit en français contenant des renseignements bibliographiques et historiques sur la bibliothèque de la grande mosquée de Tunis. Sa formation, sa composition et son règlement. Nombre et nature des ouvrages qu'elle renferme. A bound vol., 8vo. size. Lot No. 633 of the sale 'Catalogue de la Bibliothèque Orientale de Mr. D. G . . . . Paris, Challamel et Cie., 1889.'

*Le Nouveau Port de Tunis,* art. in 'Revue Industrielle,' Dec. 1, 1881.

*Nouvelles de la cité d'Africque en Barbarie, prinse par les capitaines de l'armée de l'Empereur* aux x° jour de septembre MDX. Circa 1510. Again Anvers, 1550.

*Die Eroberung der Stat Affrica. . . .* und wie sich die Handlung nach einander begeben hat . . . . beschehen . . . . Anno 1550, Augspurg. s. a.

*Il vero e ultimo Avviso della Prisa d'Affrica,* 1550.

*Le Discours véritable de la Prise de la ville de Mahomette,* par les Chevaliers de Malte, Paris, Velut, 1602. 8vo.

*Kairuan. Eine Pilgerfahrt nach dem Mekka des Magreb,* in 'Deutsche Rundschau,' Nov., 1887, pp. 285 to 302.

*Inside Kairwan,* art. in 'Living Age,' clii., 412.

*Inscriptions de Si Salem Bou Grara* (Gighthis), in 'Bulletin Trimestriel des Antiquités Africaines,' &c., Paris, Challamel, 1882, i., 389.

*Statues antiques trouvées au Kef,* with illustration, in 'Revue de l'Afrique Française,' Feby., 1888, No. 34, pp. 33 to 34.

*Rapport sur les Ruines romaines de Gallelah et d'El-Kantara*, in the Island of Djerba. made by the Commandant du Gladiateur, dated 12 août, 1881, in 'Archives des Missions Scientifiques,' 1882, ix., 355 to 358.
*Gafsa et ses environs*, art. in ' Revue de l'Afrique Française,' Aug., 1887, No. 28, pp. 243 to 253, illustrated.
*Le Djérid*, art. in ' Revue de l'Afrique Française,' Sept., 1887, No. 29, pp. 275 to 285, illustrated.
*Sousse et Sfax*, art. in ' Bull. Soc. Géog. Con.,' 1888, x., 652 and 653.
*De Stad Tuggert in Noord-Afrika*, art. in ' Onze Tijd,' xvi., 206.
*L'Histoire de Djerba*, noted as just appeared in ' Tunis-Journal,' No. 65, Dec. 11, 1884.

*Atlas Geographicus;* or, a System of Geography, ancient and modern, London, John Nutt, 1711-14. 4to., 5 vols., maps. A description of the Regency of Tunis is given in vol. iv. 165 to 182.

*Hannibal et Scipion*, La Haye, 1675. 12mo.
*Annibal le Carthaginois*, Limoges, Charles Barbou. 16mo., no date (1880), pp. 63, with frontispiece, a vol. of ' Bibliothèque Chrétienne et Morale.'
*Amores de Dido y Eneas.* Zarzuela, noted, without date, by A. de la Barrera y Leirado, p. 527.
*Homais, Reyne de Tunis*, Amsterdam, 1681. A satirical romance against the court of Louis XIV.

Carte du relief de l'Algérie et de la Tunisie, dressée par M. E. GUILLEMIN, 1888.

'A collection of prints in the British Museum, Press mark S. 148 (38), contains some most interesting views of places in Africa. Published probably in Amsterdam, 1695. The legends are in Dutch and English. There are views of Algiers, Djidjeli, and Tunis. The volume has no letterpress or title. ? Dapper.'— PLAYFAIR.

# INDEX.

I

London: Printed by STRANGEWAYS & SONS, Cambridge Circus, W.C.

# TUNISIA

English Miles.

0   5   10    20    30    40    50    60

AUTHORS' ROUTES THUS,

*Modern names, thus.*      *Tabarra*
*Roman*       *"       "*      *(Thabraca)*

*N*

*Ntoh*
*(Ianna)*

*S*    *E*    *A*

*F TUNIS*            *C Bon*

*THAGE*
*HAGG.*            *N'Iypaa*
*nga.*

Pantellaria

*Kaurba*
*(Cotabus)*
*Nabel*
*(Neapolis)*
*Hammamet*

*nadion*
*rodiasum*)

## GULF OF HAMMAMET

*Herglah*
*Horrea Caelia*

*Soussa*
*(Hadrumetum)*
*Monas(l(r)*
*(Ruspina)*      *Lepta Minor*

*Dimas*
*(Thapsus)*

*Mahedia*
*(Turns Uannibalis)*
*Sullecta*
*(Sullectum)*

*Ras Kapoudiah*

*El Djem*
*(Thysdrus)*
*Barurus*

*Jah*

*Tacfulla*

*Sfax*
*(Taphrura)*
*Kerkenan I. (Cercane I.)*

*UF GABES*

*Dyerba I. (Lotophagitis I.)*
*Menzar*

*Ghara*
*bos*       *Gargia*

*Lahir el Mellaba*

*of Greenwich    11            12*

F. de.¹ Waller. lith.

# TUNISIA

Englsh Miles.

0  5  10  20  40  60  80  60

AUTHORS' ROUTES THUS.

Modern names, thus...... Tabarca
Roman  ..   ..  ...(Thabraca)

MEDITERRANEAN SEA

GULF OF TUNIS

GULF OF HAMMAMET

GULF OF GABES

Chott el Djérid

Gabia I

Bizerta (Hippo Zarytus)

Ghar el Melah (Porta Romana)

Bou (Thôtes (Uaca)

CARTHAGE (Carthago)

TUNIS (Tunes)

C. Bon

Clypea

Pantellaria I.

Nabel (Neapolis)

Hammamet

Sousse (Hadrumetum)

Lepta Minor

Dimas (Thapsus)

Mahadia (Turris Hannibalis)

Sullecta (Sullectum)

El Djem (Thysdrus)

Ras Kapoudah

Krskmon I. (Cercae I.)

Sfax (Taphrura)

Gabès (Tacape)

Djerba I. (Lotophagilus I.)

Gargua

Lake el Mellaha

Edw.d Weller, 68.